실존철학과 교육학

●●● 비연속적 교육형식의 모색

| Otto Friedrich Bollnow 저 · 윤재흥 역 |

Existenzphilosophie und Pädagogik

-Versuch über unstetige Formen der Erziehung-

학지사

Existenzphilosophie und Pädagogik
by Otto Friedrich Bollnow

| 역자 서문 |

이 책 『실존철학과 교육학』은 볼르노(Otto F. Bollnow)의 *Existenzphilosophie und Pädagogik* 제6판을 번역한 것이다. 제목과 함께 부제 '비연속적 교육형식의 모색(Versuch über unstetige Formen der Erziehung)' 에서 분명하게 알 수 있듯이 볼르노는 이 책을 통하여 실존철학의 성과들을 교육과 교육학 안으로 이끌어 들였다. 이러한 볼르노의 실존철학에 근거한 교육학의 이해는 이 분야 최초의 작업이자 동시에 독보적인 성과로 꼽힌다. 기존의 교육학적 이해 안에서 배제되어 있던 실존철학이 이 책을 통하여 교육학 안으로 매개되었으며, 오늘날 교육철학 분야에서 실존주의를 논할 때 빼놓을 수 없는 책이 되었다.

볼르노는 이 책에서 교육에 대한 기존의 두 가지 근본적인 견해를 '수공업적 교육이해' 와 '유기체적 교육이해' 로 파악하였다. 공장에서 장인이 물건을 만들어 내듯이, 학생이라는 재료를 의도한 목표에 따라서 교사의 기술을 동원하여 만들어 내는 것으로 이해하는 것이 수공업적인 교육이해다. 유기체적인 교육이해는 농부가 작물을 재배하듯이, 학생 안에 내재된 고유한 가능성이 잘 발현될 수 있도록 교사가 보호하고 도와주는 과정으로 이해된다. 이러한 두 가지 이해는 교사가 적극적으로 학생을 만들어 가든 혹은 소극적으로 학생의 고유한 가능성이 잘 자라날 수 있도록 도와주든지 간에 공통적으로 점진적이며 연속적인 과정으로 파악된다. 볼르노는 이러한 공통점에 기초해서 이들 두 근본적인 교육이해를 연속적인(stetige) 교육이해로 규정하였다.

이에 비해 실존철학에서는 삶의 과정을 근본적으로 비연속적인 과정으로 파악한다. 실존철학에서 실존은 삶 속에 언제나 일상적으로 주어진 것이 아니다. 오직 삶의 특수한 순간에만 참된 실존에 이를 수 있고 또 곧 사라져 버리고 만다. 따라서 연속적인 과정으로 교육을 이해할 때 실존주의적인 인간이해는 교육 안으로 수용되기 힘들다. 그렇지만 볼르노는 실존적인 순간이 갖는 삶에 있어서의 전환과 급격한 성숙에 주목하면서 그러한 특징들을 교육적인 사건으로 파악하고자 하였다. 비록 실존에 이르는 순간을 의도적으로 만들어 낼 수 없고 따라서 연속성에 기초한 계획의 수립과 실천은 불가능하지만, 그 안에서 이루어지는 인간의 성숙과 전환은 교육적인 현상이라는 것이다. 이러한 모순적인 특징에 주목해서 볼르노는 기존의 연속적인 과정으로만 교육을 이해하는 것에 대비하여 비연속적인 교육의 형식을 제안하였다.

이 책의 서론에서는 이러한 연속적 교육이해에 대한 비연속적 교육이해의 가능성을 제안하고 있다. 다음으로 그는 위기, 각성, 충고, 상담, 만남 등의 개념을 통해 실존철학에서 중요하게 파악된 삶의 현상들과 비연속적인 삶의 과정들이 어떻게 교육학 안에서 의미 있게 이해될 수 있는지를 밝히고 있다. 우리는 이러한 개념들에 관한 고찰을 따라가면서 실존철학, 즉 본질적으로 삶에 주어져 있는 비연속적인 형식들이 삶과 교육에서 갖는 근본적이고도 중요한 의미들을 깊이 있게 이해할 수 있다.

이처럼 실존철학과 교육학은 실존주의적인 교육이해를 가능하게 할 뿐만 아니라 삶과 교육에 대한 새로운 이해의 눈을 열어 준다. 기존에는 삶에 있어서 부수적이고 교란적인 요소로 이해되었던 삶의 연속성을 파괴하고 들어오는 위기와 같은 요소들이 여기에서 삶의 본질적인 요소로 이해된다. 또한 새로운 차원으로 삶을 열어 주는 긍정적인 요소이자 교육적 현상으로 파악된다. 따라서 종래의 삶에 대한 이해와 교육이해로는 포괄할 수 없었던 요소들이 삶과 사람됨과 교육의 근본적인 요소로 인정받게 되었다. 이를 통해서 삶에 대한 이해, 교육에 대한 이해가 확장되고 성숙되었다. 이러한 맥락에서 볼르노는 실존철학적인 비연속적 교육이해는 "기존의 교육이해를 부정하고 대체하는 것이 아니라 기존의 이해에 새로운 이해를 보완해서 풍부하게 하는 것"이라고 이야기하였다. 이것이 이 책이 갖는 의의이다. 기존의 교육이해를 통해서 포착할 수 없었던 많은 본질적인 교육적 현상들을 새롭게 봄으로써, 우리는 교육과 교육학의 영역을 삶의 본질에 보다 적합하고 삶을 보다 폭넓게 포괄할 수 있도록 확장할 수 있게 되었다.

『실존철학과 교육학』은 볼르노의 제자인 이규호 박사님이 이미 1967년에 한국어판으로 번역하여 출판하였으며 우리 학계에 실존철학적 교육학과 볼르노의 사상을 소개하는 데 크게 기여하였다. 그렇지만 초판이 발행된 후에 절판되어 많은 사람들이 이 책을 접할 수 없는 안타까움이 있었다. 여러 해 전 역자가 연세대학교 교육학과 박사과정에서 이규호 박사님의 강의를 듣던 중에 이 책을 현대적인 감각에 맞게 새롭게 번역해 보라는 권유를 받은 것이 이 책을 번역하게 된 동기가 되었다. 그 후에도 번역과정에 여러 차례에 걸쳐 도움과 격려의 말씀을 주셔서 부족하나마 이렇게 출판하게 되었다. 자신이 번역한 책을 다른 사람에게 다시 번역하도록 하는 일은 우리 학계에서 매우 드문 일이다. 이제는 고인이 되신 선생님께 다시금 깊은 감사를 드린다.

실존철학에서 말하는 실존을 향한 주체의 결단은 자기 존재에 대한 책임을 강조한다. 타인들 속에 안주하며 유행과 익명성 속에 함몰되어 있는 존재는 참된 실존이 아니기 때문이다. 실존은 자기 자신에 대한 분명한 책임의식과 결단 속에 주어진다. 우리를 둘러싼 현실은 다원성과 이성중심주의로부터 탈피를 근간으로 하는 포스트모던의 영향이 여전하다. 또한 대중성의 강화와 유행에 대한 무분별한 추종이 책임 있는 주체의 역할을 너무나도 쉽게 망각하게 만들고 또 그것을 당연시하는 현실에서 우리는 실존주의적인 자기 책임과 결단의 중요성을 다시금 확인한다.

또 다른 측면에서 볼르노가 실존적 교육의 개념으로 강조하는 만남은 삶과 사람됨의 본질적 특징인 공동성에 대한 이해를 돕는 계기를 제공한다. 오직 만남을 통해서만 진정한 나에 도달할 수 있다는 파악은 삶과 사람됨에 있어서 타자의 절대적인 가치와 공존적 존재로서의 사람됨의 본질을 보여 주기 때문이다. 그런 의미에서 이 책에서 매우 깊이 있게 제시된 만남의 개념은 오늘날의 비인간화된 삶과 윤리적 현실에 대해 던지는 의미가 크다.

학술서적의 번역과 출판은 우리의 현실에서 역자에게나 출판사의 입장에서나 별로 재미있는 일이 아니다. 힘겨운 현실 속에서도 기꺼이 이 책을 출판해 주신 학지사의 김진환 사장님과 편집부의 여러분들께 깊이 감사드린다.

2008년 3월

윤 재 홍

| 차 례 |

서 론

위 기

각 성

충 고

상 담

만 남

교육에 있어서의 모험과 실패

서 론

1. 현대 교육학의 상황

1918년 이후*에 교육학에서는 끝없는 열정이 생겨났다. 이러한 열정은 넓게는 독일 국민 전체를 사로잡았다. 오랫동안 당연한 것으로 받아들여졌던 세계가 붕괴된 이후에 새로운 내면적인 각성이 생겨나 인간 스스로에 대해서 또 외부세계와의 관계를 새롭게 정립하는 토대가 되었다. 사람들은 이러한 인간의 쇄신을 무엇보다도 청소년에 대한 새로운 교육에서 찾으려고 시도하였다. 아직까지 타락하지 않은, 그리고 과거로부터 영향을 받지 않은 청소년에게서 새롭고 보다 나은 삶의 질서를 만들어 낼 수 있는 매개자를 양성해 낼 수 있다고 생각하였기 때문이다.

이러한 생각은 인간의 선한 능력과 그것을 교육을 통해서 활성화시킬 수 있다는 강력한 믿음에 기초하고 있었다. 그 이전의 약 20년 동안에 걸쳐 노작학교와 예술교육, 전원기숙학교 및 어린이의 정신세계에 대한 보다 깊이 있는 이해, 청소년 운동에 대한 새로운 열정

* 제1차세계대전의 종전.
(다음부터 역자주를 *로 표시한다.)

등의 개별적인 개혁교육학의 사상들 안에서 자라난 생각들이 하나의 커다란 운동 안에 수렴되었고 동시에 수많은 새로운 영역으로 퍼져 갔다. 이에 대해서는 1920년 전국학교연합회의 포괄적인 보고서에 잘 기록되어 있다.[1] 이 보고서는 경탄을 자아낼 만큼 세세하면서도 형식적인 문체로 당시의 교육학적 열정을 기록하고 있다. 이론과 실천을 포괄하는 광범위한 영역에서 열정적인 교육학적 활동들을 발견할 수 있다.[2]

이와 같은 상황에 비추어 볼 때 1945년 이후의 또 다른 붕괴*는 대단히 비슷한 상황임에도 불구하고 유사한 열정들을 찾아볼 수 없다는 것이 우리를 당혹스럽게 한다. 다시금 엄청난 혼란이 찾아왔으며 스스로 그것을 극복해야만 하는 상황에 직면하였다. 인간이 내면에서부터 새롭게 되고 또한 외부 세계와의 관계도 새롭게 정립해야만 하는 필요성이 제기되었다. 교육자들은 이번에도 그 책임의 막중함을 통감했다. 그렇지만 위대한 교육적 과업에 반드시 수반되어야 하는 내면적인 열성과 용기를 찾을 수가 없었다. 지나간 날들의 피폐함과 깊이 자리한 환상의 붕괴와 무기력하게 하는 절망이 너무나도 컸기 때문이었다. 점령군의 신중한 시도도 오랫동안 독일 교육학을 무기력에서 벗어나게 할 수는 없었다. 스스로 그 상황을 극복하고자 하는 고유한 동기와 의지가 없었기 때문이다. 이러한 상황을 극복할 수 있게 하는 의미 있는 새로운 교육사상의 뒷받침이 이루어지지 않았기 때문이었다.

---

* 제2차세계대전의 종전.

교육의 실제적인 현장에서는—당면한 상황으로부터 벗어나기 위한 모색으로—'좋았던 옛 시절'로 되돌아가서 혼란을 벗어나 다시금 자유롭게 되고자 노력하였다. 여기에서 좋았던 옛 시절이란 무엇보다도 우선 제1차세계대전을 전후해서 형성된 개혁교육학을 의미하였다. 그리고 그들 중 가장 우선적이고 필수적이며 의미 있는 착점들은 대부분 국가사회주의 시기를 거치는 동안에 억압되거나 잊혀 버린 것들이었다. 그렇지만 이 방면의 여러 시도들은 그리 오래 계속되지 못했으며 곧 중대한 어려움에 직면하게 되었다. 종래의 착점들을 그동안 본질적으로 달라져 버린 세계로 이끌어 와서 적용하는 것이 도대체 얼마나 타당할 수 있는지에 대한 의문이 점점 더 강하게 대두되었기 때문이다. 종래의 사상에 대해서 무한하게 동조할 수 없다는 것이 점차 분명해졌다. 왜냐하면 그동안의 절망적인 경험을 통해서 인간에 대한 이해가 근본적으로 변화되었기 때문이었다.

2. 인간상의 변화

1920년대의 교육학적 열정은 특정한 인간이해에 긴밀하게 연결되어 있었다. 그것은 인간이 지닌 창조적 능력에 대한 믿음이었다. 이러한 능력들은 청소년기를 거치는 동안 부서지거나 오염되지 않도록 보호되어야 하며 성인들은 그러한 능력들을 일깨우고 무엇보다도 손상되지 않도록 보호하여야 한다. 세기의 전환기의 감격 속에서 사람들이—미래에 대한 확신에 차서—어린이의 세기[3)]에 대해 이야기하였을 때, 그것은 청소년에 관심의 초점을 맞추는 것과 동시에 인간자신의 본질에 대한 새로운 성찰을 의미하였다. 이러한 인간의 본질은 한편으로는 변질된 문화 안에서 타락해 버렸고, 따라서 이제 새로운 교육을 통해서 다시금 활성화되어야만 하는 것이다. 이미 루소(J. J. Rousseau)에게서 그 뿌리를 찾을 수 있는 이와 같은 문화에 대한 비판과 새롭고 보다 나은 문화의 가능성에 대한 믿음은 곧바로 새로운 사회 인식에 연결되어 있고, 이러한 사회인식에로의 연결은 1920년대의 교육학적 운동의 결정적인 요소였다.

그와 같은 믿음은 스스로 꽃피울 수 있도록 자유롭게 해 주기만 하면 되는 인간의 근본적으로 선한 핵심에 대한 신뢰에 뿌리 내리고 있다. 또한 완전히 멸절되거나 억압되어서 소진되어 버리지 않는 한 그 자신의 고유한 방법과 고유한 법칙에 따라 피어날 수 있는 인간의 내적인 능력에 대한 믿음에 근거하고 있다. 이러한 이해에 따르면 모든 악은 단지 우연의 소산이며, 근본적으로 외적인 영향에 의해서 야기된 것이다. 따라서 보다 나은 교육을 통해서 다시금 배제할 수 있는 것이다. 당시의 운동들이 본질적으로 청소년들에게 초점을 맞추었던 것은 이와 같이 근본적으로 인간의 선한 본성에 대한 믿음에 바탕을 둔 것이었다.

내용상으로는 간과할 수 없는 분명한 차이를 가지고 있음에도 불구하고 1920년대의 교육학적 운동 역시 그 힘을 독일 관념론의 낙관적 인간이해로부터 획득했다고 할 수 있다. 낙관적인 인간이해의 전제에서 출발하여 삶의 개념으로, 그러한 삶의 개념에 근거하고 있는 체험 개념을 특정한 세계관적 토대로 발전시킨 것이다. 그리고 이러한 일련의 과정에서 분명하게 니체(F. Nietzsche)와 딜타이(W. Dilthey) 사상으로부터 큰 영향을 받았으며,[4] 다른 한편으로는 당시의 시대정신으로부터 많은 영향을 받았다. 즉, 당시의 교육학적 개혁운동과 그러한 교육학적 개혁운동과 밀접한 관련 속에서 나란하게 진행되었던 청소년 운동의 사상적 영향을 받았다. 삶의 철학의 기본 개념들에서 그와 같은 영향 관계를 뒷받침할 수 있는 논리적인 증거들을 분명하게 확인할 수 있다.[5)]

그렇지만 이러한 낙관적인 인간이해는 그동안 상실되고 말았다. 지금까지 길게 묘사한 이러한 이행과정은 다시금 몇 가지 상이한 요소들로 나누어진다. 한편으로는 현대적인 기술의 발달과 노동환경의 변화에 따라서 인간의 모든 능력의 전반적인 발달이 분명한 한계에 직면하게 되었으며 조화로운 도야에 대한 지난날의 이상이 의문시되었다.[6)] 다른 한편으로는 인간의 생물학적, 사회학적 조건에 대한 통찰이 교육의 한계를 분명히 인식하게 만들었다. 그러한 한계들로 인해서 어디까지가 교육의 힘이 미치는 한계인지에 대해 묻게 되었다.[7)]

여기에 더해 이미 1920년대 중반에 또 다른 측면에서 개혁교육학에 대한 비판적인 논의가 제기되었다. 무엇보다도 기독교인들이 인간 안에 깊이 자리한 악을 예로 들어 교육학자들의 경건치 못한 태도를 경고하고 지나치게 긍정적으로 설정된 인간상에 대해서 회의를 제기했다. 인간의 자연적 본성에 근거한 '하한(下限)'과 더불어서(언제나 악을 향해 있는) 인간의 자유 의지가 연속적인 교육을 통한 인간 형성을 불가능하게 만드는 '상한(上限)'으로 인식되었다. 이와 관련해서 이미 개혁교육학 운동의 위기가 거론되었으며 새로운 문제제기들이 이루어졌다.

그렇지만 이러한 문제제기는 당시에 분명하게 받아들여지지 못하였다. 국가사회주의(Nationalsozialismus, 나치주의)의 지배하에서 논의자체가 강제로 중단되어 버렸기 때문이다. 새롭고 깊이 있는 문제제기들은 기록으로만 남았고 잊혔다. 그리고는 1945년의 패망 이후에 분명하게 다시 등장했고 전혀 새로운 과제를 교육학에 제시하게 되었다. 우리 세대가 지나간 세월 동안에 행하였던 인간적인 약점들과 악함에 대한 경험과 그와 같은 폭력을 행사하게 했던 인간 본질의 깊은 나락과 전체 인간의 상황의 불확실함에 대한 절망적인 각성이 이루어졌다. 이로 말미암아 당시의 교육자들은 특별한 난관만 없다면 인간 본성의 선한 핵심에서부터 내적인 법칙에 따라서 스스로 발전되어 나온다는 견해를 환상으로 취급할 수밖에 없게 되었다. 그러한 견해를 고수하는 것은 무책임하다고 할 수는 없어도 경솔한 것으로 간주되었다. 원천적으로 악마적이고 악한 본질이 인간 안에 주어진 것이 틀림없으며 최소한 가능성으로는 분명히 주어져 있다는 것이 근본적으로 고려되어야만 했다. 이러한 인식에 이르게 되자 인간 안에 있는 선한 능력들을 이끌어 내어 꽃피우게 하는 과제 대신에 우선 악한 본질을 외부로부터 억제하는 것이 지극히 중요하고 긴박하며 필연적인 과제로 드러났다. 이것이 현재의 교육학자들이 맞닥뜨린 과제로서, 1918년 당시의 상황에 비해서 매우 다루기 힘든 과제이다. 지나간 시기의 두려운 경험, 즉 지금까지 좋은 것으로 받아들여져 왔던 이상의 붕괴가 지난날의 낙관주의를 근본적으로 무너뜨리고 말았다. 훌륭한 것으로 인정되었던 수많은 교육형식들이 거부되었으며, 많은 사람들이 교육을 체념하고 거부하려 하였다.

이러한 심각한 상황으로부터 오늘날에 이르기까지 교육학을 규정하고 있는 두 가지 과제가 도출되었다. 한편으로는 전통적인 교육학의 기본 개념들을 특수하게, 그리고 정신사적으로 이해된 인간학적 근본 개념들을 통해 그것이 가진 한계 안에서 고찰하는 것이다. 그러한 고찰을 통해서 전통적인 교육학의 개념들을 완전하게 폐기해 버리기보다는 그 적용의 한계를 파악하는 것이다. 그것은 우선 과거와의 관계를 규명하는 작업이다. 즉, 1920년대의 개혁교육학 및 독일 도야이념의 인본주의적인 전통과의 관계 규명 작업이다.

이러한 첫 번째 과제와의 관련 안에서 두 번째 과제가 도출된다. 인간에 대한 보다 혹독한 경험을 포괄할 수 있는 교육학의 새로운 기본 개념을 찾아내는 일이다. 이러한 기본 개념을 완전히 새롭게 만들어 낼 필요는 없다. 이미 이러한 방향에 속하는 많은 요소들이 교육학의 전통 안에 그리고 일상적인 교육 안에 포함되어 있다고 생각되기 때문이다. 다만 그러한 요소들은 깊은 숙고의 대상이 되지 않은 채로 언제나 교육의 실천 안에 적용되고 있었다. 이러한 요소들이 교육이론에서 깊이 다루어지지 않았던 것은 기존 교육이론들의 특수한 인간이해 때문에 발견되지 않았거나 혹은 의도적으로 배제되었기 때문이다. 따라서 반드시 새롭게 연구되어야 하고 지금까지 간과되었던 그 체계적인 의미들이 드러나야만 한다. 여기에서는 이러한 방향에 대해서 예비적으로 고찰하고자 한다. 이러한 예비적인 고찰을 통해서 교육학이 처한 상황을 밝게 열어 줄 수 있는 시사점을 찾을 수 있을 것으로 기대한다.

3. 출발점으로서의 실존철학

그런데 모든 논박을 견디어 낸 새롭고도 정연한 인간이해가 이미 분명하게 표현된 적이 있다. 1920년대 말에 하이데거(M. Heidegger)와 야스퍼스(K. Jaspers)가 그 정초를 마련했고, 40년대 초에 프랑스에서 —사르트르(J. P. Sartre)와 까뮈(A. Camus) 등에 의해서—새롭게 파악되었으며, 전후에 독일에서 다시금 강력한 영향력을 행사하게 된 현대의 실존철학이 바로 그것이다. 불안과 절망, 구토와 권태, 모든 이상주의적이고 인도주의적인 이상에 대한 극도의 불신으로부터 인간과 세계 안에서 인간이 처한 상황에 대해 암울한 상이 형성되었다. 다만 철학에서뿐만이 아니라 시(詩)와 조형예술 분야를 포함한 전반적인 정신적 삶의 영역에서 실존철학이—이러한 일반적인 경향들이 후에 대체로 실존주의로 일컬어졌다—막대한 영향을 끼쳤다. 당시의 모든 고뇌와 무력함이 실존철학 안에서 충격적으로 표현되었다.

그런데 아직까지도 실존철학과 교육학이 접목되지 못하고 있고 실존철학이 우리 시대의 교육학적인 사유 안에서 실제적인 영향을 발휘하지 못하고 있는 것은 놀랄 만한 일이다. 실존철학이 처음 등장한 때로부터 얼마나 오랜 세월이 흘렀는지를 생각한다면 그러한 놀라움은 더욱 커진다. 1920년대 후반에는 교육학이 아직 개혁교육학 사상의 풍부함에 도취해 있었기에 실존철학에 대해서 무관심했던 것은 어쩌면 당연한 일이었다. 그렇지만 오늘날 우리가 처한 시대, 즉 교육학이 어찌할 바 모르는 좌절에 빠져서 무엇이든 밖으로부터의 자극을 받아들여야만 하고 최소한 그것을 세밀하게 검토해 보아야만 하는 상황인데도 불구하고 여전히 실존철학을 깊이 있게 고찰하지 않고 있다는 것은 납득하기 어려운 일이다.

이렇게 교육학과 실존철학이 서로 관심을 갖지 않은 데에는 여러 가지 이유가 있다. 그 이유 중 일부는 당연히 교육학 자체에 있다. 즉, 교육학이 매우 피폐한 상황에 처한 것은 사실이지만 새로운 영향을 받아들이기는 힘들었다. 이는 실존철학이 교육학의 전통적인 생각들과 맞지 않았기 때문이다. 실제에 있어서도 실존철학은 교육학의 입장에서는 너무나도 낯설고 근본적으로 파악할 수 없는 사유 양식으로 보였다. 따라서 합리적인 교육학적 사유 안에서는 전혀 받아들여질 여지가 없는 것으로 여겨졌다. 근본적으로 상황은 실존철학의 측면에서도 마찬가지였다. 실존철학의 대표적인 사상가들이 우연히 교육학에 대해 무관심한 사람들이어서 교육학을 대수롭지 않게 보았던 데에만 원인이 있다고 할 수만은 없다. 보다 깊은 원인은 실존철학의 핵심을 이루고 있는 인간이해에 따르면 도무지 교육사상 일반이 불가능한 것으로 여겨진다는 데 있다. 즉, 교육이 지식과 기술의 단순한 매개 이상의 그 무엇을, 인간을 실제로 그 핵심에서 형성한다는 것이 실존철학에서 볼 때에는 근본적으로 불가능하게 여겨지기 때문이다.

실존철학의 인간학적인 근본 원리를 몇 마디로 요약해서 표현한다면 다음과 같이 이야기할 수 있다. 인간에게는 궁극적이고 가장 내면적인, 실존철학에 의해서 '실존'이라는 독특한 개념으로 표현된 핵심이 주어져 있다. 이러한 핵심으로서의 실존은 모든 연속적인 형성을 거부한다. 실존은 언제나 순간적으로 실현되었다가 역시 순간적으로 소멸해 버리기 때문이다. 실존철학에 따르면 실존의 지평에서는 근본적으로 어떤 연속적인 삶의 경과도 있을 수 없다. 따라서 특정한 어떤 순간에 성취한 것을 유지해 나가는 것은 불가능하고, 더욱이 점진적인 발전이란 있을 수 없다. 오히려 언제나 어느 한 순간에 집결된 힘으로 이루어지는 하나의 비약이 있을 뿐이다. 그 다음 순간에는 다시 비본질적인 일상적 삶의 상태로의 추락이 이어지고 또 다른 어떤 순간에 마찬가지의 양태로 하나의 새로운 비약이 이루어질 수 있다. 이와 같은 실존철학의 인간이해는 끊임없이 새롭게 되기 위한 노력을 필수적으로 요청한다는 점에서 "옛 아담은 매일의 후회와 속죄를 통해서 죽고 다시금 매일 새롭게 태어나야만 했다"는 구약의 이해에 대한 루터(M. Luther)적인 표현과 일치한다.

여기에서는 실존철학을 상세하게 정리하거나 실존철학에 의해서 타당하게 파악된 삶의 의미의 범주를 밝히는 작업은 생략한다.[8] 이미 위의 개략적인 소개를 통해서 실존철학의 인간학적인 착점이 전통적인 교육학의 전제들과 왜 충돌할 수밖에 없는지가 분명해졌기 때문이다.

실존철학의 입장에서 볼 때 교육은 근본적으로 불가능하다. 실존적 경험의 단호함에 반하여 교육의 가능성을 생각하는 것 자체가 무모한 일로 여겨질 것이기 때문이다.

왜냐하면 모든 교육은 최소한 어느 정도의 연속적인 형성 가능성을 전제로 하기 때문이다. 이러한 형성 가능성은 헤르바르트(J. F. Herbart) 당시부터 그의 유명한 명제, 즉 학생의 가소성(Bildsamkeit)으로 교육학의 근본 개념이 되었다.[9] 사실 이 명제는 모든 교육에 있어서 자명한 전제를 분명하게 표현한 것에 불과하다. 그러므로 이 명제는 그 이후로 의심할 여지가 없는 원리로 받아들여졌으며, 적어도 진지하게 의문시된 적은 한 번도 없었다. 그리고 이제는 거의 당연한 것으로 여겨지고 있다.

교육이 가능하다는 것은 인간이 교육을 통해서 형성해 갈 수 있다는 것, 즉—아직까지 명확하게 사용되는 용어는 아니지만—가소성을 의미한다. 가소성이 없는 한 교육을 위한 어떤 시도도 무의미한 것이다.

그런데 실존철학은 이러한 가소성을 거부한다. 최소한 인간의 실존적 핵심과 관련된 한에서는 분명히 그렇다. 실존철학의 입장에서 볼 때에도 비본질적인 현존(Dasein)과 관련해서는 형성이나 도야가 가능할 수도 있다. 그렇지만 인간의 보다 깊은 본질은 이러한 형성이나 도야의 대상으로 여기지 않는다. 이러한 부수적인 역할만을 수용한다는 것은 교육학의 입장에서는 결코 받아들일 수 없는 일이다.

4. 두 가지 근본적인 교육관

이 문제를 논의하기 위해서는 교육에 대한 전통적인 이해들을 간단히 살펴볼 필요가 있다. 앞으로의 논의과정에서 여러 번 전통적인 교육이해들을 참조하게 될 것이기 때문이다. 교육의 역사를 돌이켜 보면 교육의 본질에 대한 두 가지 근본적인 견해를 발견할 수 있다. 교육에 대해 통상적인 그리고 가장 먼저 떠오르는 소박한 생각은 교육을 수공업적인 행위에 비유하는 것이다. 장인이 계획에 따라 적절한 도구를 사용해서 재료로 물건을 만들어 내듯이 교육자는 자신의 목표에 의거해서 그에게 맡겨진 사람을 특정한 모습으로 만든다는 것이다. 교육자의 행동 범주들은 장인의 행동 범주들과 같다. 계획에 걸맞은 적절한 방법(도구)의 적용과 재료에 대한 충분한 지식에 기초해서 노력하면 반드시 원하는 결과를 얻을 수 있다는 것이다. 이것을 단순하게 정형화해서 다음과 같이 이야기할 수 있다. 교육은 '만들기' 이다. 여기에서 만든다는 것은 그 행위의 결과가 오직 인간의 의지에 따라서 결정되는 목표 지향적인 행위를 말한다. 여기에서부터 교육학이 지금까지 견지해 온 이중적인 관계가 드러난다. 윤리학이 목표(교육이라는 행위를 통해서 실현해야 하는 결과)를 제시하고 심리학은 이러한 결과의 성취에 필수적인 재료에 대한 지식을 제공한다.

독일어로는 'Bildung' 으로 번역되는 formatio animae의 원래 의미는 수공업적인 작업에서의 재료의 가공이다. 이러한 오랜 전통에 대하여 아른트(E. M. Arndt)는 『인간 도야에 대한 소론』의 서론에서 다음과 같이 언급하였다. "도야라는 훌륭한 말은 모양을 만드는 것이다. 어떤 한 사람이 다른 사람을 예술가가 석재를 다듬어서 훌륭한 작품을 만들어 내듯이 점진적으로 오랜 기간에 걸쳐 완성해 간다는 것은 불가능하다."[10] 아른트가 수공업적인 교육이해를 불가능한 것으로 이해하는 데서 인간의 발달과 그에 적합한 교육에 대한 이해의 실마리를 찾을 수 있다. 인간은 마음대로 형태를 부여할 수 있는 재료가 아니라 그 자신의 내부로부터 그 자신의 고유한 법칙에 따라 그 안에 내재된 목표를 향해 발전한다는 생각이다. '도야' 는 그의 새로운, 그리고 그때부터 지배적으로 된 의미에 따라서 '유기체적인' 성장의 결과로 인식되게 되었다. 이러한 인식은 교육을 완전히 다른 '소극적인' 개념으로, 양육과 자라나도록 돌보는 기술, 그러한 성숙의 자연적인 과정을 '방해하지 않도록' 하는 것으로 한정하게 되었다. 간단하게 요약하면, 교육에 대한 기계적(수공업적)인 이해와 유기체적인 이해로 나누어 볼 수 있다. 정신사적으로 볼 때에 전자는 계몽주의의 산물이라 할 수 있는 반면에, 후자는 낭만주의에서 유래했다고 볼 수 있다. 그렇지만 많은 논박에도 불구하고 일상적인 교육에 있어서는 여전히 수공업적인 이해가 지배적인 위치를 차지하고 있다. 이러한 두 가지 형식, 즉 기계적인 이해와 유기체적인 이해가 아마도 우리가 생각할 수 있는 교육에 관한 두 가지 근본적인 견해로 여겨진다. 교육은 외부로부터의 (기계적인) 만듦이거나 혹은 내부로부터의 (유기체적인) 성장이다. 이 외의 다른 가능성이 교육에는 없는 것 같다. 세 번째의 가능성이란 있을 수 없는 것으로 생각된다.

두 가지 교육관은 서로 다른 의미에서이기는 하지만 가소성의 개념을 자명한 전제로 받아들인다는 점에서 일치한다. 한편에서는 능동적인 형성('만드는 기술' 의 의미에서의)의 측면에서, 그리고 다른 한편으로는 자연적인 성장의 과정을 보호한다는 측면에서이다. 연속적인 형성이든 혹은 연속적인 발달이든 간에 두 경우 모두 점진적으로 인간의 교육을 성취해 갈 수 있다고 생각하는 점에서 공통점을 가지고 있다. 이러한 연속적인 과정의 결과는 일반적으로 가장 넓은 의미의 도야(Bildung)로 지칭할 수 있다. 물론 여기에는 인간발달의 근본 형식으로서의 연속성과 점진적인 성취가 전제되어 있다.

그런데 실존철학은 바로 이 전제를 거부한다. 두 가지 교육학적인 근본 사유에서 전제되었던 연속성이 실존철학에서는 근본적으로 거부된다. 오늘날까지 실존철학과 교육학이 생산적인 대화를 나누지 못한 이유가 바로 여기에 있다. 각자가 서로를 이미 그 근본적인 출발점에서부터 그릇된 것으로 보았기 때문이다. 실존철학적인 토대에서 보면 교육은 불가능하게 보이고 따라서 거기에 천착하는 것은 불필요한 일로 보였을 것이다. 교육학적 입장에서 볼 때도 마찬가지이다. 실존철학적 관점은 무가치한 하나의 측면을 지나치게 부각시킨 것에 불과하며, 따라서 진지하게 고찰할 필요가 없는 것으로 여겨졌음에 틀림없다. 따라서 이들은 서로 공통의 기반 위에서 만날 수 없었던 것이다.

5. 비연속적인 교육 형식의 가능성

앞서 살펴본 바와 같은 두 입장들이 전혀 변화의 가능성이 없는 것이라면 교육학과 실존철학의 만남은 불가능하다. 교육학에 있어서 연속성과 그러한 연속성에 기초한 가소성은 모두 필수불가결한 전제이다. 다른 한편으로 실존철학적인 인간상은 언제나 다시금 옛 상태로 돌아가고 마는 삶의 본질적인 속성을 전제하기 때문에 연속성을 거부한다. 이와 같은 명백한 차이 때문에 공동의 장을 찾기가 어렵다는 것이다. 그렇지만 실제로 이들 둘 사이를 그처럼 완전한 단절의 관계로 볼 수만은 없다. 따라서 실존철학과 교육학 간에 생산적인 대화가 이루어질 가능성을 찾을 수도 있다.

한편으로 우리는 삶의 과정과 교육의 과정에 있어서 연속성이 필연적인 전제인지를 살펴볼 필요가 있다. 연속성을 필연적인 전제로 받아들일 경우에는 이들 양자의 입장 중에서 어느 하나를 선택하는 것이 논리적으로 당연하게 여겨진다. 그렇지만 이 전제는 근본적으로 확고부동한 것이라고 볼 수는 없다. 이와는 다른, 다시 말해서 지금까지 한 방향에 고착된 교육학 이론 때문에 배제된 비연속적인 삶과 교육의 형식이 존재할 가능성을 생각해 볼 필요가 있다. 편의상 간단하게 표현하자면 다음과 같이 이야기할 수 있다. 전승되어 온 교육학은 연속성에 기초한 교육학이었다. 요약해서 연속성의 교육학이라고 할 수 있다. 이에 대해서 비연속적인 교육학의 가능성을 검토할 수 있다. 만일 이러한 가능성이 실제로도 있을 수 있다면 위에서 말한 두 가지 형식에 더하여 아직까지 이론적으로 명확하게 검토되지 않은 새로운 교육의 형식을 만들어 낼 수 있을 것이다.

이와 관련해서 우선 하나의 근본적인 문제를 살펴볼 필요가 있다. 이 문제와 관련해서는 현대의 자연과학에서 많은 도움을 얻을 수 있다. 현대 자연과학의 연구에 따르면 자연 현상에 있어서 어떠한 비약도 존재하지 않는다는 예전의 이해가 미시적인 물리현상을 본질적으로 비연속적(양자론적)인 것으로 이해함에 따라서 폐기되었다. 과학의 한 분야에서 이루어진 이러한 성과를 성급하게 일반화하거나 아직 확고하게 정립되지 않은 물리학의 성과에서 막연한 유추를 통해 철학적인 명제를 도출하는 것은 삼가야 한다. 그렇지만 이와 같은 성과를 기초 삼아 이해에 도움을 줄 수 있는 어떤 실마리를 이끌어 내는 것은 가능하다. 또한 비연속적인 경과에 대한 생각이 어느 정도까지 교육과정에 적용될 수 있을지에 대한 문제제기도 가능하다.[11] 이러한 작업은 실제로 실존철학적인 사유의 과정을 교육학 안으로 이끌어 들이는 데 도움이 될 뿐만 아니라 반드시 요청되는 것이기도 하다.

다른 한편으로 인간의 내면적인 핵심과 관련해서는 어떤 연속적인 형성도 불가능하다는 실존철학적인 이해를 수용할 경우에 모든 교육적인 작용이 불가능한지에 대해서도 신중하게 다시 살펴볼 필요가 있다. 그것을 교육이라고 분명하게 지칭하는 것은 적절하지 않다고 할지라도 실존철학에 적합한 다른 형식의 작용이 가능한지에 대해서도 탐구해 볼 필요가 있다. 야스퍼스의 철학에서 볼 수 있는 바와 같이 호소는 인간 안에서 실존에 불을 붙인다는 점에서 분명히 특수한 교육적 사건이라고 할 수 있다. 따라서 우리는 이 호소의 개념에서 고유하면서도 특수한 교육학의 실존철학적인 형식을 도출할 수 있다. 이러한 측면에서 이미 실존철학과 교육학 사이의 대립이 해소되고 있다고 볼 수 있다. 마음을 움직이는 충고나 책망도 비슷한 경우라고 할 수 있다. 이를 통해서 인간의 태도에 대한 윤리적인 측면에서의 작용이 이루어지기 때문이다. 여기에 대해 실존철학적인 입장에서 그러한 작용을 통해서는 어떤 점진적인 도야도 이루어질 수 없고 언제나 다만 순간적인 비약만이 이루어질 뿐이라고 강조할 수 있다. 그러나 그와 같은 사건들을 통해서 실존적 운동이 언제나 새롭게 시작된다는 것 자체가 충분한 의미를 가지고 있으며 그 역시 의심할 바 없이 교육적인 성취를 의미한다고 답할 수 있다.

한 번 경험한 비약이 완전하게 흔적 없이 사라져 버린다는 실존철학의 추상적인 도식에 대한 문제는 덮어 두더라도 그렇다. 이제 우리는 지금까지 단순한 가능성으로 고찰했던 비연속적인 형식의 교육이 실제로 존재함을 알게 되었다.

교육학 이론에서 지금까지 간과되어 왔던 현상들, 즉 충고나 책망과 같이 인간 안에 잠들어 있는 가능성들을 일깨우는 사건들이—그리고 앞으로 밝혀질 다른 많은 현상들이—교육학적으로 의미 있는 근본 개념들로 파악될 수 있다.

이러한 측면에 대한 이론적인 고찰은 매우 의미 있는 일이다. 전통적인 연속적 교육학이 비연속적인 형식의 교육학을 통해서 확장될 수 있기 때문이다. 또한 실존철학이 교육학적으로 의미 있는 것이 될 수 있다면 오직 그러한 비연속적인 형식의 교육 안에서만 가능하다.

여기에서 아직까지 탐구되지 않은 가능성의 넓은 영역이 펼쳐진다.[12] 앞으로의 연구를 통해서 그 풍부한 열매들을 몇 가지 예들을 들어 제시하고자 한다. 그러므로 이 연구는 이러한 가능성의 영역에 대한 첫 번째 시도라는 점에서 잠정적이고 예비적인 성격을 갖는다. 그렇지만 이러한 과정을 통해서 최소한 이 영역에 대한 연구의 방향을 설정할 수는 있을 것이다.

6. 문제 제기

만약 이러한 변화된 인간상이 교육에 미치는 영향과 특히 비연속적인 형식의 교육학의 가능성에 대한 고찰을 시작함에 있어, 실존철학과 교육학의 만남이라는 문제에서 비연속적인 형식의 교육이라는 보다 폭넓은 문제로 나아가려면 실존철학적인 입장이 갖는 의미를 해명할 필요가 있다. 실존철학이 오늘날의 인간상의 변화에 관련되어 있는 모든 것을, 또한 교육학이 이러한 인간상의 변화들에 초점을 맞출 경우에 고려해야만 하는 모든 것을 포괄한다고는 볼 수는 없다. 따라서 실존철학은 많은 관련 요인들 중의 하나이며 실존철학적 시각으로는 전혀 파악해 낼 수 없는 폭넓은 인간학적인 탐구 영역들이 존재한다. 그렇지만 실존철학은 오늘날의 다양한 사상들 중에서 가장 두드러진 위치를 점하고 있다. 그러므로 만약 인간에 대한 파악이 얼마나 변화되었는지, 최소한 어느 정도나 의심스럽게 되었는지를 이해하기 위해서는 우선 실존철학에 의지할 수밖에 없다. 극단적인 것에서부터 출발할 경우라야 보다 덜 극단적인 것으로 되돌아가서 유추하기가 쉽기 때문이다.

이러한 의미에서, 실존철학으로 인해 교육학이 문제시된다고 할 때 그것은 결코 실존철학의 자명한 토대에 기초해서 교육학의 변화를 요구한다는 의미는 아니다. 우리의 입장은 오히려 교육학적이라고 할 수 있다. 즉, 교육학에서 출발해서 실존철학으로부터 무엇을 배울 수 있을지에 대해 탐구하고자 하는 것이다. 그러므로 우리는 실존철학을 다만 자극으로서 받아들이고 오늘날 우리가 처한 문제에 대한 궁극적인 해결책이 실존철학 안에 주어져 있다고는 생각지 않을 것이다. 오히려 실존철학이 지닌 치명적인 일면성과 필수적으로 그러한 일면성을 극복해야 한다는 것을 시종일관 의식하고 있을 것이다.[13] 그럼에도 불구하고 실존철학을 간과할 수는 없다. 모든 사상들이 추후에는 그것에서 벗어나 새로운 방향으로 발전해 가더라도 한 번쯤은 거기에 관심을 집중할 수밖에 없는 분명하고도 통찰력 있는 상을 제시하는 결정적인 돌파구가 실존철학 안에서 제시되었기 때문이다.

그러므로 여기에서는 실존철학의 인간상이 타당성을 갖는 범위에 대한 문제는 접어 두고자 한다. 심지어는 실존철학이 우리가 앞서 간략하게 살펴본 것처럼 그렇게 단순하게 이해할 수 있는 것인가의 문제도 덮어 둘 수 있다. 여기에서 중요한 문제는 교육학에 있어서의 실존철학의 의미이다. 따라서 우리는 실존철학의 인간이해를 하나의 극단적인 예로서, 즉 물리학에 있어서의 모델 케이스와 같은 경우로 고찰하려고 한다. 이는 물리학자들의 원자 모델과 견줄 수 있다. 물리학자들은 그러한 원자 모델이 실제로는 결코 존재하지 않는 것임을 알고 있다. 그렇지만 극도의 단순화 속에서 얻어질 수 있는 유용한 결과들을 얻어 내기 위해 모델을 활용하는 것이다. 마찬가지로 우리는 실존철학의 인간상을 그러한 모델 케이스로 활용하고자 한다. 실제로는 훨씬 더 평이해서 두드러지지 않고 복잡하게 얽혀 있는 현실의 어떤 구조를 분명하게 보여 주는 추상적인 형식을 통해 연구의 토대를 마련하고자 하는 것이다.

이러한 방식의 고찰은 무엇보다도 우리가 지향하고 있는 방향의 연구에서, 즉 인간의 삶과 교육에 있어서의 비연속적인 형식들을 고찰함에 있어서 타당하다. 실존철학은 완전히 비연속적인 인간이해를 도출해 내었다. 따라서 우리는 그와 같은 '실존 모델'을 앞으로의 연구를 위한 토대로서 구성하려는 것이다. 여기에 기초하여 일반적인 교육 안에서 비연속적인 형식을 발견하게 되면 실존철학적인 모델은 다만 그러한 비연속적인 형식을 잘 이해할 수 있게 하는 발견적인 역할만 수행하게 될 것이다. 그렇지만 이와 관련해서 인간의 삶이 극단적인 실존철학자들이 주장하듯 전적으로 비연속적인 것이라고 가정할 필요는 없다. 다만 인간의 삶에는 연속적인 경과와 더불어서 때때로 특별하게 끼어드는 비연속적인 사건들도 있다는 것을 밝혀 주는 것으로 충분하다. 인간의 삶은 수학적인 표현으로 '마디마디가 연속성을 갖는' 연속적인 과정과 비연속적인 단절이 함께 존재하며, 그중 비연속적인 경과는 실존철학적인 준거에 의해서 가장 잘 파악될 수 있다는 것으로 충분하다. 이와 같은 전제는 구체적인 현상들에 대한 앞으로의 상세한 고찰을 통해서 보다 분명해질 것이다.

그러므로 '실존철학과 교육학'이라는 제목은 다만 이 연구의 착점이며 우리가 지금 시작하는 고찰의 전 범위를 포괄하는 것은 아니다. 오히려 교육에 있어서의 비연속적인 형식들에 대한 일반적인 물음을 해결하는 출발점이 될 뿐이다. 그렇지만 이러한 출발점은 보다 일반적이고 따라서 보다 파악하기 힘겨운 문제제기들이 항상 다시금 지향해야만 하는 영속적인 지향점이기도 하다.

그런데 앞에서의 논의가 연속성의 원리에 기초한 고전적 교육사상은 더 이상 의미 없게 되고 그 자리를 새로운 형식의 실존철학적 교육학이 차지한다는 것으로 오해되어서는 안 된다. 교육학의 어떤 새로운 근본 개념을 찾아내어서 그것으로 옛것을 대체할 수는 없다. 중요한 점은 실존철학이 교육학에 미친 자극을 통해서 고유한 어떤 현상들이 인식될 수 있게 된 것이다. 이러한 현상들은 그 자체로는 전혀 새로운 것은 아니고 교육 안에서 종래에도 무반성적으로 적용되어 온 것이다. 그렇지만 고전적인 교육 이론에서는 인식되지도 않았고 또한 온전히 그 의미를 인정받지도 못했다. 따라서 교육의 실제적인 실천에서 효과를 발휘할 수도 없었다.

끝으로 덧붙일 것은 실존적인 계기를 강조함으로써 종래의 교육이해와는 다른 새로운 형식들이 대두하더라도 그러한 현상이 유일하게 되는 것은 아니고 이전의 사실들도 계속해서 타당성을 지닌다는 점이다. 중요한 것은 두 영역이 서로 바른 관계를 형성하는 것이다. 따라서 실존철학적 교육학의 새로운 형식들은 특수한 실존적인 영역에 대해서만 타당성을 가지게 된다. 그리고 가소성과 그 개념에 기초해서 전개된 연속적인 교육 형식들은 일상적인 삶의 영역에서 여전히 타당하다. 인간에게는 다양한 '층들'이 있으며 이에 상응해서 다양한 형식의 교육이 존재한다. 이러한 상호적인 관계를 어떻게 규정하느냐 하는 것이 다양한 측면들에 대한 고찰에서 늘 새롭게 추구해야 하는 문제이다.

위 기

1. 신체와 정신 발달의 비연속적 과정

실존철학이 분명하게 제시한 정형들을 통해서 일단 비연속적인 사태들에 관심을 갖게 되면 우리는 곧 그러한 경과가 가끔씩만 생기는 일이 아니라는 것을 깨닫게 된다. 오히려 그러한 비연속적인 경과는 다양한 형식으로 인간의(마찬가지로 동물의 삶에도) 삶에 포함되어 있다. 비연속적인 경과는 생물학과 심리학에서는 이미 충분하게 연구되었으며 단지 교육학에서만 아직까지 본질적인 문제로 취급하지 않고 있다. 여기에서는 우선 다양한 입장에서 이루어진 이와 관련된 기존의 성과들을 간략하게 요약하고자 한다. 이를 통하여 우리의 문제설정의 전체적인 맥락을 드러내고자 한다.

비연속적인 경과는 우선 생물학적인 발달 과정에서 드러난다. 생물학적인 발달 과정조차도 일정한 방향으로 한결같이 진행해 가는 움직임이라고 할 수 없다. 돌연변이의 문제는 제쳐 두고 개인의 생애 발달의 과정에 논의를 국한하더라도 그렇다. 이미 오래전부터 개체발생의 과정에 있어서의 '단계' 들이 인식되어 왔다. 길이와 넓이의 성장에서 그러한 예를 발견할 수 있다. 또한 발달은 마디를 이루면서 진행되는 것으로 인식되어 왔다. 다시 말해서 상대적으로 정체적인 시기 이후에 갑자기 비약적인 성장이 이루어지고 뚜렷한 진전 이후에 다시금 상대적인 정체기가 온다는 것이다. 여기에 대해서는 주지하다시피 많은 문헌들이 있다.

이러한 비연속적인 경과는 정신의 성숙과정에도 마찬가지로 나타나며 심리학에서는 이미 관련된 많은 상세한 연구들이 이루어졌다. 몇몇 두드러진 예들을 열거하면 다음과 같다. 비네(A. Binet)는, "지능의 성장은 규칙적으로 상승해 가는 것이 아니라 단절된 곡선을 그리며 이러한 단절된 성장은 결코 비정상적인 것이 아니다. 어린이들은 발달과정에서 때때로 성장을 멈추고, 다시금 갑자기 성장을 회복한다."[1]고 하였다. 마찬가지로 코프카(K. Koffka)도 "외적으로 볼 때 거의 변화를 관찰할 수 없는 시기가 지나가고 나면 성장이 빠른 박자로 덮쳐 오는 시기가 따라온다."[2]고 하였다. 슈메잉(K. Schmëing)도 "발달은 일정한 흐름이 아니라 오히려 사이사이에 침체기를 갖는 마디 혹은 발아의 과정이고, 밀물과 썰물, 폭풍과 상대적인 고요의 형태로 진행되며, 분명하게 구분 가능한 단계를 따라서 진행해 가는 형식을 취한다."[3]고 비슷한 입장을 취했다.

그렇지만 이렇게 율동적으로 증대되었다가 축소되는 움직임이라는 낭만적인 표현 역시 실제로는 그렇게 분명하게 드러나지 않는 경과를 과장해서 표현한 것일 수 있다. 크로(O. Kroh)는 이미 이러한 생각에 대해서 제한적인 입장을 밝힌 바 있다. 그는 "발달은 전혀 연속적인 경과라고 볼 수 없다. 오히려 발달은 연속적이지도, 그렇다고 엄밀한 의미에서 율동적인 운동, 즉 분명한 휴지기를 갖는 단계의 연속으로도 볼 수 없다."[4]고 하였다.

이러한 맥락에서 발달의 단계나 마디를 이야기하는 경우에 연속적인 발달의 입장을 탈피하는 것이 중요하기는 하지만 앞서 살펴본 것과 같은 명백한 단절을 고집할 필요는 없다. 종종 매우 급격한 변화가 일어나기는 하지만 본디부터 돌발적인 것은 아니다. 오히려 변화의 형식은 때때로 완전한 휴지기를 갖더라도 서로 연관을 유지한 채로 이행하는 것이다. 종래의 삶의 경과로부터 분명하게 단절시키는 날카롭게 가르는 '자리(Stelle)' 는 존재하지 않는다.

마찬가지 이유에서, 그렇지만 앞서 논의한 것과는 다른 유형에 속하는 특징적인 삶의 단절들이 발견된다. 이러한 단절들에서 이행의 과정은 유연하게 이루어지지 않고 오히려 돌발적으로 일어나며 일상적인 삶 안에서 실질적인 단절이 이루어진다. 우리는 '위기' 에서 그러한 삶의 단절적인 성격을 엄밀하고도 완전한 형태로 관찰할 수 있다.

위기는 특히 생물학적인 단계들과 여러 측면에서 일치한다. 이러한 관점에 일치하는 한 예로서 이미 자세히 연구된 분야인 사춘기 심리학의 연구 성과들을 살펴볼 수 있다. 반항기나 혹은 그와 유사한 현상들을 살펴보면 신경질, 욕구불만, 극단성, 독특한 민감성 등의 뚜렷하게 위기적인 특징을 갖는 현상들을 확인할 수 있다. 사춘기 이후에도 이와 같은 단계적인 성격을 지닌 위기들이 찾아온다. 일례로 우리는 55세 이후의 사적 관계의 단절에서 비롯되는 특별하고 근본적인 삶의 위기들을 관찰할 수 있다.[5)]

뿐만 아니라 생물학적으로 규정된 삶의 단계들의 이행과는 상관없는 수많은 다른 유형의 위기들이 존재한다. 일반적으로 새로운 생활환경에 접하게 될 때 위기가 초래된다. 가장 심각한 삶의 위기는 생물학적-심리학적 삶의 리듬이나 외적인 생활환경으로부터의 특별한 원인 없이도 전적으로 내면으로부터 생겨날 수 있다. 다시 한 번 이미 자세하게 밝혀진 사춘기의 특징들에 주목하면, 한 단계에서 다른 단계로의 이행이 날카롭게 위기적 형식으로 이루어지느냐 혹은 조화롭고 평탄한 형식으로 진행되느냐에 의해서 분명한 차이들이 생겨난다.[6] 따라서 다음과 같은 문제를 제기할 수 있다. 위기는 될 수 있으면 회피해야 하는 삶의 교란으로 생각하여야 하는가? 그리고 만약 위기에 빠져 들었을 경우에는 가능한 한 빨리 다시금 건강한 상태를 회복하기 위해 노력해야 하는가? 혹은 반대로, 위기는 본질적으로 인간의 삶에 포함된 것이고, 따라서 교육에서 반드시 고려해야만 하는 요소인가?

2. 위기의 본질

위기의 의미를 우리의 문제설정과 연관해서 파악하기 위해서는 위기의 본질에 대해 간략한 일반론적인 고찰이 필요하다. 위기는 매우 다양한 의미로 사용되고 있다. 예를 들어서 질병과 관련하여 위기를 이야기할 때에는 상대적으로 길게 진행되는 경과 사이의 급격한 악화나 회복으로 이어지는 짧은 고비를 의미한다. 또한 이 논의의 출발점에서 언급하였던 인간의 발달과정에 있어서의 위기도 생각할 수 있다. 갑자기 엄습하는 위기에 대해서, 그 안에서 지금까지 자명한 것으로 여겨졌던 믿음이 의심스러워지고 대개의 경우 격렬한 충돌 속에서 다시금 그것을 획득하게 되는 신앙의 위기에 대해, 혹은 인간이 견디어 내야만 하는 윤리적인 위기에 대해 이야기할 수 있다. 마찬가지로, 오랫동안 존속되어 온 사회제도와 형식이 붕괴의 위험에 처하게 되는 인간의 공동생활에 있어서의 위기도 있다. 결혼생활의 위기는 그 좋은 예이다. 또한 국민생활의 위기에 대해서, 어떤 정권의 존속이 위태롭게 된 정권의 위기에 대해서, 그리고 오랫동안의 긴장 관계가 돌연 악화되어 무력충돌의 가능성으로 발전한 외교적인 위기에 대해서 이야기한다. 그 밖에 경제적인 위기가 있다. 아마도 경제적인 위기는 학문적으로 가장 깊이 있게 연구된 위기라고 생각되는데 경제학은 상세한 위기이론들을 발전시켜 왔다.

이러한 다양한 위기들에 비추어서 다음과 같이 이야기할 수 있다. 삶이 의미 있게 이야기되는 곳에서 위기는 언제나 함께 존재한다. 위기는 육체적 혹은 정신적인 영역과 같은 개인적인 범주의 문제일 뿐만 아니라 국가나 경제와 같은 초개인적인 범주에서도 초래될 수 있다. 그렇지만 무생물과 관련해서는 위기를 이야기하지 않는다. 기계의 위기라는 것은 있을 수 없다. 사실 기계도 더 이상 사용할 수 없게 되는 한계가 있고 열역학에서도 기체 상태의 임계점이 존재한다. 지구의 생성발전에도 폭발적인 파국이 있을 수 있으며, 그 밖의 여러 가지 위기와 비슷한 현상들이 무생물의 영역에서도 발견된다. 그렇지만 이러한 현상들을 본래적인 의미의 위기라고 이야기하지는 않는다. 성급한 결론을 방지하기 위해서 조심스럽게 판단을 내린다고 하더라도 위기와 생명은 필연적인 연관관계에 있음이 분명하다.

이와 관련해서 다음과 같은 의문이 제기된다. 본래적인 의미의 위기란 무엇인가? 위기를 위기이게 하는 결정적인 구조적 요인들은 무엇인가? 우선 앞서의 엄밀하지 못한 추론에서 인용했던 예들에 비추어 살펴보면, 비록 그 예들이 서로 연관이 없는 개별적인 예들이고 서로 다른 방식으로 선택된 것들이긴 하지만, 그 안에서 어떤 일치점을 찾을 수 있다. 즉, 위기 안에서는 언제나 정상적인 삶의 과정에 교란이 일어나며, 그러한 교란은 갑작스럽고 매우 강렬하게 닥쳐온다. 대개 이전의 삶의 지속은 그러한 교란 안에서 위태로워지며, 위기를 극복한 후에 삶은 결국 하나의 새로운 평형상태에 도달하게 된다. 여기에서 위기의 본질적인 요소들을 간략하게 서술한 것은 이미 특정한 방식으로 위기를 삶의 현상으로 규정한 것이 된다. 그런데 위기의 의미를 파악하기 위해서는 먼저 간략한 언어학적인 고찰에서부터 출발하는 것이 바람직한 방법이라고 생각한다.

사전에 따르면 그리스어 동사 KRINEIN은 가르다, 가려내다, 선택하다 그리고 더 나아가서 판단하다, 판정하다, 결정하다 등을 뜻한다. 거기에서 파생된 명사 KRISIS는 분리, 결정, 평가, 판단 등을 의미한다. 여기에서 더 나아가 게브잣텔(V. E. v. Gebsattel)은 위기가 '정화하다'는 의미의 산스크리트 어에 기원을 두고 있음을 밝혔다.[7] 이러한 어원 연구로부터 서로 밀접하게 연관된 두 가지 요소를 찾아낼 수 있다.

① 위기는 정화를 의미한다. 인간은 이 고통스러운 과정 안에서 그 자신의 혼탁함으로부터 자유로워지고 새로운 순수함에 도달한다. 따라서 위기는 정신요법의 측면에서 볼 때에는 정신적인 삶의 위기로부터 벗어나는 것이 된다. 이러한 의미에서 빌츠(R. Bilz)는 다음과 같이 이야기하였다. "위기는 나태로부터 인간을 해방시킨다. 체와 같이 걸러 내는 역할을 한다."[8]

② 위기는 결단을 뜻한다. 인간은 두 가지 가능성 중에서 선택해야만 한다. 따라서 결단의 상황이란, '두 개의 길 가운데서 하나를 선택해야만 하는' 경우이다. 위기의 이러한 측면에 대해서 추트(J. Zutt)는 다음과 같이 강조하였다. "결정적 상황 혹은 위기는 다음과 같은 경우를 말한다. 어떤 길을 선택하고 추구해 갈 것인지에 대해서 근본적인 방향을 결정해야만 하는, 피할 수 없는 삶의 결단을 강요당하는 상황이다."[9] 첫 번째 요소를 고려할 때, 결단은 곧 다음과 같은 것을 의미한다. 두 개의 서로 동등한 정당성을 가진 가능성 사이에서의 결단이 아니라 절박한 상황에 처하여 옳은 것과 그릇된 것 사이에서 선과 악 사이에서 필연적으로 행해야만 하는 결단이다.

3. 병에 있어서의 위기

보다 높은 차원의 정신적인 위기를 살펴보기 전에 관찰하기 쉽고 효과적인 예로 질병의 위기를 살펴보자. 질병의 위기에 대해서는 프뤼게(H. Plügge)의 연구를 기초적인 자료로 삼을 수 있다. 그의 연구는 순수하게 의학적인 위기에서 출발해서 위기의 보편적인 인간학적인 의미를 찾아내었다. 특별히 그의 연구는 다른 형식의 위기, 즉 정신적이고 윤리적인 위기에도 일반화할 수 있는 위기의 특징들을 규정하였다는 점에서 중요한 의미를 갖는다.[10]

프뤼게는 순수한 치료 경험에서 출발한다. 그것은 "정체상태나 가벼운 회복으로—혹은 죽음으로 이어지는 지금까지의 전체 병의 경과의 전환과 함께 우리에게 '위기'로 엄습해 오는 극심한 발작적 사건"(S. 405)이다. 이와 같은 발작은 좋은 방향으로건 혹은 나쁜 방향으로건 결판을 짓는다. 발작은 그 때까지 연속되던 병의 경과에 돌발적인 끝을 맺게 한다. 따라서 위기를 극복하는 것은 험한 길을 통과한 것에 비유할 수 있다. 한숨 돌리고 나면 완치는 그저 시간문제일 뿐이다. 이에 비추어 볼 때 해방에 이르는 길은 본질적으로 오직 위기라는 험한 길을 통해서만 이를 수 있다.

프뤼게는 환자들의 진술을 토대로 위기 체험과 그 내적인 구조를 세밀하게 규정하려는 노력을 통해서 다음과 같은 세 가지 결정적인 요소들을 밝혀내었다.

① "발작은 절망감, 죽음의 불안, 어둠 속으로 떨어져 내리는 체험과 함께 돌발적으로 엄습한다."(S. 407) 더 세분해서 보면 여기에는 두 가지 요소가 함께 포함되어 있다. 하나는 이 사건이 전광석화처럼 닥쳐 오는 돌발적인 사건이라는 점이다. 보고서는 다음과 같이 기록하고 있다. "발작은 번개처럼 닥쳐오며, 그 때 나의 생명과 존재를 이루는 모든 것들이 소멸되는 것 같았다." (S. 407) 다른 하나는 이러한 돌발성과 연결되어 있는 절망감이다. 그것은 심연으로 떨어져 내리는 느낌이다. "매번 나는 이제는 끝장이라고 생각했다." 다른 곳에서는 "발작의 순간에 나는 이제는 틀림없이 죽었다고 생각했다."라고 기록하였다(S. 406).

② 발작이 지나가고 나면 "종종 환자 자신은 전혀 혹은 거의 의식하지 못하지만 주위의 사람들은 분명하게 알 수 있는 흥분 상

태"(S. 407)가 찾아온다. "발작 후에 나는 완전히 변화된 느낌이고 나도 모르게 내적으로 활기를 느끼며 심한 피로와 쇠약에도 불구하고 모든 것이 새롭게 느껴진다." 또 다른 곳에서는 "발작이 지나가고 난 후에, 비록 녹초가 되긴 했지만 해방된 느낌이다."라고 기록하고 있다. 프뤼게는 발작과 관련해서 "변화 혹은 해방의 체험"(S. 407)에 대해 서술하고 있다.

③ 다음의 요소는 더욱 주목을 끈다. 발작이 지나가고 나면 당사자는 발작이 얼마 동안 계속되었는지를 알지 못한다는 것이다. 위의 보고서는 다음과 같이 이러한 현상을 강조하고 있다. "나는 얼마 동안 발작이 계속되었는지 전혀 알 수 없다." 또 "만약 시계를 보지 않았다면 나는 그 발작이 얼마 동안 계속되었는지를 전혀 알 수 없었을 것이다. 발작 안에서는 모든 것이 소멸되고 만다." 이러한 현상은 지금까지 강조한 위기의 시작이 갖는 돌발적인 비연속성에 비추어 볼 때 더욱 중요한 것이다. 발작이 '실제'로는 물리적 시간으로 짧은 동안의 사건임에도 불구하고 시간의 체험에 있어서는 시간이 소멸해 버리는 것처럼 경험된다는 것이다. 이것은 여러 모로 기억상실증과 일치한다. 프뤼게는 "발작이 진행된 기간은 시간의 흐름으로부터 잘라낸 것 같다."고 서술하였다(S. 407).

순수한 서술은 우선 이 정도로 마치자. 보다 흥미롭고 우리의 주제와 관련해서도 의미 있는 것은 프뤼게가 위기의 특징을 시간과 관련해서 규명하려 했다는 점이다. 이와 관련해서 다시 세 가지 특징을 정리할 수 있다.

① 위기는 이전까지의 연속적인 삶의 경과가 단절되고 마는 비연속성을 특징으로 한다. "위기는 인간의 삶의 연속적인 흐름을 가로막는다."(S. 410). 다시금 그는 "절망의 체험과 불안 속에서 이전까지의 과정은 갑작스럽게 중단된다."(S. 408)고 강조하였다. 이것은 앞서 교육학과의 관련 안에서 논의하였던 신체적 발달에서의 비연속적인 단층과 일치하는 것이다. 서문에서 제기했던 문제설정에 비추어 볼 때 다음과 같은 사실이 중요하다. 앞서의 논의를 통해 볼 때 프뤼게는 키에르케고르(S. Kierkegaard)에 뿌리를 두고 있는 실존철학적인 이해, 즉 인간 현존재는 본질적으로 위기라는, 다시 말해서 인간의 삶은 궁극적으로 그리고 언제나 위기의 상황에 처해 있다는 데 대해서 반론을 제기한 것이다. 일상적인 의학적 경험의 고찰에서 드러나는 삶에 대한 편견 없는 이해에 따르면, 위기는 오히려 이따금씩 찾아오고 날카롭게 구별되는 특정한 순간에 기존의 과정들의 연속성을 단절시키는 사건으로 파악된다. 그러므로 인간의 삶은 두 가지, 즉 연속적인 과정과 비연속적인 단절을 함께 포함하고 있다. 그래서 프뤼게는 "연속적인 과정과 결정적인 단절의 교차적 순환이 인간의 삶을 전형적으로 특징짓는다."(S. 140)고 분명하게 이야기하였다.

② 위기는 이와 같은 단절을 분기점으로, 단절에 의해 규정되는 두 개의 서로 다른 삶의 질서로 상황을 나누기도 하고 결합시

키기도 한다. "따라서 위기는 분명한 청산이다. 낡은 질서가 붕괴되고 나면 결정적인 단절 너머로부터 새로운 질서가 시작된다."(S. 408) 옛 질서로부터 유래하지 않은 새로운 질서가 시작되는 것이다. 먼저 옛 질서가 종결되어야만 한다. 따라서 그것은 고통스러운 일이다. 그런 후에 종래의 것에 기초해서는 이해할 수 없는 어떤 새로운 것이 시작될 수 있다. 위기가 지나간 후에 삶은 새로운 지평에서 다시 출발한다. 그래서 위기와 관련해서 해방감과 기쁨을 이야기하는 것이다. 병에 있어서의 이 새로운 지평은 물론 이전 상태로의 회복일 것이다. 그렇지만 때때로, 특별히 정신적인 발달의 영역에서는 보다 높은 지평으로 이행할 수도 있다. 그러나 위기는 청산과 새로운 시작이라는 두 가지를 함께 포함하고 있으며 '파괴와 창조의 동일성'(S. 409)은 위기의 본질을 규정하는 결정적인 요소이다.

③ 프뤼게의 다음과 같은 해명은 결정적으로 중요한 의미를 갖는다. 즉, 위기는 단순하게 연속적인 삶의 단절일 뿐만 아니라 연속적인 삶의 경과 안에는 주어져 있지 않던 완전히 다른 어떤 것이 갑자기 등장하는 것이다. 마찬가지로 위기의 종결과 더불어서 그러한 다른 요소들은 필연적으로 다시금 사라져 버린다. 그래서 프뤼게는 민코프스키(Minkowski)의 용어를 빌어 다음과 같이 주장하였다. "예전에 경험된 시간은 위기 안에서 파기된다."(S. 410). 위기는 "다른 장소로부터 떨어져 내리는 번개와 같은 것"(S. 408)이다.

문제는 이 '다른 장소' 를 어떻게 파악할 것인가 하는 점이다. 프뤼게는 이것을 "일정하게 흐르는 두 개의 서로 다른 시간의 연속 사이로 쐐기처럼 파고드는 영원성" (S. 411)으로 해명하였다. 여기에서 '영원성' 이 나타내는 것은 물론 죽음 이후에 이르게 되는 어떤 공간을 의미하는 것은 아니며 "예컨대 위기의 순간에 경험하게 되는 어떤 특질이다." (S. 411) 더 나아가 프뤼게는 이러한 영원성을, 이는 비록 이 독특한 현상의 해석을 위한 약간의 시사점을 얻기 위해 조심스럽게 인용하는 것이긴 하지만 '위기의 순간과 같은 파열구를 통해서 현세적인 사건으로 나타나는 신적인 특질' 로 해명하였다. 따라서 위기 안에서 옛 질서와 새로운 질서에 더하여서 삶을 구성하는 한 부분으로서 '세 번째 질서' 가 드러나게 된다.

여기에서 일단 매듭을 짓자. 지금까지 프뤼게의 생각을 상당히 자세하게 열거하였는데 그것은 교육학적인 논의를 위해서도 매우 의미 있는 요소들이 그의 생각 속에 포함되어 있기 때문이다. (프뤼게가 잠깐 언급했던 종교적인 해석의 가능성은 우리의 논의의 범주에서는 벗어나 있다.) 우리의 관심은 위기의 비연속성과 위기 경험의 탈시간성에 있다.

4. 윤리적인 위기

병의 위기에 대한 진술로부터 곧바로 결론을 내리기보다는 정신적인 영역에서도 그러한 비연속적인 현상이 존재하는지에 대해서 고찰할 필요가 있다. 교육적으로 중요한 의미를 갖는 것들은 무엇보다도 이러한 정신적인 영역에서 찾을 수 있기 때문이다. 정신적인 영역에서도 마찬가지로 그러한 비연속적인 단절, 비약 그리고 새로운 지평으로의 갑작스러운 이행이 존재한다. 우리가 앞서 상세하게 논의한 바와 같은 다양한 형식의 위기들도 마찬가지로 정신적인 영역 안에서 확인할 수 있다. 여기에서는 국민생활이나 사회 그리고 조직과 같은 초개인적 영역에서의 위기는 잠정적으로 제쳐 두고 개인의 삶으로 논의를 국한시켜서 윤리적인 위기만을 논하고자 한다. 하나의 명확한 예에 초점을 맞춤으로써 위기의 일반적인 본질을 밝혀내기 위해서이다. 보다 상세한 연구를 위해서는 자서전이나 정신병리학의 문헌들에 풍부하게 제시된 자료들을 면밀하게 검토해야 할 것이다. 그렇지만 지금은 우선 총괄적인 고찰을 통해서 몇 가지 일반적인 특징들을 찾아내는 데 관심을 기울이고자 한다.

윤리적인 위기는 병에 있어서의 위기와 거의 비슷하게 진행되기 때문에 앞서의 논의에서 밝혀낸 구조적인 요소들이 윤리적인 위기를 이해하는 데 있어서도 마찬가지로 유효한 지침이 된다. 이와 관련해서 중요한 의미를 갖는 것은 다음과 같은 사실이다. 즉, 천천히 그리고 알지 못하는 사이에 지금까지의 삶을 지속할 수 없는 상황으로 빠져 들어가고, 해방으로의 결단을 통해서 난관을 돌파함으로써 전체적인 상황이 새로운 차원으로 나아가게 된다는 것이다. 윤리적인 위기가 병의 위기와 다른 점은 병의 위기는 신체와 관련된 일이고 따라서 그러한 병의 위기에 대해서 인간은 수동적인 입장이며 요행으로 그러한 위기로부터 벗어나게 되기를 바랄 수밖에 없다는 점이다. 반면에 윤리적인 위기에 있어서는 스스로 해방으로의 결단을 향한 의지를 키워야 하며, 그러한 위기를 견디어 나갈 뿐만 아니라 그 자신의 힘으로 극복해 내야만 한다.

그렇지만 다음과 같은 특징은 병의 위기와 마찬가지로 윤리적인 위기에서도 공통적으로 확인된다. 그 자신의 자유 의지로 언제든지 해방으로 결단할 수 있는 것이 아니라는 점이다. 종래의 방법으로는 극복할 수 없는 상황에 처했을 때, 그 상황이 빚어 낸 무기력함으로부터 비로소 불가피하게 결단을 강요당하게 된다는 것이다. 먼저 탈출구를 찾을 수 없는 자포자기의 상황에 직면하고서야 그러한 해방으로의 결단을 감행하게 된다. 그러므로 해방으로의 결단은 자유로운 행위와 강제적인 상황의 독특한 결합의 산물이다.

중요한 것은 여기에서도 마찬가지로 다음과 같은 역학구조가 존재한다는 점이다. 언제나 탈출구를 찾을 수 없는 한계상황으로부터 끝없는 심연으로 떨어져 버린 것 같은 생각으로부터 자유를 향한 고유한 결단이 이루어진다. 그러한 결단에서 상황의 완전한 전환이 이루어진다. 이와 관련해서 다음과 같은 두 가지 중요한 의미를 찾아낼 수 있다. 하나는 결단이 종래의 연속적인 삶의 경과 안에 비연속적인 단절을 만들어 낸다는 것이다. 그러한 결단은 조금 더 적게 혹은 조금 더 많이 이루어지는 것이 아니라 전혀 이루어지지 않거나 혹은 완전하게 이루어지는 두 경우 중의 하나이다. 또한 인간의 일상적인 삶 안으로 갑작스럽게 파고든다는 점에서 필연적으로 무조건적이며 절대적이다.

이미 칸트(I. Kant)가 윤리적인 사건의 특성을 규정하면서 필연적으로 개입되는 이러한 비연속성을 분명하게 이야기한 바 있다. 칸트는 그의 '인간학'에서 윤리적인 사건에 있어서의 단절적인 성격을 분명하게 이야기하였다. "사람들이 가지고 있는 특정한 사유방식은 그것을 본래적으로 소유하고 있는 것이 아니라 매 순간 새롭게 획득해야 한다. 윤리적인 결단은 갱생과 유사하게 자기 스스로에 대한 엄숙한 선서이다. 이러한 윤리적인 결단과 그러한 변화가 한 사람 안에서 일어나는 시점은 잊을 수 없는 일로 그의 내면에 각인된다. 교육, 시범, 충고 등을 통해서 확고부동함을 차츰차츰 성취해 가는 것이 아니다. 오히려 확실성을 상실해 버린 권태로운 상황의 지속 안에 급작스럽게 덮쳐 오는 충격을 통해서 성취되는 것이다." 이에 덧붙여서 칸트는 다음과 같이 분명하게 강조하였다. "부분적으로 보다 나은 사람이 되려고 하는 시도는 헛된 시도이다."

두 번째로, 칸트가 분명하게 인식하지 못했던 또 하나의 사실은 인간은 오직 위기를 통해서만 그러한 새로운 삶에 도달할 수 있다는 점이다. 우리가 병의 위기에서 밝혀낸 바와 같은 방식으로 삶은 위기를 분기점으로 두 개의 질서로 구별된다.

절망의 경험을 통해서 더 이상 계속될 수 없는 낡은 질서로부터 새로운 질서로 나아가는 해방으로의 결단이 이루어진다. 이러한 일들은 병에 있어서와 마찬가지로 이전보다 더 나쁜 결과를 초래할 수도 있다. 범죄자가 자신의 행위를 자백하고 그것을 통해서 벌을 모면한 후에 조심스럽게 새로운 일을 꾸미고자 하는 경우가 그러한 예에 해당한다. 반면에 그러한 과정이 매우 창조적인 결과를 낳을 수도 있다. 위기 후에 실제로 완전한 의미의 새롭고 보다 나은 삶이 시작되고 지금까지 묻혀 있던 가능성들이 실현되는 경우이다. 위기는 대개 익숙한 삶의 형식이나 계획을 포기해야만 하는 경우에, 예를 들어서 직업 또는 학업에 있어서의 실패로 말미암은 필연적인 전환의 경우에 초래된다. 따라서 일반적으로 다음과 같이 이야기할 수 있다. 모든 새로운 삶은 위기와 더불어 시작된다. 또한 그러한 새로운 삶의 질서는 결코 자유로운 결단을 통해서 창출되는 것이 아니라 언제나 위기를 돌파함으로써 시작된다. 다시 말해서 언제나 우선 종래의 삶이 더 이상 지속될 수 없게 된 경우에만 생겨날 수 있다. 위기는 언제나 고통스럽고 몸서리쳐지는 일이다. 따라서 위기에 처한 경우에는 그렇게 할 수 있는 희망만 보인다면 어떻게든 그것을 피해 가려고 시도할 것이 분명하다.

여기에서 앞서 칸트의 인용부분에서 논의했던 갱생의 문제도 체계적인 근거를 획득하게 된다. 왜냐하면 갱생이라는 개념도 다음과 같은 것을 의미하기 때문이다. 즉, 인간이 그의 타락한 삶의 퇴폐와 파멸로부터 벗어나는 것은 근본적으로 오직 철저한 혁신과 새출발을 통해서만 가능하다. 불로 태우거나 물로 씻어 내는 방법*을 통해서만 가능하다는 것이다. 여기에서는 단지 윤곽을 제시하는 것으로 만족하고자 한다. 민족의 역사 또한 이와 비슷하게 해방시키는(혹은 파멸시키는) 위기를 통해 형성되는데 이 또한 여기에서는 더 이상 논의하지 않기로 한다.

5. 삶에 있어서의 위기의 의미

위기의 특징은 절망과 연결되어 있는 죽음에 대한 불안이다. 우리

---

* 기독교에서는 종교적인 회심을 표현할 때 종종 물세례와 불세례로 비유적으로 표현한다.

는 이러한 위기의 특징에서, 현대의 실존철학 안에서 분명하게 된 그리고 그에 앞서서 이미 키에르케고르가 분명하게 밝혀낸 하나의 현상과 관련을 맺게 된다. 아울러 교육학과 실존철학의 관계도 새롭게 의식하게 된다. 실존철학에서 도출된 결론들이 교육학적인 문제설정에도 마찬가지로 유용하게 적용될 수 있는 가능성도 함께 확인하게 된다. 불안 가운데서 모든 것이 인간으로부터 멀어져 가고, 그가 의지할 수 있는 것이 전혀 존재하지 않게 된다. 바로 이러한 경험 안에서 더 이상 그것을 피하려 하지 않고 그 자신을 거기에 전적으로 던져 넣을 때 자신의 고유한 실존을 확보할 수 있게 되듯이 위기 안에서도 마찬가지의 일들이 일어난다. 실존철학은 위기의 이해를 위한 조심스러운 모색에 지침이 될 수 있는 좋은 모델을 우리에게 제시한다. 물론 여기에는 우리가 이미 서문에서 지적했고 병의 위기에 대한 고찰에서도 밝혔듯이 어떤 결정적인 차이가 존재한다. 엄밀한 실존철학적인 파악에 의하면 인간은 언제나 필연적으로 위기 안에 놓여 있고 위기로부터 벗어난 상태에서는 단지 비본래적인 현존재일 뿐이다. 그러나 인간의 삶에 대한 고찰들을 통해 드러난 바에 의하면 삶이 위기에 직면하게 되는 것은 특정하게 두드러진 순간들일 뿐이다. 그러한 순간이 지나고 나면, 즉 위기가 해결되어 자유로워지면 순화되고 변화된 지평에서 새롭고도 유실한 삶의 한 토막이 다시 시작된다.

이와 관련해서 결정적인 문제가 제기된다. 위기를 하나의 고통스러운, 그럼에도 불구하고 의미심장한 사건으로 파악한다고 하더라도 위기를 인간의 삶에 있어서 필연적인 것으로 간주해야만 하는가? 과연 그러한 비연속성이나 좌절 그리고 갑작스러운 새 출발이 인간의 삶의 본질에 속하는가? 따라서 교육 안에서 그러한 것들을 반드시 고려해야만 하는가? 혹은 필연적으로 위기를 거쳐 갈 필요는 없고 점진적이고 연속적인 (흔히 말하듯) 내부로부터의 유기적인 발전 역시 가능한가? 따라서 위기에 직면하게 될 경우 그것을 하나의 장애나 근본적으로 피해야 할 불행으로 생각하여 될 수 있으면 우회하는 것이 좋은가? 또 어쩔 수 없이 맞닥뜨리는 경우에는 가능한 한 빨리 다시금 보다 건강한 상태를 회복하기 위해서 힘써야 하는가? 실존철학은 그 자체의 본질적인 특징에 따라 분명하게 첫 번째의 가능성을 택하게 된다. 그러한 맥락에서 키에르케고르는 다음과 같이 강조하였다. 불안은 인간 본성의 완전함의 한 표현이며 인간이 위대한 만큼 불안도 그 만큼 깊어진다.[11] 따라서 위기에 있어서도 마찬가지로, 인간이 위대하면 위대할수록 그가 극복해야 하는 위기도 그만큼 더 커지며 궁극적인 성숙과 확고부동함은 근본적으로 위기 극복을 통해서만 성취할 수 있다고 이야기할 수 있다. 그렇지만 아무런 망설임 없이 이러한 결론을 받아들이기는 힘들다. 또한 (아마도 가끔씩은) 그러한 고통스러운 단절 없이도 그의 삶을 조화롭게 연속적으로 발전시킨 운 좋은 본성을 타고난 예들도 발견된다. 따라서 여기에서 (앞서 사춘기에 대한 고찰에서 밝힌 바와 같이) 일반적으로 서로 근본적으로 구별되는 두 개의 인간발달 유형을 분명하게 확인할 수 있다. 하나는 위기적인 발달유형이고 다른 하나는 위기와 무관한 발달유형이다.

이 문제는 의도적으로 한편의 입장을 택하지 않는 한 분명하게 해결될 수 없다. 그렇지만 여기에서 반드시 이 문제를 분명하게 해결하고 넘어가야만 하는 것은 아니다. 실제로 그러한 위기가 인간의 삶에 주어져 있고 그러한 위기에 직면할 때 어떻게 해야 할 것인지를 아는 것으로 충분하다. 따라서 다음과 같은 사실이 중요한 의미를 갖는다. 즉, 위기를 회피하려는 시도는 필연적으로 인간의 삶을 우유부단하고 비본질적인 상태로 떨어뜨린다는 것이다. 반대로 용기 있게 위기를 뚫고 나아가면 다른 방법으로는 결코 도달할 수 없는 삶의 정화와 새로움에 이르게 된다. 이러한 의미에서 사실상 위기는 필연적으로 인간의 삶의 본질에 속하며 보다 높은 단계의 성숙에 이르는 길은 오직 위기를 돌파하는 길밖에 없다고 추론할 수 있다.

6. 위기의 교육학적인 의미

위기가 인간의 삶에 있어서 그렇게 큰 의미를 갖는다면 교육학은 위기에 대해 어떤 입장을 취해야 하는가? 다른 사람의 위기를 저지하거나 경감시키려는 교육자의 시도는 과연 어느 정도나 정당화될 수 있는가? 반대로 위기를 방치하거나 위기로부터의 모든 탈출가능성을 폐쇄시키고 위기를 최대한 치열하게 경험하도록 강요해서 보다 첨예하게 만들어야 하는가? 이것은 결국 교육자가 위기를 어느 정도로 스스로 야기하고 다른 사람을 그러한 위기로 몰아넣을 수 있는지에 대한 문제이다. 새로운 단계로 나아가기 위해서 위기가 필수적으로 요청되는 것이라면, 위기를 회피하거나 부드럽게 만드는 일은 한 사람이 발달할 수 있는 가능성을 결정적으로 박탈하는 것이 된다. 성장과정에서 장애물들을 제거하는 것은 부적절한 미성숙의 상태에 머물게 하는 일이 되고, 위기를 회피하게 도와주는 것은 궁극적인 실존적 체험을 방해하는 것이 된다. 인간의 삶에 있어서 실존적인 요소를 강조하면 할수록 그만큼 위기의 의미도 커지게 된다. 실존적인 측면에서 볼 때 모든 성숙의 과정은 필연적으로 위기의 극복과 연결되어 있다.

그렇지만 위기에 대한 실존철학적인 파악을 그대로 수용하기보다는 모든 위기들이 삶에 있어서 얼마나 큰 위험인가를 고려해 보아야만 한다. 회복될 수 있지만 죽음에 이를 수도 있는 병의 위기와 마찬가지로 윤리적인 위기에서도 위험이 존재한다. 모든 위기는 이것이냐 저것이냐의 전혀 반대되는 결과를 낳을 수 있는, 예측할 수 없는 일이다. 위기에 처해 있을 때 해방의 돌파구가 열릴 것인지에 대해서는 미리 예측할 수 없다. 만약 돌파구가 생기지 않는다면 파멸하거나 추락으로 이어진다. 위기 안에서 추락으로부터 벗어날지의 여부는 아무리 애써도 미리 알아낼 수 없다. 위기에서 벗어나는 것은 겉으로 보기에는 운에 좌우되며, 위기를 극복한 사람의 행복한 경험의 측면에서 볼 때에는 은총이라고 할 수 있다. 우리는 여기에서 자칫 잘못하면 오해를 불러 올 수 있는, 따라서 매우 조심스럽게 사용해야 하는 하나의 개념에 마주친다. 그것은 위기에서 벗어나는 은총이라는 개념이다. 그렇지만 은총의 근원을 찾는 것은 신학적인 영역의 일이며 철학의 지평에 있어서는 의미 없는 일이다. 그것은 마치 던져진 존재의 경험에서(하이데거) 던진 자를 찾는 것이 무의미하듯 의미 없는 일이다. 여기에서는 위기를 순수하게 현상학적으로 기술하는 것으로 충분하다. 이러한 현상학적인 기술에 있어서 행복을 주는 건져짐의 은총은 주어진 어떤 것이고 더 이상 소급할 수 없는 경험이다.

모든 위기는 위험이다. 따라서 만약 교육자가 위기의 유익한 효과를 고려해서 의식적으로 위기를 유발시킨다면 오만한 행동이 되고 교육을 수공업적인 제조과정처럼 이해해서 그릇된 방향으로 이끌어 가는 것이 된다. 위기를 요즘 유행하는 비속한 용어로 표현해서 '조작' 하려는 것은 오만한 월권이다. 모든 위기는 숙명이다. 교육자는 위기를 조장하거나 억제할 수 없다. 다만 그러한 일이 어떤 사람에게 숙명적으로 닥쳐올 때 그 의미를 명확하게 인식하고 끝까지 돌파해 나갈 수 있도록 옆에서 도와줄 수 있을 뿐이다. 그리고 때때로 비록 특별한 어떤 것을 하지 않더라도 깊은 이해를 동반한 친밀함이 교육자가 할 수 있는 최선의 행동이 될 수 있다. 어떤 경우에도 책임 있는 교육자는 운명과 관련된 일에 임의로 개입할 수 없다. 교육학이 교육적 행위의 기술에 그치지 않고 교육현실에 대한 해석적인 연구로 나아갈수록 일반적으로 인간발달의 내면에서 작용하는 여러 경과들도 고찰의 범주에 포함시켜야 한다. 마찬가지로 비록 의식적인 교육계획의 대상이 될 수는 없을지라도 실제의 교육과정 안에서 그러한 요소들을 고려해야만 한다. 교육학 이론은 교육자가 그의 의도대로 조작할 수는 없지만 인간의 삶을 이해하는 데 있어서 반드시 고려해야 하는 많은 경과들을 포괄하고 있다. 위기도 그중의 하나이다.

7. 지적 영역에서 나타나는 비연속성

윤리적인 위기의 예를 통해 일상적인 과정을 갑자기 단절시켜 버리는 사건들에 대해서 알고 나면 지적인 영역에서도 그와 비슷한 일들이 일어난다는 것을 알 수 있다. 지적인 영역에서도 역시 그와 같은 비연속적이고 위기적인 사건 혹은 적어도 위기와 비슷하다고 할 수 있는 사건들이 일어난다. 마찬가지로 이러한 사건들은 한 사람의 성장의 전체 과정에 결정적인 영향을 미친다. 지식은 실제에 있어서 일반적으로 연속적으로 증대된다. 예컨대 단어는 하나씩 하나씩 차례로 익히게 된다. 그러므로 교수법은 언제나 그러한 연속적인 발전의 도식에 맞추어져 있다. 그렇지만 지식을 적당하게 쌓아가는 것이 아니라 실제적인 통찰에 도달하는 것이 문제일 경우에는 전혀 다르다. 이 경우에는 한 걸음씩 점진적인 진전을 통해서 목표에 이르는 것이 불가능하다. 오히려 통찰은 단번에 떠오르며 '갑작스럽게 닥치고' 섬광처럼 뇌리에 번쩍인다. 그 순간은 "마치 눈에서 비늘이 떨어져 나간 것 같다."고 표현되곤 한다. 이미 고등 영장류에서도 확인된 바 있는 그러한 '깨달음의 경험'*은 정신적인 삶의 여러 단계에서 비슷하게 관찰된다. 예를 들어 수학의 정리가 갑자기 떠오르고 개개의 실마리들이 내적으로 필연적으로 전체와 연결된다는 것을 파악하게 되는 경우가 종종 있다. 오랫동안 수수께끼처럼 생각되었던 다른 사람의 태도를 이해할 수 있게 하는 실마리가 갑자기 떠오르는 것도 비슷한 경우이다. 일반적으로 새로운 통찰은 내면세계를 비추는 빛처럼 갑자기 떠오른다. 우리는 단지 참을성 있게 준비할 수 있을 뿐이고 그 후에 '눈이 뜨이기를' 기다리는 수

---

*Aha-Erlebnis, 말 그대로 번역하면 '아하 경험' 으로 번역할 수 있다.

밖에 없다.

코페이(F. Copei)는 그의 선구적이며 오랫동안 제대로 평가받지 못했던 책 『도야과정에서의 유실한 순간』[12]에서 천재들의 창조활동과 위대한 발명가 및 발견자들의 업적을 추적하여 이러한 경과에 대해 자세한 연구를 수행하였다. 이를 통하여 새로운 통찰이 어떻게 갑자기 섬광처럼 빛을 발하는지에 대해서 일련의 중요한 증거들을 제시하였다. 빛이 이러한 경과에 대한 표현으로 여러 번 사용되며 '각성' 이나 '계시' 로 이야기되기도 한다. 이와 같은 종교적인 표현들이 여기에서는 순수하게 지적인 과정을 설명하는 데 전용되고 있다. 그렇지만 본질적으로 중요한 것은 이러한 과정 역시 앞에서 위기에 대한 고찰에서 밝혀낸 것과 같은 단절을 갖는다는 점에서 위기적인 사건으로 파악하여야 한다는 것이다. 비록 추후에 성취된 결과에 비추어서 이러한 사건이 행복과 기쁨을 주는 사건으로 생각될 수도 있지만 체험의 순간에 있어서는 위기의 본질인 고통과 압박으로 점철되어 있다. 아울러 무엇보다도 '자명성의 동요' (S. 61)의 순간 즉 전반적으로 압박해 들어오는 방향상실의 순간이 존재한다. 그 순간 지금까지 확실한 것으로 간직되어 왔던 지식들이 불확실한 것으로 밀려나고 성공의 가능성이 전적으로 의심스럽게 된다. 새로운 통찰이 섬광처럼 기대치 않게 덮쳐 와서 더 이상 존속될 수 없게 되어 버린 옛 관념의 파편들이 행복하게도 새로운 통찰 안으로 통합되기까지는 고립된 지적 지평에 놓일 뿐만 아니라 심연에까지 떨어지게 된다. 이에 코페이는 다음과 같이 강조하였다. "착상이 떠오르는 순간은 커다란 격동의 순간이다." (S. 76) 그러므로 코페이가 소크라테스(Sokrates)의 산파술의 문답법적인 과정을 해명한 내용은 동시에 그의 신념의 핵심적인 부분이기도 하다. "그렇게도 확실하던 생각이 무너지고 자기 확신이 동요하며 보다 나은 앎에 대한 동경에 눈뜨게 된다. 그러한 앎은 결국에 가서는 최후의 순간에 그 자신의 (고유한) 인식이 된다. 이러한 눈뜸의 순간, 앎을 획득하는 순간을 우리는 '결실의 순간' 이라 부른다."(S. 21) 코페이는 이러한 '결실의 순간' 을 도야과정에 대한 설명으로 적절하게 사용하였다.

이와 같은 통찰은 수업에도 받아들여져야 한다. 인간에 대해서와 마찬가지로 수업에 있어서도 성과는 강요될 수 없다. 오히려 '결실의 순간' 이 이르기까지 기다려야만 한다. 그 후에 그것을 포착하고 이용해야 한다. 그것은 한결같고 연속적인 수업의 경향과는 갈등관계에 있다. 특히 수업이 정상적인 학급의 평균에 도달하는 것을 목표로 하는 경우에는 필연적이 된다. 왜냐하면 통찰의 빛은 경우에 따라서 빠르거나 늦게 반짝이며 학생 개개인 사이에 커다란 차이가 있을 수 있기 때문이다. 여기에서 필연적으로 교육적인 계획의 한계에 직면한다. 코페이 자신도 그의 책에서 결실의 순간은 어떤 방법적인 절차를 통해서도 만들어 낼 수 없다는 것을 분명하게 밝히고 있다.(S. 127) 그러므로 비연속적인 형식은 의식적인 교육계획들의 한계를 드러냄과 동시에 모든 인간조직이 처하게 되는 운명적인 요소의 간섭에 대해서 교육이 개방성을 유지해야 함을 보여 준다.

이러한 맥락에서 마리아 몬테소리(M. Montessori)가 우리의 관심을 끄는 대상으로 떠오른다. 그녀는 어린이의 정신발달과정에서 이따금씩 일어나는 비약적인 발전에 주목하고 그것을 '폭발' 로 강조해서 표현하였다. "여기에서는 천천히 진행되는 점진적인 발달은 문제가 되지 않는다. …… 오히려 그것은 예측할 수 없고 갑자기 닥쳐오며 성장의 과정에 독특한 위기를 불러일으키는 '폭발적인' 성격을 띤다. 그렇게 어느 날 갑자기 아기의 첫 이가 돋아나고, 하루 사이에 첫 마디 말을 뱉고, 하루 사이에 첫 걸음마를 한다. 첫 이가 돋아나고 나면 나머지 이들이 연달아서 돋아나고, 첫 마디 말을 내뱉고 나면 곧 말을 배우게 되고, 첫 발걸음을 떼어 놓고 나면 걷기를 배우게 된다. 유사한 위기들이 내적인 삶의 발전의 정초가 되는 정신적 질서 확립과정에서도 개입된다."[13]

끝으로 다음과 같은 궁극적인 시사점을 생각할 수 있다. 만약 위에서 살펴본 것처럼 각성이나 계시 등이 새로운 통찰이 이루어지는 빛나는 순간에 대한 적절한 비유라면, 그러한 각성이나 계시 등에 상응하는 종교적인 사태, 즉 이 용어들이 나타내는 고유한 종교적인 현상들은 가장 정확한 의미에서 비연속적인 경과의 범주에 속한다고 할 수 있다. 이에 대해서는 후에 부분적으로 더 깊이 논의하고자 한다. 여기에서는 다만 돌발적으로 이루어지는 통찰에 대한 학문적 고찰에서 분명하게 밝혀진 내용들이 이러한 영역에서도 의미 있다는 사실을 확인하는 것으로 만족하고자 한다. 이러한 위기적인 사건들은 삶에 대한 교란이나 그 가치를 손상시키는 것이 아니다. 윤리적인 비약과 더불어서 정신적인 영역에서도 독자적이고 독창적인 성취들은 오히려 그러한 경과들과 필연적으로 연관되어 있다. 그리고 그러한 경과를 곧바로 위기라고 표현할 수는 없지만 넓은 의미에서는 위기와 유사하다. 정신적인 영역에서도 참된 의미에서 새로운 것은 오직 절망적인 상황을 극복함으로써만 성취할 수 있다.

각 성

1. 교육학적인 개념으로서의 각성

각성은 원래는 종교적인 용어였으나 그 사용 범위가 확장되어 지금은 교육학에서도 유용하게 쓰이고 있는 개념들 중의 하나이다. 각성 개념의 교육학적인 전용의 역사는 슈프랑거(E. Spranger)로 거슬러 올라간다. 그는 이미 초기의 저술에서 여러 차례 언급하였던 이 각성 개념[1]을 제2차세계대전 후에는 한층 강조해서 그의 교육사상의 핵심적인 용어로 사용하였다. 그래서 슈프랑어는 '내적인 각성' 에서 가정, 노동, 사회의 교육원리와 나란히 견줄 수 있는 '인간형성에 있어서의 하나의 전혀 새로운 차원' [2]을 파악하였다. 이러한 맥락 안에서 여기에 '각성' 으로 표현한 경과의 독특한 본질을 구명하려고 노력하였다. 그는 다음과 같이 서술하였다. "이미 '각성' 이라는 말 자체가 다음과 같은 사실을 드러내고 있다. 각성과 관련해서는 어떤 교육학적인 방법도 무의미하다. 또한 어떤 저명한 천재에 의해서 시도된 교육적인 기법도 이와 관련해서는 큰 의미가 없다. 각성과 관련해서 아마도 경건한 귀의에나 부여될 수 있는 특유의 은총이 시작된다."(S. 83) 이러한 차원에서 교육자는 "궁극적인 것, 지고의 가치를 지닌 것, 그리고 성스러운 것"(S. 84f)을 지향하는 영혼의 깊은 곳에 이르는 관계로서 "내면세계를 각성시켜야 한다." 이러한 맥락에서 그는 각성 개념을 다음과 같이 파악하였다. "학교는 인간을 내적으로 '일깨우는' 것을 벌써부터 과제로 설정했어야 했다"(S. 85) 여기에서 '일깨우다' 라는 말에 따옴표를 붙인 것은 앞서 인용한 부분에서 '각성' 에 따옴표를 붙인 것과 같은 맥락으로 이러한 표현의 비유적인 성격을 나타내기 위한 것이다.

여기에서 슈프랑거에게 있어서 교육의 결정적인 과제는 양심의 각성에 있음이 드러난다. "왜냐하면 양심 안에서 정신적인 능력들을 활성화시키는 형이상학적인 힘의 돌파구가 열리기 때문이다." 그렇지만 슈프랑거는 동시에 이와 같은 가장 내면적인 영역에 대한 교육적 접근이 매우 어렵다는 것을 강조하였다. "이와 같이 인간의 삶을 결정적으로 조정하는 것은 분명히 인위적으로 행할 수 있는 성질의 것이 아니다. 우리는 다만 그것을 '고무' 시키기 위해서만 노력할 수 있다. 그리고 여기에서 소크라테스적인 의미의 일깨움과 각성시킴이 확인된다. 그와 같은 이끌어 냄, 구출해 냄, 빛으로 끌어올림은 발달의 조력 이상의 의미를 갖는다. 인간이 인간으로서의 고유한 본질규정을 '파악' 하는 데 필수적으로 요청되는 정신세계로 인간을 해방시키기 때문이다."[3)]

슈프랑거에게 있어서 소크라테스는 언제나 "정신이 형이상학적인 속박에서 벗어나서 자유롭게 작용할 수 있게 하는 돌파구 역할을 하는 향상된 자아에로의 각성"[4)]이라는 교육적 과제에 대한 위대한 표상이다. 무엇보다도 윤리적인 영역에 있어서, 다시 말해 양심의 발달과 관련해서 각성 개념이 슈프랑거에게 결정적인 의미를 갖는다. 그는 매우 강한 어조로 다음과 같이 강조하였다. "교육은 언제나 각성이다."[5)]

각성 개념은 슈프랑거 이후에 최근에 들어서 델볼라프(J. Derbolav)에게 수용되어 다시금 교육학적인 논의의 대상이 되었다.[6)] 그는 가장 넓은 의미에서 '각성으로서의 교육'을 교육의 과정에 있어 본질적인 요소로 규정하고, 이러한 맥락에서 그의 고유한 관점을 전개하였다. 델볼라프 역시 산파술, 다시 말해 끊임없는 질문을 통해서 내면에 감추어져 잠들어 있는 것들을 빛으로 이끌어 내는 기술로 이해되는 플라톤(Platon)적인 소크라테스를 표상으로 삼았다. 그렇지만 델볼라프는 보다 이론적인 측면에 초점을 맞추고 있다는 점에서 슈프랑거와 구별된다. 이러한 맥락에서 델볼라프는 다음과 같이 이야기하였다. "학습은 상기이고 잠들어 있는 이해를 일깨우는 것이다. 먼저 빛으로 이끌어 내고 그 후에는 비판적으로 걸러 내어야 한다." (S. 79) 그것은 청소년들이 성숙한 어른들의 도움으로 길 위로 이끌어내 어야만 하는 "그 자신의 잠들어 있는 진리의 각성이며 자아발견의 놀라움"[7)](S. 80)이다. 따라서 그에게 있어서도 인간 안에 잠들어 있는 것들을 '일깨움'과 '각성시킴'이 중요한 의미를 갖는다.

이와 관련해서 하나의 교육학적 개념이 새롭게 주목받게 된다. 이 각성 개념은 실제의 교육활동에 있어서는 이미 오래전부터 자명한 것으로 인정되어 왔음에도 불구하고, 종래의 교육학적인 관점들과 일치하지 않는다는 이유로 지금까지 교육학 이론에서 적절한 위치를 부여받지 못하였다. 이 개념이 지금 우리의 논의에서 특별한 의미를 갖는 것은 이 개념 역시 여기에서 고찰하고 있는 비연속적인 경과의 하나이기 때문이다.

슈프랑거와 델볼라프가 이 개념을 각각 어떻게 이해했는지의 문제는 제쳐 두고 우선은 각성 개념의 실체를 이해하는 것이 중요하다. 따라서 우리는 다음과 같은 문제를 탐구하고자 한다. 각성 개념은 무엇을 의미하는가? 교육학적인 효능은 무엇인가?

이와 관련해서 먼저 두 가지를 살펴보자.

① 각성 개념, 즉 최소한 오늘날의 언어관용 안에서 사용되고 있는 의미의 각성 개념은 기독교에 뿌리를 둔 개념인데 교육학으로 전용되었다. 따라서 이 개념으로 교육현상을 정확한 의미로 표현하기 위해서는 우선 원래 기독교에서 이 개념을 어떤 의미로 사용하였는지를 살펴보아야 한다. 그 후에야 교육학적인 적용에 대해서도 분명하게 이해할 수 있다.

② 각성은 기독교적인 언어관용 안에서도 잠든 사람이 깨어나는 신체적인 과정을 표현하는 말로 비유적으로 사용되었다. 따라서 우리는 먼저 이러한 신체적인 과정에 주목해야 한다.

2. 신체적-감각적인 각성

그런데 이 신체적인 과정이란 무엇을 의미하는가? 여기에 답하기 위해서 잠에서 깨어나는 혹은 타인에 의해 깨워지는 과정에 대해 상세하게 고찰할 필요는 없다. 다만 한 가지 중요한 사실을 짚고 넘어갈 필요는 있다. 각성은 필연적으로 명료한 의식 상태로 깨어나는 것을 의미한다. 깨어남은 의식이 결여된 상태로부터 의식으로의 깨어남, 즉 잠으로부터의 깨어남이다. 신체적인 과정에 대해 분명하게 파악된 이와 같은 특징은 각성 개념을 다른 범주에 적용할 때에도 반드시 고수되어야 한다.

각성의 신체적-감각적인 과정과 관련해서는 미리부터 완전하게 결정된 인간학적인 틀(Schema)이 주어져 있다. 잠과 깨어남으로 표현된 이원적인 상태가 그것이다. 그리고 이러한 관계의 내적인 구조는 이 말을 다른 영역으로 전용해서 사용할 때에도 반드시 고수되어야 한다. 이것은 무엇보다도 다음과 같은 것을 말한다. 즉, 인간은 잠들어 있을 때에는 그 자신이라고 할 수 없고 깨어날 때 다시 그 자신이 된다. 따라서 깨어남은 자기 자신으로의 각성이며 다시금 의식이 있는 상태로 각성하는 것이다. 잠든다는 것은 그의 의식이 없는 상태이며 따라서 거기에 완전한 의미의 그가 존재한다고 할 수 없는 상황으로 떨어지는 것이다. 이러한 의미에서 괴테는 "잠은 껍데기다. 벗어 던져라."고 했다. 따라서 언제나 잠은 미리부터 부정적인 가치를 내포하고 있다. 후에 다시 일반적인 맥락에서 논의하겠지만 잠든 상태에서의 인간은 본래의 자신이 아니다. 깨어난 상태가 본연의 그이다. 그러므로 각성은 비본래성으로부터 본래성으로 깨어나는 것이다.

두 번째로 잠과 깨어남은 두 개의 서로 대립하는, 엄밀한 의미에서 상호 배척하는 상태이다. 인간은 깨어 있거나 잠들어 있을 뿐이며 제삼의 상태는 없다. 물론 양쪽 모두에 단계들이 존재한다. 깨어남에는 둔감한 상태에서부터 어리둥절한 상태, 꾸벅꾸벅하는 상태를 거쳐 분명하게 정신을 차리고 의식을 갖게 되는 데까지의 여러 단계들이 있다. 잠의 깊이에 있어서도 꿈마저 꾸지 않는 숙면에서부터 옅은 잠, 즉 가면 상태와 조는 상태에 이르기까지 정도의 차이가 있다. 조는 상태는 (트뤼뷰너 사전 Trübners Deutsches Wörterbuch에 따르면) '일반적으로 잠들 때와 잠에서 깨어날 때의 옅은 잠'[8]을 말한다. 따라서 졸음 역시 잠의 한 형태이며 잠과는 별개의 중간 상태라고 볼 수 없다. 오히려 분명하게 잠의 한 형태라고 할 수 있다. 조는 상태는—이것은 교육학에의 전용을 위해서도 중요한 문제인데—그 안에 깨어남으로의 준비를 분명하게 포함하고 있는 잠의 한 형태이다. 그럼에도 불구하고 깨어남의 정도와 잠의 깊이에는 차이가 있으며 그 두 상태 사이에는 분명한 단절이 있다. 따라서 우리는 모든 상태를 그중의 어느 한편에 위치하는 것으로 생각할 수 있다. 그리고 그 모든 점진적인 준비과정에도 불구하고 깨어남은 갑작스러운 일이며, 보통의 경우 눈을 뜨는 것으로 나타난다. 나는 어느 곳인가 '먼 곳'에 있다가 갑자기 '여기'에 있게 되는 것이다.

그런데 여기에서 주목해야 할 것은 전용된 개념으로서의 각성이 스스로 깨어남이 아니라 타인에 의해서 깨워짐에 초점을 맞추고 있다는 점이다. 그리고 이러한 두 경과는 서로 날카롭게 구별된다. 스스로 깨어나는 경우에는 사건의 돌발성이 중간단계들에 의해서 부드러워질 수 있지만, 타인에 의해서 깨워지는 경우에는 단절이 훨씬 더 날카롭게 된다. 스스로 깨어나는 것이 대체로 가볍고 고통 없는 일인데 반해서 깨워지는 것은 언제나 보다 힘겹고 혹독한 과정이다. 우리가 어떤 사람을 잠에서 깨어나게 하는 것은 자연스러운 끝이 이르기 전에 강제로 끌어내는 것이다. 잠은 그 상태를 유지하려는 성질을 가지고 있기 때문에 잠든 사람은 외부의 간섭을 통해서 깨워야 한다. 부드러운 목소리로 기분 좋게 깨울 수는 없다. 깨우기 위해서는 때때로 몸을 두드리거나 흔들어야 할 때도 있다. 잠들기 전에 깨워 달라고 당부했고 나중에 고마움을 표시할 수도 있지만 깨어나는 순간에는 괴롭고 고통스러운 간섭이다. 그러므로 어떤 사람을 잠에서 깨어나게 하는 것은 분명히 비연속적인 범주의 사건에 속한다.

각성의 이러한 두 가지 본질적인 특성, 즉 신체적으로 깨어나는 과정에 대한 고찰에서 밝혀낸 돌발성과 힘겨움은 이 개념을 교육의 영역에 적용할 때에도 확고하게 견지해야만 한다. 그러한 돌발성과 날카롭게 구분 짓는 특성들이 확인되는 경우에만 이 개념을 적용해야 한다는 것이다. 적용에 있어서의 이러한 엄격한 태도는 부주의한 언어관용에 대항하여 확실하게 고수되어야 한다. 우리는 종종 시적인 표현으로 봄의 따뜻한 태양이 모든 꽃들을 새롭게 깨어나게 한다고 이야기한다. 이 경우에는 분명히 연속적인 과정에 대한 표현이다. 그렇지만 애매한 전용으로 실제로 식물이 깨어나는 것과 같은 일은 있을 수 없다. 이러한 비유를 교육적인 상황에 적용하여, 교육자가 어린이의 내부에서 졸고 있는 능력을 깨워야 한다고 말하는 경우에 문제는 보다 더 심각하게 된다. 뒤에 (마리아 몬테소리의 예를 통해서) 보게 되겠지만 실제로 교육자가 오랫동안 졸고 있는 능력들을 단번에 본래의 활동으로 이끌어 내는 경우들이 있다. (몬테소리는 이러한 과정을 기꺼이 해방시킴으로 표현하였다.) 그렇지만 이러한 비유가 타당한 것이 되려면 다음과 같은 함축적인 의미 안에서만 사용하여야 한다. 즉, 돌발성이 드러나는 경우에 한정해서 사용해야 하고 애매한 의미로 전체 교육 과정과 동일시해서는 안 된다는 것이다.

끝으로 마지막 특징을 살펴보려고 한다. 비본래성의 상태에서 본래성의 상태로의 전환은 회심(回心)에 비유할 수 있다. 각성하는 것을 스스로 회심함에 비유한다면 각성시키는 것은 마음을 돌이키게 밖에서 종용하는 것이다. 이것은 무엇보다도 후에 이 개념을 윤리적인 영역으로 전용할 때 중요한 역할을 하게 된다. 그렇지만 잠에서 깨어남에 대한 고찰에서 출발한 이러한 일련의 전개과정을 계속해서 진행해 가는 것은 위험스러우며 다양한 비유들은 혼란을 초래할 가능성이 크다. 회심은 하나의 방향으로부터 반대방향으로의 전환이다. 그렇지만 잠든 상태와 깨어남은 그와는 다른 방식으로 서로 대립된다. 양자의 관계는 오히려 가능태와 현실태의 관계라고 할 수 있다. 이에 대해서는 후에 교육학적인 적용의 부분에서 고찰할 것이므로 여기에서는 단지 예시적으로 고찰하는 것으로 만족하고자 한다.

신체적인 측면에서의 각성, 즉 깨어남을 엄밀한 의미에서 정리하면 다음과 같은 본질적인 특징들을 확인할 수 있다.

① 신체적인 각성에 의해 구분되는 당위적인 상황과 그렇지 않은 상황 사이에는 분명한 가치의 차이가 존재한다.

② 두 상황 사이에는 단계적인 차이가 아니라 질적인 차이가 있다. 따라서 두 상황 사이에서 일어나는 전환은 날카로운 단절을 만들어 낸다.

③ 시간적인 측면에서는 그와 같은 경과가 돌발성을 지님을 의미한

다. 따라서 필연적으로 비연속적인 사건들의 범주에 포함된다.

④ 이 사건은 밖으로부터 한 사람에게 덮쳐 오며 필연적으로 난폭한 경험이 된다.

⑤ 비록 회심이 이와 유사한 개념이기는 하지만 각성은 본질적으로 마음을 돌이키는 것과는 다르다.

3. 종교적인 각성

각성이 기독교적인 언어관용 안에서 비유적으로 사용되는 경우에도 직접적으로 신체적-정신적인 각성에서 드러난 특징들이 적용된다. 이 경우 각성은 근원적이고 빈번하게 사용되는 말인 개종에 대해서 새로운 비유로, 그리고 가끔은 동등한 비유로 사용된다. 이 경우에는 잠에서 깨어나는 감각적인 경과보다는 회심이라는 정신적인 각성의 전례를 따른다.

이 개념의 기초가 되는 신약 성서의 근원적인 개념은 회개이다. "회개하라. 천국이 가까웠다"(마태복음 3:2) 세례자 요한이 황야에서 사람들을 향해서 외친 말이다. 그리스어로는 이것을 metanoeite라고 한다(metaballein=방향을 바꾸다, 뒤집다, 혹은 metagignoskein=생각을 바꾸다, 특별히 돌이키다, 후회하다와 같이 metanoein은 생각을 고쳐 후회하다, 개종하다, 회개하다를 의미하는 말이다.). 라틴어로는 convertere로, 독일어로는 Sich-bekehren인 이 말은 모두 날카로운 방향전환의 의미를 포함하고 있다. 이러한 회개의 개념은 세계-내-존재의 상황으로부터 진리-내-존재로의, 기독교적인 인간이해(두 상태 사이에 통로 없는 단절을 상정하는)에 포함된 결코 지양될 수 없는 이원론을 드러낸다.

여기에서부터 회심, 깨우기 등을 대신해서 비유적으로 사용될 가능성을 발견할 수 있다. 그것은 죄의 잠에서 깨어나게 하는 것이다. "깨어나라, 너 잠자는 자여"라고 에베소서는 기록하고 있다(에베소서 5:14). 마찬가지로 성가에서는 "일어나라. 높은 곳으로부터 깨우는 자의 음성이 우리를 부른다. 일어나라 너 예루살렘아"라고 노래하고 있다. 그리고 현명한 처녀와 어리석은 처녀에 대한 비유에서도 그와 같은 때에 걸맞지 않은 잠의 결과에 대해서 경고하고 있다.

'각성' 개념은 이러한 의미에서 이른바 '개신교 신비주의'의 용어로 수용되었고 부활의 한 특징을 표현하는 용어로 사용되었다.[9] 각성은 무엇보다도 개신교 신비주의와 많은 관련이 있는 경건주의에서 (오랫동안) "가장 빈번하게 그리고 가장 널리 쓰이는…… 용어가 되었다."[10] 여기에서부터 출발해서 '각성' 개념은 19세기의 다양한 계몽운동을 특징짓는 개념이 되었다.[11] 그렇지만 '각성된 사람'의 개념은 종파에 제한되지 않고 다양하게 복음주의적—기독교적인 영역에서 사용되었다. '경건하고 새롭게 된 사람'[12]이라는 말이 있다. '새롭게 된 사람'이란 분명하게 대개 시간적으로 확실한 개종의 체험을 통해 종래의 그의 죄로 물든 삶에서 벗어나서 참된 믿음에 이른 사람이다. 개종과 각성은 지금까지 분명한 구분 없이 혼용되고 있다.[13]

그렇지만 최소한 다음과 같은 특징은 확인할 수 있다. 즉, 개종의 개념 안에는 언제나 개종의 목표가 함축되어 있다. 이에 반해서 각성에 있어서는 그러한 방향 없이 다만 그 자신의 각성을 의미할 뿐이다. 각성에서는 주체적이고 내적인 체험의 요소가 보다 강조되는 것이다.

앞서의 몇몇 인용들을 통해 기독교적인 각성 체험이 갖는 비연속적인 성격을 밝히기 위해서는 개종의 개념도 함께 고려해야 한다는 것이 밝혀졌다. 이들 둘 사이의 분명한 구별은 불가능하기 때문이다. 따라서 이 두 가지 비슷한 체험 중에서 각성에 특별히 더 큰 가치를 부여하려는 시도는 자의적이고 불합리한 선택이 될 것이다. 관련된 많은 문헌들 중에 여기에서는 슈타북(E. D. Starbuck)의 총괄적인 정리[14]를 인용하고자 한다. 그의 책에는 각성의 경과를 규정하는 전형적인 특징들이 열거되어 있는데 그 특징들은 앞에서 살펴본 병의 위기의 특징들과 매우 비슷하다.

① 출발점은 종래의 상황이 주는 견딜 수 없는 고통이다. "나는 영락없이 죽을 것이라고 생각했다."(S. 83) "기도 중에 나의 모든 죄가 눈앞에 떠올랐으며, 그것은 내 영혼을 짓누르는 무거운 짐이었다."(S. 89) 언제나 되풀이되는 표상은 어둠이다. "마치 무엇인가의 내부를 통과하고 있는 것처럼 어둡고 캄캄했다."(S. 90)

② 그 후에 새로운 상황은 이전에 경험치 못한 엄청난 행복감으로 나타난다. 그 무거운 짐은 "순식간에 기쁨으로 바뀌었다."(S. 89) "갑자기 기쁨이 솟아올랐다."(S. 90) "그것은 너무도 강렬

한 기쁨이었다. 절로 노래가 흘러나왔다."(S. 131) "기쁨과 평안함이 갑자기 나를 감싸왔다. 나는 평안과 행복을 느꼈다."(S. 131)

③ 이와 같은 새로운 상태는 언제나 커다란 빛으로 표현된다. "빛이 홍수처럼 쏟아져 왔고, 공중에서 밝은 빛이 눈부시게 빛나는 것을 보았다."(S. 90) "온 하늘이 열리고 빛과 밝음이 쏟아져 내렸다."(S. 114)

④ 밝음의 체험은 가벼움과 결합되어 있다. "무거운 짐이 내 몸에서 내려진 것 같은 느낌이었고, 매우 행복했다."(S. 131) "공중에 떠 있는 것처럼 매우 가볍게 느껴졌다."(S. 131)

⑤ 그렇지만 언제나 새롭게 중요한 의미를 갖는 것은 이러한 변화를 갑자기 경험한다는 것이다. "내가 구원받았다는 확신이 섬광처럼 다가왔다."(S. 114) "갑자기 기쁨에 사로잡혔다."(S. 90) "어느 한 순간 내 영혼에 빛이 비추었다."(S. 95) 등등의 증언들이 각기 조금씩 다른 표현들로 열거되어 있다. 다음의 증언에서도 이러한 경험을 통한 비약적인 성장이 종래의 연속적인 발전에 분명하게 대비되어서 드러난다. "나의 개종은 그 때까지의 점진적인 성장의 방향으로부터 보다 높은 차원으로의 도약이었다."(S. 112)

⑥ 결정적으로 중요한 의미를 갖는 것은 개종에서 인간은 가장 궁

극적인 심연에 이르기까지 변화되고 새롭게 태어남을 경험한다는 것이다. "내가 얼마만큼이나 변화되었는가!"(S. 131) "나는 새로운 피조물이다."(S. 141) "완전히 새로운 존재였다."(S. 130) "나는…… 충만함을 느꼈다."(S. 131)

⑦ 사람의 변화와 동시에 세계의 변화도 체험한다. "모든 것이 세상의 일이 아니라 하늘나라의 것으로 보였다."(S. 89) "하늘과 땅이 하나로 되는 것처럼 보였다. 모든 것이 사랑이었다."(S. 129) "모든 자연이 거룩하게 변화되었다. 나의 영적인 눈이 밝아져서 세상의 모든 물체 속에 깃들인 아름다움을 볼 수 있게 되었다. 숲은 천국의 음악을 들려주었다."(S. 130)

앞서 위기의 순간에서 보았던 특징들이 각성의 체험 안에서 정확하게 되풀이되고 있다. 끝없는 심연으로의 전락과 그러한 전락의 경험과 연결된 새로운 상황으로의 알 수 없는 끌어올려짐이 확인되고 있다. 계시에 대해서도 이와 마찬가지로 의미 있는 이야기를 나눌 수 있고, 종교적인 영역을 넘어서서 교육학적으로 의미 있는 열매들을 찾아낼 수 있다. 또한 이러한 사건의 돌발성이 보다 분명하게 드러날 수 있다. 따라서 이론적인 영역으로도 보다 손쉽게 이끌어 들일 수 있다. 그렇지만 실마리를 너무 헝클어뜨리지 않기 위해서 계시에 대한 논의는 잠정적으로 접어 두고자 한다.

4. 각성의 교육학적인 의미

종교적인 영역에서 의미 있게 논의되었던 문제들이 순수한 교육학적 논의에서 그대로 적용될 수는 없다. 종교적인 각성과 개종의 체험에 대한 앞서의 간략한 고찰은 교육의 영역에서 각성으로 지칭할 수 있는 사건들을 분명하게 드러내고 개념적의 모호성을 방지하는 차원에 그친다. 각성을 교육의 영역에서도 역시 타당한 개념으로 적용하려면 엄밀하게 이 개념을 사용해야 한다. 그래야만 이러한 전용이 종전에 이미 좋은 것 또는 보다 가치 있는 것으로 인식되고 있던 것을 단지 새로운 표현으로 되풀이하는 것이 아니라 의미 있는 새로운 관점을 교육학 안으로 도입하는 것이 될 수 있다. 이것은 종교적인 각성에서 드러난 특징들이 교육학에 대한 적용에서도 마찬가지로 확인되어야 한다는 것을 의미한다.

이러한 기준을 적용하는 것이 교육적인 사태를 종교적으로 만드는 것은 아니다. 다만 한 영역 안에서 확인된 형식적인 구조를 다른 영역 안에서도 확인하는 것뿐이다. 그러한 형식적인 구조는 특별한 어떤 순간에 다른 영역 안에서도 발견될 수 있다. 그러한 구조적 요소들은 다음과 같다. 먼저, 비본질적인 상황으로부터 본질적인 상황으로의 극단적인 전환이다. 아울러서 이러한 극단적인 전환이 갖는 돌발성과 지금까지 단지 내면에 잠들어 있던 것들을 현실화시키는 강제성을 띤 외적인 작용 등이다. 또한 기독교적인 각성의 개념으로부터 분명하게 단정할 수는 없지만 이러한 경과의 일회성과 궁극성도 하나의 특징으로 확인할 수 있다. 왜냐하면 다양한 종파에 걸친 '각성'에 대한 이해에서 최소한 다음의 사실은 공통적으로 확인되기 때문이다. 즉, 실존철학적인 의미와는 전혀 다른 의미에서, 인간을 한순간에 또한 궁극적으로 변화시키며, 결국은 하나의 새로운 삶의 상황을 초래하는 사건으로 특정한 시간 안에 분명하게 주어진다.

따라서 각성은 하나의 고유한 범주이다. 그리고 각성이 교육학의 영역에서 의미 있는 것으로 밝혀진다면, 우리는 이러한 경과의 특수성을 앞서 서론에서 제기했던 만드는 교육과 자라나게 하는 교육에 대비하여 극명하게 밝혀낼 수 있다.

① 각성은 만드는 교육과는 달리 의도적으로 만들어 낼 수 없다. 오히려 다만 이미 한 사람 안에 잠들어 있는 어떤 것을 각성시킬 수 있을 뿐이다. 그것은 이미 잠재적으로 주어져 있는 것을 실현시키는 것이다.

② 각성을 촉발시키는 것은 자라나게 하는 교육이나 유기체-식물의 성장과는 달리 오직 외부로부터의 교육자의 도움에 의해서만 가능하다.

③ 각성은 종래의 상태를 계속하려고 하는 경향으로부터 명백한 강제력으로 떼어 내는, 돌발적으로 끼어드는 비연속적인 사건을 통해서만 일어난다.

④ 각성되는 사람에게 있어서 이 일은 비본질적인 상태로부터 본

질적인 상태로의 철저한 전환과 연관된 돌발적이고 위기적인 사건이다.

⑤ 일반적으로 이러한 돌발적인 전향 안에서 종래의 성장을 계속하려는 시간과 각성을 통해 자유롭게 된 능력이 만들어 내는 성장의 시간이 함께 얽힌다. 그렇지만 당분간 이 문제는 접어두고자 한다. 각성과 연관된 자각에는 일회성에 대한 암시가 주어져 있다. 왜냐하면, 한 사람의 의식에 한 번—대개의 경우 느닷없이—떠오른 것은 다시는 되풀이되지 않기 때문이다.

우리에게 있어서 중요한 것은 이와 같이 여러 개념들을 통해 서술된 위의 경과가 실제 교육에서 얼마만큼이나 비중을 차지하고 있느냐는 것이다. 지금까지 오랫동안 추상적인 개념들을 고찰하였지만, 교육학에 있어서의 실제적인 의미는 단지 하나의 예에서 분명하게 드러난다. 이 하나의 예를 통해 각성 개념이 실제로 교육 안에서 이미 의미 있는 역할을 담당해 왔음을 분명하게 알 수 있기 때문이다. 우리는 마리아 몬테소리에게서 그 예를 분명하게 확인할 수 있다. 몬테소리는 스스로 각성 개념을 교육의 핵심적인 부분에 적용하였다. 그녀의 사상에서 드러나는 각성은 대체로 앞서 논의했던 기독교적인 각성의 경우와 유사하다.

5. 몬테소리

1) 종교적인 회심과정에 기초한 이해

여기에서 마리아 몬테소리를 특별히 부각시키는 것이 다소 의아하게 생각될 수도 있을 것이다. 왜냐하면 오늘날까지도 일반적으로는 마리아 몬테소리를 실증주의의 옹호자로 평가하기 때문이다. 그러나 그와 같은 평가는 몬테소리 사상의 결정적인 부분을 지나쳐 버리는 것이 된다. 그녀의 사상의 핵심적인 부분에 이르는 길은 오직 기독교적인 사유의 범주 안에서만 발견할 수 있고 앞서 언급한 실존철학과도 연결된다. 이러한 접근이 그녀의 사상을 파악하는 데 있어서 다소 부적절한 방법으로 생각될 수도 있다. 그러나 그녀 자신이 자신의 교육사상에 대해 언급한 내용들에서 분명한 실마리들을 찾을 수 있다. 그녀는 자신의 교육방법을 총괄적으로 정리하는 글에서 다음과 같이 서술하고 있다. "여기에는 학술적인 교육학보다는 종교적인 삶의 이해가 바탕에 깔려 있다."[15] 이것은 그녀의 교육방법이 전승되어 온 교육학 이론에 토대한 개념들로부터 출발할 수 없다는 것과 함께 기독교적인 인간이해에서 새로운 토대를 찾고자 했음을 의미한다. 그녀는 기독교적인 인간이해에서 비롯된 토대를 순수하게 교육학적인 영역에 적용하였다. 그렇게 해서 후에 실존철학이 기독교적인 인간이해의 독특한 개념을 세속화시킨 것과 매우 비슷하게 그러한 토대를 세속적인 영역에 전용하였다.

이러한 맥락에서 그녀는 여기에 예로 제시한 것처럼 우리와 본질적으로 일치하는 방식으로 기독교적인 회심의 체험을 서술하고 있다.

"회심의 순간이 갖는 강력한 종교적인 감명의 특징이 '내면의 빛', 즉 인간의 내면에 갑자기 생겨나며 이전에는 보지 못했던 것—선과 악의 구분과 그에 따른 자아의 개방—을 분명하게 보여 주는 '밝음' 이라는 것은 잘 알려진 사실이다. 실제로 그 순간에 회심자들은 신이나 교리 또는 의례를 생각하기보다는 격렬한 흥분에 사로잡혀서 그의 육체적 · 정신적 삶을 망각해 버린 채로 기적처럼 환하게 비추이는 양심의 핵심에 몰두하는 것처럼 여겨진다. 회심을 경험한 이들의 외침은 대개 다음과 같다. '나는 죄인이다.' 내면으로 파고들어 억누르는 것 같고 후에 돌이켜보면 몸서리치게 하는 어둡고 무서운 위험이었음을 깨닫게 되는 모든 악과 함께 어두움이 그에게서 걷혀 버린 것처럼 여겨진다. 그와 같은 경험은 그를 흥분시키고 감동시킨다. 그러고 나서는 그를 이해하고 위로해 주며 도움을 주는 사람들에게로 이끌어 준다. 회심자들은 갓 태어난 아기처럼 도움을 필요로 하는 존재들이다. 그들은 마치 새로운 삶에 눈뜬 사람처럼 울부짖고 흥분하며 어떤 인간적인 사려나 책임감도 느끼지 못한다. 그는 참된 삶을 그 자신의 내면에서 느끼며 이러한 삶의 가치가 세상의 모든 부와 이익보다도 귀중하다고 생각한다. 그는 커다란 위협으로부터 벗어나고 그를 억누르던 죄로부터 해방된 것에 대해 깊은 감사의 마음을 갖게 된다."[16]

그녀의 이와 같은 서술에서 우리의 논의와 일치하는 부분들을 일일이 드러내어 열거할 필요는 없다고 생각한다. 지금까지의 논의로 충분하기 때문이다. 앞에서 그녀의 서술을 상세하게 인용한 것은 그녀에게서도 전환 및 그와 유사한 개념들이 중요하게 사용되고 있음을 분명하게 하기 위함이었다. 그녀는 이러한 전환과 또한 관련된 다른 개념들을 통해서 종교적인 회심의 체험을 서술하였고 그것을 교육의 성격을 규정하는 데 적용하였다. 그러므로 여기에서는 곧바로 이 두 번째 측면에 초점을 맞추고자 한다.

ㄹ) 각성으로서의 교육

여기에서 몬테소리의 교육학을 전체적으로 서술하는 것은 불가능하다.[17] 그보다는 그녀의 교육사상에서 드러난 교육학적인 사유가 지금까지 논의된 종교적인 현상에 대한 서술과 일치되는 점을 밝혀내는 것이 중요하다. 일치점은 각성의 개념에서 드러난다. 이와 분명하게 관련된 그녀의 이야기들을 몇 가지 인용하면 다음과 같다. "우리의 방법에 따라서 행해야 할 첫 번째 일은 어린이에 대한 분명한 경종이다. 그의 의식에 대한, 그의 내적인 삶에 대한, 공동적인 삶의 의미에 대한 경종인 것이다."(SE, S. 115) 다른 곳에서 그녀는 다음과 같이 서술하였다. "교수학적인 도구들이 아니라 나의 생생한 목소리가 분명히 어린이들을 각성시킨다는 것을 알았다." 이에 더하여 매우 인상적인 말을 덧붙였다. "따라서 나는 수업의 재료들을 그들 스스로 준비해서 스스로 교육하도록 각성시켰다."(SE, S. 34f) 우리의 논의에서 결정적인 의미를 갖는 개념이 여기에서 두 번 언급되었다. 이 개념들은 별 생각 없이 무분별하게 선택된 용어들이 아니고 그녀의 사상을 표현하기 위한 필연적인 표현이었다. 그것은 교육을 통해 성취해야 할 근본적인 내용이 무엇인지에 대해 그녀 스스로 어떻게 이해하고 있는지를 살펴봄으로써 분명하게 드러난다.

마지막으로 인용한 문장에서 출발하는 것이 타당할 것 같다. 그녀는 아동을 '각성' 시키려 했고 그래서 '스스로 교육하도록' 일깨웠다. 그러므로 여기에는 뚜렷하게 구분되는 두 가지가 함께 포함되어 있다. 교육자의 일과 어린이의 일이다. 교육자의 일은 각성, 즉 움직이도록 자극을 주는 것이며, 그 후의 과정은 어린이의 내면에서 스스로 수행된다. 교육자의 일은 다만 이러한 자극을 주는 데까지만, 즉 움직임이 궤도에 오르도록 인도하는 데서 그친다. 그 후의 발전은 전적으로 어린이 스스로가 성취해야 할 일이다. 그러므로 교육자는 이와 관련해서는 의도적으로 만들어 가는 어떤 역할도 수행할 수 없다.

몬테소리의 이해 방식에 따르면 교사가 할 수 있는 일은 고요한 상태로 집중하도록 인도하고 그에 기초해서 내면으로 이끌어 주는 일이다. 이러한 집중, 의식의 극단화 그리고 다른 곳에서는 기꺼이 정상화(Normalization)로 표현된 이것이야말로 그녀의 이론의 핵심적인 부분이다. 교사는 이러한 집중에까지 어린이를 이끌어 올 수 있다. 이를 위해서 옆에서 보는 사람에게는 종종 지나치다고 생각되는 정숙의 연습이 시행되곤 한다. 그렇지만 집중을 통해서 생겨나는 것은 교사와는 상관이 없고 근본적으로는 집중하고 있는 어린이와도 무관하다. 그것은 인간의 정신적인 능력이 자유롭게 되는 잠에서 깨어나는 것과 비슷한 과정이다. 그녀는 이러한 과정을 다음과 같이 서술하였다. "아동은 언제든지 그러한 주의(attention)의 극단화가 이루어진 경우에는 완전히 변화되기 시작해서 보다 조용해지고 심지어는 보다 지적이고 솔직해진다고 이야기할 수 있을 정도로 변화된다. 이는 회심과 같은 지고의 정신적인 현상을 떠올리게 하는 비범한 내면적인 특성의 표출이다." (SK, S. 73)

몬테소리는 여기에서 '주의의 극단화'로 표현한 집중과정이 인간에게 전면적이고도 깊은 변화를 일으킨다는 점에 주목하였다. 그리고 이것을 회심의 개념과 의도적으로 대비시켰다. 따라서 중요한 것은 의식적인 고양이 아니라 그 의식적인 고양의 영향 아래서 수행되는 인간의 전적인 전환이다. 그녀는 거기에서 조금 더 나아간다. "그 때 우리는 인간의 삶—저급의 혼란스러운 상태에서는 여러 가지 형태로 분산되어 버릴 수 있는—에 대해서 생각해 보아야 한다. 하나의 특수한 사실에 사로잡히게 될 때까지. 그러고 나면 그는 그 자신을 개방할 수 있게 되고 진정한 삶을 새롭게 시작한다는 느낌을 갖게 된다." (SK, S. 74) 그러므로 우리는 여기에서도 다시금 어떤 특정한 사실에 대한 몰입에서 비롯되는 인간의 전체적인 변화를 보게 된다. 이는 여기에서는—그런데 중요한 점은, 이러한 과정이 전적으로 '세속적인' 영역에서 특별한 종교적인 측면과는 무관하게 이루어졌다는 사실이다.—기독교적인 각성의 체험과 관련해서 서술되었다. 인간은 '그 자신을 개방' 하게 되고 '진정한 삶' 을 시작한다.

여기에서 마지막으로 이미 집중의 예에서 토대가 마련된 명상(Meditation)에 대해서 살펴보자. "명상하는 자는 어떤 예측할 수 없는 것이 삶을 각성으로 이끌어 가는 동안 완전하게 규정된 방식으로 명상에 사로잡히게 된다. 이것은 마치 한 알의 씨앗이 비옥한 땅에 심어져 있다가 움직임 없이 묻혀 있는 동안에 싹이 트기 시작하는 것에 비유될 수 있다."[18] 여기서 각성과 예측할 수 없음이라는 결정적인 개념들이 다시 한 번 확인된다.

3) 서로 다른 세 과정 사이의 구성적인 연관성

서론에서 살펴본 만드는 교육, 자라나게 하는 교육에서부터 출발할 때 여기에서 논의하는 교육학적인 입장이 가장 분명하게 드러난다. 이 입장은 만드는 교육과는 관련이 없고 몬테소리 역시 만드는 교육에 대해서는 분명하게 반대를 표명하였다. 그녀가 교육에서 추구한 것은 그와 같은 교수학적인 문제들과는 무관하다. 그녀는 "발달되지 않은 채 모든 어린이의 정신 안에 주어져 있는 것을 성숙된 인간으로 이끌어 갈 수 있는 길"(SE, S. 34)을 찾으려고 노력하였다. 이끌어 내어야 할 것은 인간 자신의 내적인 세계 그 자체다. 이런 점에서 볼 때 그녀는 교육을 자라나게 하는 것으로 보는 낭만적인 교육학에 매우 근접해 있다. 그렇지만 몬테소리의 교육사상을 그러한 낭만적인 교육학으로부터 결정적으로 구별시켜 주는 계기는 이러한 깨어남이 자발적으로 일어나는 것이 아니라는 점이다. 어린이를 처음에 깨어나게 만들기 위해서는 특별한 도움이 필요하다는 점이다. 여기에서 낭만주의의 '소극적인' 교육형식과는 분명하게 구별되는 교육에 대한 인간의 의존과 교육필연성의 근거를 찾을 수 있다. 또한 실존주의 사상과의 유사성을 분명하게 확인하게 된다. 그녀에 따르면 인간은 본래 혼란스러운 상태에 있으며 이 혼란 상태는 쉽게 변하지 않는 경향을 가지고 있다. 따라서 인간은, 특별히 어린 아동들은 그 자신의 힘만으로는 그러한 혼돈에서 벗어날 수 없다. 따라서 어른들의 도움이 반드시 필요하다. 이와 관련해서 우리가 각성으로 표현한 교육적인 간섭이 요청되는 것이다. 그리고 모든 깨우는 일이 처음에는 불쾌한 방해로 느껴지는 것처럼 이 또한 처음에는 방해로 생각되는 간섭이 된다. 혼란스러운 상황으로부터 완전한 전환이 이루어진 다음에야 비로소 깨어난 사람이 스스로 그러한 간섭을 긍정적으로 인정할 수 있게 된다. 이것은 정숙하라는 요청이 갖는 내적인 패러독스를 시사한다. 만약 이것을 호소와 관련지을 수 있다면 그것은 필연적으로 매우 특별한 유형의 호소를 이야기하는 것이 될 것이다. 왜냐하면 이 경우에는 일반적인 호소(Appell)와는 달리 목소리를 통한 호소가 아니기 때문이다.

그러므로 우리는 세 가지 과정 전체를 서로 구별해야 한다. 우선 이 세 가지 과정을 분명하게 이해한 후에야 종래의 교육학 이론에 대한 몬테소리의 위치를 정당하게 파악할 수 있다.

① 첫 번째는 교육자의 과제로서의 각성시킴이다. 이것은 우리의 표현방식에 의하면 비연속적인 과정이다. 그리고 지금까지 혼란 가운데서 유지되어 오던 아동의 삶에 일회적이고 날카롭게 두드러지는 간섭이다.

② 두 번째로, 아동의 정신 안에서 각성시킴에 호응해서 일어나는 각성과 거기에서 비롯되는 내적인 해방이다. 이 또한 지금까지 논의된 의미에서 비연속적인 과정이다.

③ 세번째로, 이러한 각성으로부터 앞서 싹이 트는 과정에 비유했던 정신적인 성장이 이루어진다. 그리고 이러한 세 번째 과정은 연속적인 과정이다. 여기에서는 잠정적으로 능력의 깨어남에 대해서 이야기하였지만 비연속적인 특징을 갖는 깨어남과 거기에서 비롯되는 연속적인 성장은 분명하게 구별되어야 한다. 바로 이 두 측면의 결합으로부터 특별한 성취가 이루어진다. 이와 같은 파악은 비연속적인 경과에 연속적인 성숙의 시

기가 뒤따라온다는 점에서 실존철학의 추상적인 모델과 구별된다. 또한 각성의 위기적인 성격을 강조한다는 점에서 지나치게 원만한 낭만주의적인 파악과도 구별된다. 오히려 기독교적인 인간이해와 밀접한 유사성을 확인할 수 있다.

끝으로, 다음과 같은 문제를 제기할 수 있다. 이러한 각성을 기독교적인 각성의 체험이 종종 그렇게 이해되는 것처럼 아동의 삶을 결정적으로 변화시키는 일회적인 사건으로 파악해야 하는가? 혹은 언제나 오직 어느 정도의 부분적인 성장만을 가능케 하며 따라서 언제나 다시금 새롭게 시도되어야 하는 과정으로 이해해야 하는가? 각성 개념을 교육학으로 전용하기 위해서 우리는 두 번째의 가능성을 선택할 수밖에 없다. 왜냐하면 인간에게는 한 번 시작한 성장을 연속적으로 전개해 가지 않는 나약함과 쉽게 싫증을 내는 성향이 있기 때문이다. 따라서 오랫동안 교육자가 옆에서 지켜볼 필요가 있다. 이러한 맥락에서 볼 때 다시금 추상적인 실존철학적 인간상과는 다른 인간이해에 도달한다. 인간은 언제나 완전히 새롭게 출발해야 하는 것이 아니라 중간 단계에는 그의 능력으로 성장하는 것이다. 그러므로 수학적인 표현으로 '마디마디에 있어서는 연속성을 갖는' 발전의 진행을 갖는다고 할 수 있다. 따라서 언제나 새로운 자극에 의해서 유발되며, 그럼에도 불구하고 결국은 자신의 중심에서부터 펼쳐져 나오는 성장이라는 독특한 인간상(Bild)을 그릴 수 있게 된다.

여기에서 우리들이 종교적인 이해에서와 같은 함축적이고 일회적인 각성의 체험을 지지하는 대신에 여러 번 반복해서 일어나는 교육적인 각성으로 방향을 설정하게 된 것은 사실 자체의 본질에 기초한 이해의 결과이다. 다시 말해 교육의 과정에 기초한 결과이며 그런 의미에서 매우 타당한 결정이라고 할 수 있다. 그렇지만 다른 한편으로는 각성이라는 매우 중요한 의미를 지닌 말을 평범한 수업의 범주 안으로 끌어들이는 것에 대해서 주의해야 한다. 따라서 우리는 일상적인 수업과정에서 고요한 집중상태로 어린이들을 이끌어가는 것을 각성이라고 이야기하지는 않을 것이다. 그보다는 보다 중요한 의미를 갖는 비연속적인 분기점을 표현하는 용어로 사용하고자 한다. 그럼에도 불구하고 모든 사소한 일상적인 과정 안에서 그러한 결정적인 일들이 일어날 수 있다. 사소한 것들의 진정한 구조를 인식하는 데에서 그리하여 특별히 주목의 대상이 되지 않는 교육적인 일상을 더 잘 이해함으로써 보다 중요한 사태에 대한 통찰을 얻을 수 있게 되었다.

위에서 살펴본 내용에 대해서 당연한 사실을 지나치게 상세하게 다루었다고 생각할 수도 있을 것이다. 이와 같은 상세한 논의는 앞으로 전개해 나갈 논의를 위한 최소한의 준비이며 교육학에 대한 적용을 위해 조심스러운 범주의 설정이라고 할 수 있다. 다시 말해서 위의 논의를 통해 대부분의 이론에서 간과되었던 측면을 분명하게 인식할 수 있게 드러내었으며, 이를 통해 앞으로의 분석을 위한 토대를 마련한 것이다. 교육적인 사건들을 다양하고 복잡하게 만드는 토대가 되는 서로 다른 지평들은 그 서로 다른 구조들을 분명하게 대비시켜서 밝혀낼 필요가 있다.

6. 결론

이와 관련해서 다시금 이 논의의 출발점인 슈프랑거와 델볼라프의 사유가 부각된다. 특히 소크라테스의 산파술과 연계하여 일반적인 의미에서 '각성으로서의 교육'을 이야기하는 델볼라프의 입장에 왜 동의할 수 없는지를 밝혀야 할 필요성이 제기된다. 델볼라프와 슈프랑거의 공통점은 교육의 과정에 대한 해명에서 끊임없이 새롭게 부각되며 또한 중요함에도 불구하고 지금까지 그 특징이 분명하게 이해된 적이 없는 교육의 한 측면을 고찰하였다는 점이다. 그와 같은 측면은 일반적인 교육학 이론에 대해서 중요한 의의를 지니며, 교육에 대한 하나의 새로운 견해를 수립하는 기초가 된다. 그리고 그와 같은 새로운 교육이해는 교육을 유기체적인 성장으로 이해하는 사고 형식이나 수공업적인 제작으로 여기는 사고 형식 중 그 어느 것에도 포함되지 않으며, 결정적인 곳에서 그 두 견해를 넘어선다. 그러므로 이 측면은 우리가 현재 논의하고 있는 사유양식과 밀접한 관련이 있다. 그런데 슈프랑거는 이 측면을 통해서 교육의 특별한 양상을 파악했던 반면에 델볼라프는 교육일반과 이러한 측면을 동일시하려 했다. 이러한 동일시에서 델볼라프는 여기에서 우리가 취하고 있는 입장과 구별된다. 분명히 중요한 통찰을 보여 주긴 했지만 교육의 일반적인 특성이 각성의 개념과 일치하는가에 대해서는 의문의 여지가 있다. 델볼라프는 이러한 측면을 보다 일반적이고 연속적인 교육의 형식과 전체 교육에 대한 포괄적인 파악으로부터 구별했어야 했다. 마지못해서 교육의 일반성과 각성 개념을 동일시하기보다는 기꺼이 엄밀한 의미에서 날카롭게 특징짓고 그 돌발성 때문에 연속적인 삶의 흐름으로부터 두드러지는 사건에 한정해야 한다. 그 후 전체 교육의 특정 부분을 차지하는 부분적 기능으로 그 의의가 정당하고도 분명하게 밝혀져야 할 것이다.

충 고

1. 문제 제기

어린이를 깨우치는 각성은 충고나 호소와 밀접한 관련이 있다. 실제로 우리는 충고를 고찰함으로써 비연속적인 교육의 간단한 예를 살펴볼 수 있다. 동시에 교육외적인 영역과의 경계의 혼란에서 비롯되는 용어 사용의 혼란으로부터도 벗어날 수 있다. 그러므로 우선 충고라는 간단한 예를 통해서 논의를 시작하고자 한다.

만약 누군가에게 어떤 일을 하라고 충고하거나 반대로 어떤 일을 하지 말라고 충고하는 경우에는 언제나 권위가 개입된다. 나는 그러한 권위에 기초해서 교육적인 의도를 가지고 다른 방향을 제시하기 위해 다른 사람의 삶에 간섭해 들어간다. 이러한 방식의 충고는 교육에서 빈번하고도 당연하게 이루어진다. 어머니는 반항적인 아이에게 언제나 '공손해야 한다.' 고 충고하며 교사는 공상에 빠진 학생에게 수업에 집중하라고 충고한다. 아버지는 낯선 지방으로 떠나는 아들에게 차후의 행동에 대해 마음으로부터의 간절한 충고를 일러서 보낸다. 충고가 교육의 책임 아래 있는 인간의 삶 전반에 얼마나 깊숙이 관련되어 있는지를 이야기하기 위해서 더 많은 예들을 열거할 필요는 없다.

그럼에도 불구하고 충고는 일반적으로 높이 평가되고 있지 않다. 사람들은 충고의 효과를 정당하게 믿어 주지 않는다. 대개의 체념한 교사들에 따르면 충고는 별 효과가 없고 충고에도 불구하고 학생들은 또다시 과거의 잘못으로 빠져 들곤 한다고 이야기한다.

이와 관련해서 다음과 같은 문제를 제기할 수 있다. 충고는 교육적인 상황에서 적절한 조치로 받아들여지고 있는가? 혹은 교육자가 오로지 충고에만 의존한다면 실패는 당연한 일이 아닌가? 충고는 더 좋은 방법으로는 목표에 도달하지 못한 교사가 자신의 무능함을 학생에게 떠넘기기 위해서 시도하는 것은 아닌가? 어느 경우에든 충고는 일종의 교란으로 여겨지며 따라서 정상적으로 이루어지는 교육의 과정에서는 있을 수 없을 뿐만 아니라 있을 필요조차 없는 것으로 취급되곤 한다.

따라서 교육학 이론이 지금까지 충고를 중요하게 다루지 않고 상세하게 탐구하지 않았던 것은 당연하다. 교육학의 위대한 고전들 안에서 충고는 상세하게 다루어지지 않았다. 근본적으로 목적지향적인 교육이론을 연구하는 이들에게 충고는 너무나도 부차적인 것으로 생각되었기 때문이다. 반면에 현장의 교사들에게 필요한 조언들을 내용으로 하는 일상적인 학교운영에 관한 참고서들에서는 충고가 보다 중요하게 다루어지고 있다. 슈필러(J. Spieler)는 최근에 '교육방법' 에 관한 그의 포괄적인 편저[1)]에서 충고에 대한 체계적인 평가를 시도하였다. 거기에서 충고는 교훈, 경고, 칭찬, 책망, 인정 등과 함께 격려(Inspiration)라는 일반개념에 포함해서 다루어졌으며, 베샬트(Betschart) 역시 같은 맥락에서 충고를 다루었다. 그렇지만 이들도 앞에 든 참고서들과 마찬가지로 다음과 같은 문제의식에서 출발하고 있다. 즉, 충고에는 어떤 다양한 형식들이 있으며, 그러한 다양한 형식들은 각 개인에게 어떻게 적용되는가? 그리고 이 때 우리가 피해야만 하는 위험은 무엇인가? 한마디로 이와 같은 충고에 대한 논의들은 모두 충고를 기술적인 측면에서만 다루고 있는 것이다. 경멸당하고 있는 신데렐라와 같은 존재로부터 충고를 이끌어 내고 그 기능을 분명하게 인식해서 교육의 중심적인 이론적 논의로 이끌어 들이는 근본적인 진전은 어디에서도 발견되지 않는다.

그와 같은 근본적인 문제를 탐구하기 위해서는 다른 모든 교육학적인 개별 논의들에 앞서 우선 보편적인 토대가 되는 인간학적인 문제제기에서 출발해야 한다. 보편적인 인간학적 문제 설정 안에서, 즉 전체적인 인간이해의 범주 안에서 충고의 가능성과 의미를 파악할 필요가 있다. 실제로 충고가 넓은 의미의 교육상황 안에서 다른 사람에게 그렇게 커다란 영향을 끼친다면 충고에 대한 모든 그릇된 판단에 대항하여 다음과 같이 문제를 제기할 수 있다. 정말로 충고는 교육에서 오직 절망적인 상황에서만 채택되는가? 만약 그렇다고 하더라도 또다시 다음과 같은 문제를 제기할 수 있다. 모든 실패에도 불구하고 언제나 새롭게 이러한 효과 없는 수단에 매달리게 되는 것은 인간 안에 있는 어떤 성향 때문인가? 그리고 이러한 유혹으로부터 벗어나기 위해서는 어떻게 해야 하는가? 충고를 단순하게 체념과 관련해서만 생각하지 않고 필수적인 것으로 파악할 때에 교육에서 충고를 의미 있게 하는 충고의 기능에 관한 물음, 즉 깊은 인간학적인 연관으로 소급되는 물음에 마주치게 된다. 이를 위해서 보다 깊이 있는 문제제기가 요청된다. 도대체 충고로부터 인간의 전체적인 이해에 도움이 되는 어떤 요소를 이끌어 낼 수 있는가? 충고가 의미 있는 교육의 수단으로 파악되려면 인간의 본질은 전체적으로 어떻게 이해되어야만 하는가? 반대로 이러한 기능을 충족시키려면 충고는 어떻게 이해되어야 하는가? 전체로부터 개체를 그리고 다시금 개체로부터 전체를 파악하려는 것은 모든 철학적-인간학적인 물음의 순환적인 과정이다. 이와 관련해서 우리는 보다 중요한 교육학적인 맥락으로 나아가게 된다.

2. 충고와 주의

앞서 언급한 교육관련 참고서들에서 충고는 종종 칭찬이나 책망(Tadel)과 비교되었다. 그렇지만 그러한 비교는 대체로 너무 간략하고 유형분류에 치우친 느낌이다. 따라서 보다 엄밀하게 구별해서 살펴볼 필요가 있다. 곧잘 칭찬과 책망은 서로 대비되어 서술되곤 한다. 양자는 한 사람의 지나간 행동에 대해서 하나는 인정의 의미를, 다른 하나는 부정의 의미를 나타낸다. 이들은 과거와는 간접적으로만 관계되어 있고 미래를 지향한다는 점에서 교육적인 성격을 갖는다. 칭찬은 같은 행동을 격려하고 책망은 행동을 만류하고자 한다. 그리고 이들 양자는 과정을 중요하게 평가한다는 점에서 공통적으로 호소력을 갖는다. 그렇지만 이러한 호소적인 특징은 불분명하게 포함되어 있다.

반면에 충고는 곧바로 미래를 향하고 있다. 이러한 점에서 충고는 칭찬보다는 책망에 가깝다. 왜냐하면 충고가 의미 있는 것이 되려면 충고를 받는 사람이 외부로부터의 교육적인 영향을 통해서만 그가 처한 상황에서 벗어날 수 있다는 것을 전제하기 때문이다. 그렇지만 책망이 과거의 어떤 일에 이미 분명하게 연결되어 있고 그 호소의 내용이 불명확한 데 반해서 충고는 실현되어야 하는 목표에 초점을 맞춘다. 따라서 충고에서는 극복되어야 할 상황이 불명확하다. 그러므로 충고는 분명하게 미래를 향하고 있다. 그렇지만 이러한 논의가 충고와 책망의 실제적인 밀접한 연관성을 부정하지는 않는다. 과거의 행동에 대한 책망에서 미래를 위한 충고가 이루어지고, 반대로 책망받을 과거에 대한 지적에서 충고의 근거가 마련된다.

이 모든 사실로부터 충고의 고유한 시간적 특징이 드러난다. 충고는 미래를 지향하는 가운데 과거를 참작한다. 따라서 그 안에 인간의 시간구조 전체를 포괄한다. 이와 같은 충고 개념의 일반적인 용례에 대한 고찰만으로도 충고가 주의(Mahnen)에 비해서 한층 격조 있는 개념이라는 것을 알 수 있다. 주의는 교육적인 장면에서만 찾아볼 수 있는 것은 아니다. 나는 누군가에게 청산해야 할 빚에 관해서, 혹은 약속을 이행하라고 주의를 줄 수 있다. 마찬가지로 모든 충고는 그 안에 주의(Erinnern)를 포함하고 있다. 실제로 두 개념은—다만 교육적인 장면에서뿐만 아니라—서로 얽혀 있다. 주의 역시(예컨대 전술한 슈필러의 책에서와 같이) 특별한 '교육적 수단'으로 언급되곤 한다. 그럼에도 불구하고 주의와 충고는 구별해서 사용하는 것이 마땅하다. 주의는 기억에서 잊힌 것을 일깨우는 것이며 그런 의미에서 순수하게 의식의 문제에 속한다. 그렇지만 충고 안에는 요청의 성격이 포함되어 있다. 그러한 요청의 성격을 보다 상세하게 파악하기 위해서 우리는 몇몇 예들을 인용할 수 있다. 일반적인 의미에서 무덤 파는 사람은 죽음을 훈계한다(혹은 주의시킨다)고 이야기하곤 한다. 또한 다른 예로 "서가에 꽂힌 책들이 엄숙하게 내려다보고 있다. 땀 흘려서 노력해야 한다는 지속적인 훈계와 함께."[2]라고 이야기한다. 이처럼 말없이 이루어지는 훈계에는 언제나 다시금 의식 밖으로 미끄러져 가는 것에 대해서 새롭게 반복되는 주의환기가 포함되어 있다. 그 차이를 간단하게 다음과 같이 표현할 수 있다. 나는 누군가에게 그가 잊고 있는 무엇인가에 대해서 주의를 환기시킨다. 반면에 나는 그에게 그가 단념한 일을 하라고 충고한다.

여기에서 충고의 시간 구조를 뚜렷하게 특징짓는 회복의 특성이 드러난다. 어떤 한 사람이 충고를 통해서 이미 오래전에 했어야만 했으나 지금까지 하지 않았던 일을 하도록 요청받는다면 그것은 과거를 회복하는 것이다. 여기에서 이미 충고의 인간학적인 이해와 관련된 중요한 언급이 이루어졌다. 충고는 당위에 대한 책임으로부터 물러나 있는, 따라서 새로운 출발점에서 잃어버린 것을 회복해야만 하는 성향을 지닌 존재로서의 인간 본질에 관련되어 있다. 그리고 오직 이러한 본질과 관련해서 충고는 유의미하고도 필수적인 처방이 된다.

그런데 주의와의 비교를 통해 볼 때 충고 안에는 이미 다른 측면이 포함되어 있다. 나는 어떤 사람에게 그가 하고자 했던 일이나 혹은 단순히 잊어버린 것에 대해 주의를 환기시킨다. 주의를 환기시키는 것에는 요구가 포함되지 않는다. 당사자 스스로가 나에게 그가 잊어버린 것을 상기하게 해 달라고 부탁하는 경우도 있을 수 있다. 그렇지만 충고는 그와는 달리 분명한 책망의 성격을 띠고 있다. 충고는 윤리적인 권위를 동반한 요청으로 한 인간에게 다가가며, 이 윤리적인 권위는 그에게 책임을 강요한다. 윤리적인 권위를 통해 요청하는 의지는 필연적으로 윤리적인 의지이다. 그리고 한 사람이 어떤 일에 대해서 책임을 지고 있는 경우에만 우리는 그 일에 대해 충고할 수 있다. 따라서 충고는 언제나 권위의 약화와 관련될 수 있다. 그런 의미에서 아마도 오늘날 충고의 빛을 잃게 만드는 그릇된 평판들에 대항해서 충고를 변호할 수도 있을 것이다. 오직 권위가 상실된 곳에서만 권위를 되살리려는 시도가 이루어질 수 있다. 그 때 교육자는 자신의 영향력의 상실을 분명히 인식하게 된다. 그리고 이 경우 그에게는 충고(이 경우 충고는 공허한 위협과 마찬가지로 아무런 영향력도 발휘할 수 없다.)로의 도피 외에는 다른 방식의 도움은 있을 수 없다. 여기에서 그릇된 충고의 내적인 공허와 무력함이 초래된다. 이와 관련해서 충고라는 교육수단의 적절한 적용을 오용의 가능성과 분명하게 구분하는 일이 더 한층 중요하게 드러난다.

3. 명령, 충고, 호소

요즘 사용되는 충고의 개념에는 오래되고 엄격한 특징이 포함되어 있는 듯하다. 그래서 사람들은 일상생활의 사소하고 외적인 일에 대해서는 충고의 개념을 적용하지 않으려 한다. 보다 고차원적이고 윤리적인 문제에 한정해서 이 개념을 적용하려고 하며 그 외의 문제에는 호소라는 말을 사용하곤 한다. 충고와 호소는 분명히 서로 다른 개념이므로 여기에서는 이 개념들을 보다 상세하게 구분하려고 한다. 우선 이 호소라는 새로운 개념에서부터 출발하는 것이 합당하다. 우리는 야스퍼스의 철학적인 사유에서 호소의 특징을 분명하게 찾아 볼 수 있다. 실제로 그의 사유는 호소와 관련된 논의의 전반에 걸쳐 큰 영향을 미쳤다. 그의 철학에서 호소 개념이 구체적으로 어떻게 사용되었는지에 대해서는 여기에서 상세하게 다루지 않는다. 비슷한 유형이라고 할 수 있는 호소적인 정신요법 또한 우리의 논의에 도움이 되는 범위에 한정해서만 살펴보려 한다.[3] 호소의 철학 혹은 호소적인 정신요법에 대한 유추적인 고찰을 통해서 호소적인 교육학이 성립할 수 있는가의 문제가 제기된다. 그리고 이러한 가능성이 생산적으로 판단될 경우에는 만드는 교육과 도야하는 교육이라는 전통적인 교육이해에 대비해서 호소적인 교육학의 고유한 특징을 밝혀내는 것이 교육학의 과제로 부여된다.

우선 이와 관련된 예비적인 방향설정부터 시도해 보자. 호소의 직접적인 의미는 부름이다. 군대 용어에서 그렇게 사용된 예를 찾아볼 수 있다.* 그렇지만 우리는 어떤 것을 향해서 호소하기도 한다. 의미를 분명하게 하기 위해서 법률적인 용어의 엄격한 용례에 비추어 살펴보면, 호소는 하급법원의 판결에 불복하는 경우에 고등법원에 항소하는 것을 의미한다. 이것은 교육적인 맥락에서도 매우 중요한 의미를 갖는다. 내가 어떤 사람에게 호소하는 경우에 그것은 단순하게 어떤 일을 해 달라고 요구하는 것만을 의미하는 것이 아니다. 그의 내면에 있는 '고등 법원'과 견줄 수 있는 어떤 특질에 방향을 맞추는 것이다. 그의 보다 훌륭한 자아에, 그의 고결함, 그의 인간다움 혹은 어떤 개별적인 경우에 맞닥뜨려 인간에게서 생겨날 수

* 독일어의 Aufruf(부름)는 군대용어로는 지명점호(指名點呼)에 해당한다.

있는 그러한 특질에 호소하는 것이다. 교사는 자신의 학생의 내면에 간직된 능력들을 발휘하라고 호소하고 약자는 강자에게 무엇인가를 해 달라고 호소한다. 이 경우에는 언제나 겉으로는 드러나지 않지만 보다 깊이 감추어져 있는 한결 훌륭한 자아에 대하여 다시금 생동하라고 호소하는 것이다. 그러므로 호소는 언제나 인간의 표면과 심층, 비본래성과 본래성 사이의 구별이며 양심에 대한 외침이다. 호소는 어떤 사람에게 무엇을 해 달라고 요청하는 것이 아니라 그 자신의 양심의 목소리로 하여금 그에게 말하도록 한다는 점에서 단순한 요청과 다르다. 거기에 호소의 고유한 본질인 강요하는 힘이 주어져 있다. 임의의 한 개인으로서의 내가 요청하는 것이 아니라 다른 사람의 내면에 주어진 '고등 법원' 과도 같이 결단을 수행하는 권위에 호소하는 것이다.

이들 개념 사이의 관계는 명령에서 출발해서 충고를 거쳐 호소로 진행해 감으로써, 다시 말해 보다 높은 차원의 자유 영역으로 나아가는 단계적인 고찰을 통해서 가장 잘 밝혀질 수 있다. 상대방에게 영향을 끼칠 수 있는 가장 직접적인 방식은 (물리적인 강제를 배제한다면) 명령이다. 명령할 수 있는 곳에서 충고는 불필요하다. 명령은 이미 그 자체로 실행을 강제하기 때문이다. 타인이 복종해야 하는 경우(혹은 그 스스로 자기 의사에 따라서 복종의 의무를 진 경우)에 나는 명령한다. 그러므로 명령은 본질적으로 복종하는 사람의 편에서는 자기의사대로 자유롭게 할 수 없음을 전제하고 있다. 때때로 명령을 거부할 수도 있지만 그것은 현행 질서에 대한 반항일 뿐이고 다시금 복종을 강요받게 된다. 따라서 명령을 받은 사람은 자신의 생각과는 상관없이, 경우에 따라서는 자신의 생각에 반하는 경우에라도 단지 그렇게 명령을 받았기 때문에 복종한다. 명령에 있어서 그는 실행의 도구일 뿐이고 자신의 결단은 배제된다.

바로 이러한 사실이 명령과 충고를 구분 짓는다. 명령할 수 없을 경우에는 충고할 수 있을 뿐이다. 이는 다음과 같은 사실을 의미한다. 충고에 있어서는 실행을 강요할 수 없다. 자신의 의지에 따라 자유롭게 실행하도록 맡기게 되며 의지를 발휘하도록 요청할 수 있을 뿐이다. 따라서 충고에 있어서는 언제나 타인의 자유를 인정한다. 일관되게 서술하자면 외적인 강제의 자리를 내적인 권위가 대신하게 된다. 이미 언급한 바와 같이 이러한 권위가 충고의 전제조건이다.

여기에서 다시금 단순한 충고와 호소가 구별된다. 충고는 타인에게 이런저런 특정한 것을 행하도록 영향을 미친다. 따라서 결심의 내용은 충고하는 입장에서 권위적으로 정해진다. 충고받는 편의 자유의지는 오직 그 충고를 받아들여서 실행할 것인가 혹은 거부할 것인가의 문제에만 관계된다. 이에 반해 호소는 포괄적인 의미에서 호소의 대상이 되는 사람의 자유의지와 관련된다. 다시 말해서, 호소에 있어서는 결단의 내용이 미리 정해져 있지 않고 결단하도록 요청하는 것이다. 따라서 다음과 같이 정리할 수 있다. 충고가 실행의 자유에 관련된 것이라면(이 경우 요청된 것을 행하도록 강요되는 것은 아니다), 호소는 이에 반해서 결단 그 자체의 자유(결단의 내용은 미리 정해져 있지 않다)와 관련된다. 결단의 내용이 보다 적게 그리고 융통성 있게 결정된 경우일수록 순수한 호소라고 할 수 있다.

4. 인간 발달 과정에 있어서의 단층

이상의 고찰을 어린이의 발달에 적용해 보면 도식적으로 반복되는 다음과 같은 단계적인 양상이 관심을 끈다. 아주 낮은 연령층의 어린이들의 경우에는 명령이나 규정에 복종하는 것이 당연하다. 스스로 결단할 수 없기 때문이다. 그 자신의 의지의 성장과 더불어 스스로 결단할 수 있는 가능성이 생겨나고 이와 더불어서 충고의 가능성과 불가피성이 생겨난다. 이와 함께 어린이의 자유가 교사와 학생 사이의 구성적인 요소로서 자리 잡게 된다. 그렇지만 아직까지는 완전한 자유에 도달한 것은 아니다. 왜냐하면 충고에 있어서는 언제나 충고를 받는 사람이 무엇을 해야 하는지에 대해 충고하는 편의 생각을 전제로 하기 때문이다. 따라서 충고는 오직 어린이에게 적합하고 성숙한 사람에게는 부적절하다. 완전한 성인에게는 호소할 수 있을 뿐이다. 다시 말해서, 호소에서는 어떤 구체적인 생각을 실현하라고 요청하지 않는다. 호소에서 인간은 완전히 동등한 권위로 마주 선다. 그러므로 호소 또한 본래 의미에서의 교육학적인 관계라고는 볼 수 없다.

우리는 충고의 교육학적인 성격을 명령과 호소와 관련해서 파악할 수 있다. 명령은 그 대상이 되는 인간을 스스로 자유롭게 결단하는 존재로 보지 않는다는 점에서 교육학의 범주에 포함되지 않는다. 호소는 완전한 자유를 전제로 한다는 점에서 교육학의 범주에서 벗어난다. 그 사이에서 충고는 스스로 발전해 가는 자유에 대한 조력적인 요청으로서 분명하게 교육적인 활동이라고 할 수 있다.

그렇지만 호소에도 강요적인 요청이 분명하게 포함되어 있다. 이것은 반드시 호소하는 자 자신의 권위에 근거할 필요는 없으며 다른 사람의 보다 높은 권위를 이용한다. 예를 들자면(오래고 분명한 예로) 무력한 이방인이 정주민에게 손님에 대한 온정을 호소하는 경우이다. 이 경우에도 호소는 상대방에게 간절하게 파고들어서 그를 곧바로 압박한다. 여기에서 호소의 이와 같은 강렬한 효과의 근원에 대한 물음이 제기된다. 거기에는 분명히 권위가 개입되어 있다. 그렇지만 그 권위는 호소하는 자에게 속한 것이 아니다. 이 상황에서 그는 낮은 위치에 있고 무력하기 때문이다. 따라서 그는 앞서 예로 든 '고등 법원'과 같이 호소하는 자와 호소의 대상이 되는 자 양편이 공통적으로 따를 수밖에 없는 보다 높은 차원의 질서를 이용한다. 호소에서는 그러한 권위를 불러내는 것이다.

키에르케고르는 '권위에 결부되지 않은 주의환기'의 개념을 통해 여기에서 한 걸음 더 나아갔다. 권위와 결부되지 않은 요청으로 주의를 환기시킨다는 것은 다음과 같은 의미이다. 암시적인 압력을 완전하게 포기했음을 의미한다. 호소는 언제나 적극적인 경향을 띤다. 다른 사람에게 작용하려 하고 영향을 미치려 하며 현존재의 상실로부터 그를 구출하려고 한다. 단순한 주의 환기에 있어서는 이 모든 것들이 훨씬 약하고 조심스럽게 된다. 어떤 특정한 것에 주목하게 하려고 시도할 뿐이다. 그리고 나서는 단지 그것으로 충분하다는 듯이 물러나 있는다. 주의환기는 깊이 뿌리 내린 겸손에 바탕하고 있으며 권위에 의존해서 영향을 미치려고 하는 모든 시도를 거부한다.

이와 관련해서 자연히 그러한 주의환기와 호소가 어느 정도로 조화될 수 있는가의 문제가 제기된다. 마찬가지로 키에르케고르가 기독교적인 좁은 범주 안에서 특수하게 고찰한 것을 일반적인 교육학적인 의미에서 파악하려는 경우에 그러한 예를 어느 정도까지 전용할 수 있을 것인가라는 한계의 문제가 대두된다. 일반적으로 사람들은 일상적인 삶에 안주하려는 경향을 가지고 있다. 다시 말해서 아무것에도 귀를 기울이지 않고 자신을 향한 말들에 대해 귀를 닫아버린다. 따라서 이러한 장애물과 불감증을 깨뜨리고 인간을 그 깊은 내면에서 변화시키기 위해서는 분명히 어떤 강제가 필요하다. 여기에서 인간에게 강렬하게 다가가는 호소의 힘 있는 말들이 요청된다. 호소는 단순한 주의환기와는 달리 인간을 흔들어 놓고 각성시키는 강렬한 작용을 한다. 호소의 교육학적인 영향 작용은 특징적으로 드러난다. 아무런 생각 없이 빈둥거리며 살아가고 있는 인간을 졸고 있는 상태에서 깨우는 돌발성이다. 이러한 특징과 관련해서 호소는 각성과 완전히 일치하며 이에 대해서는 이미 앞에서 자세하게 살펴보았다.

5. 인간학적인 전제에서 본 충고의 의존성

앞서의 방향설정을 위한 잠정적인 고찰에 이어서 다시금 원래의 문제설정으로 돌아가고자 한다. 지금까지는 충고가 거의 아무런 효과도 없고 빈번하게 반복되어서 소용없게 되어 버렸다는 교사의 체념적인 확신에 대해 논의하였다. 그러한 확신에 대한 확고한 반론의 근거는 아직까지 찾지 못하였다고 할 수 있다. 따라서 충고의 교육적인 기능에 대해서도 근본적인 문제제기가 이루어지지 않았다. 도대체 충고에서 무엇을, 그리고 충고에 대해 어떤 의미 있는 것을 기대할 수 있는가? 실제로 충고에도 불구하고 이전의 상태로 되돌아가는 경우가 빈번하게 발생한다. 따라서 기존의 실망스러운 평가들을 부인하기는 힘들다. 그렇지만 그 때문에 충고가 완전히 의미 없게 되는지 혹은 그럼에도 불구하고 충고를 통해서 다른 사람을 변화시키는 것이 가능한지가 문제이다. 부적절한 인간이해로부터 충고에 대한 부정적인 판단이 초래되었을 가능성이 있다. 아울러 잘못된 언어관용들로 인해서 충고와 다른 유사한 내용들이 혼란스럽게 뒤섞였을 수 있다. 그럴수록 충고의 가능성과 한계를 분명하게 인식해서 충고와 다른 부적절한 경우들을 구별하는 것이 중요하다.

이와 관련해서 우리는 다시금 서론에서 논의했던 교육이해들, 즉 만드는 교육과 자라나게 하는 교육, 그리고 이들 둘과는 분명하게 구별되는 비연속적인 형식의 작용으로 되돌아가고자 한다. 거기에 기초해서 충고가 얼마나 비연속적인 형식의 범주 안에서 의미 있고 타당한 것으로 파악될 수 있는지 살펴보려고 한다. 교육에 대한 전통적인 이해에서는 충고를 연속적인 과정 안에서 파악한다. 교육을 수공업적인 제조나 유기체적으로 스스로 성장하는 모델에 따라서 이해할 때에는 당연한 판단이라고 할 수 있다.

충고는 그와 같은 연속적인 교육과 관련해서는 여분의 것이다. 왜냐하면 교육적인 형식들을 통해서 학생을 연속적으로 의도된 방향으로 변화시켜 갈 수 있기 때문이다(혹은 발전이 그 자체의 내적인 필연성에 의해서 기대했던 결실에 도달하기 때문이다). 그러므로 그 곳에서 충고는 다른 방식을 통해 보다 훌륭하고 확실하게 성취할 수 있는 것을 불확실한 방법으로 성취하려는 시도에 지나지 않는다. 따라서 충고가 차지할 수 있는 위치는 직접적인 지시나 조종에 불과하거나 기껏해야 정해진 목표설정으로 계속해서 나아가라고 하는 요구일 뿐이다. 사실 잘못은 충고를 지나치게 단순하게 파악하려는 데서 비롯된다. 이 경우에 충고는 교육이 적절한 방법으로 의도한 목표에 도달하지 못했을 때 채택될 수 있는 미봉책으로 간주되기 때문이다. 충고가 대체로 이러한 관점에서 이해되어 왔으며 그러한 의미로 적용되었다는 것은 분명하다. 따라서 이러한 전례를 여기에서도 그대로 따를 것인가의 문제가 제기된다. 인간의 삶을 연속적인 과정으로 파악하는 한 지금처럼 충고를 이해하는 것 역시 정당하다고 할 수 있다. 그런 맥락에 따르면 충고는 필연적으로 무의미한 것이 된다. 왜냐하면 정상적으로 진행되는 교육에 있어서는 충고는 여분의 것에 불과하기 때문이다.

그렇지만 인간의 삶에서 모든 연속성과 점진적인 성취를 배제하는 실존철학에서 출발할 경우에는 논의의 맥락이 완전히 달라진다. 실존철학의 전제를 그 자체의 형식에 따라서 전개해 가면 그 전개의 논리에 따라서 충고는 마찬가지로 명백하게 의미 없는 수단으로 드러나게 된다. 다만 이 경우에는 연속적인 교육이해와는 정반대의 측면에서 무의미하게 평가된다. 왜냐하면 실존철학적인 파악에 따르면 연속성을 갖는 어떤 성과도 이미 실존철학의 근본적인 전제 안에서 배제되기 때문이다. 충고는 여기에서 필연적으로 성과 없는 것으로 드러난다. 어떤 영속적인 성과도 있을 수 없기 때문이 아니라 인간은 모든 새로운 비약 이후에 언제나 다시금 그의 불완전했던 처음 상태로 되돌아가게 되기 때문이다. 이것은 또한 실존철학이 교육학에 대해서 어떤 의미 있는 연관도 갖지 못하는 원인이기도 하다. 교육학적인 사유의 형식적인 귀결에 의해서 이미 실존철학은 배제되어 버리기 때문이다.

그렇지만 도입부에서 이미 이러한 결론이 모순적이고 성급하다는 것을 이야기하였다. 마찬가지로 영향의 지속성의 여부를 교육적인 성과의 준거로 삼을 경우에는 연속적인 형식의 교육에 지나치게 집착하는 것이 된다. 실존철학의 파악에 의하면 어떤 연속적인 작용도 있을 수 없지만 그렇다고 모든 영향이 배제되는 것은 아니다. 이미 서론에서 제기된 실존철학의 일방적인 파악에 대한 반증이 여기에서도 타당하게 제기된다. 실존철학적인 파악에 따르면 실존의 본래성은 언제나 다만 순간적으로 빛을 발하다가 곧 다시금 소멸하고 만다. 따라서 이 순간적으로 드러나는 것이 교육적인 작용을 통해서 달성하려는 모든 유의미한 것이 된다. 그렇지만 충고를 겸손한 요청이라고 할 수는 없다. 왜냐하면 한 사람으로 하여금 그의 실존으로 결단하도록 하기에는 충분하기 때문이다.

6. 설교

비연속적인 교육 작용의 예는 현실적으로 분명하게 존재한다. 교육학 이론에서는 지금까지 별로 주목하지 않았지만 실존적인 관점에 일치하는 최소한 한 가지 예가 이미 오래전부터 존재해 왔기 때문이다. 그것은 기독교의 예배에 있어서의 설교이다. 설교는 전적으로 교육적인 기능만을 갖는다고는 할 수 없지만 최소한 어느 정도의 교육적인 기능은 가지고 있다. 설교는(비록 분명하게 드러내어 보여 줄 수는 없지만) 언제나 인간의 삶을 보다 나은 방향으로 변화시키려고 시도한다. 설교는 인간의 내적인 전환을 호소한다. 이와 관련해서 설교의 작용방식을 잠시 살펴볼 필요가 있다. 설교에서 일반적으로 교육의 관심 밖에 속하는, 그러면서도 동시에 변화된 실존적 관점에서 볼 때에는 교육학에서 중요한 의미를 갖는 인간지도의 어떤 분명한 가능성이 실현되기 때문이다.

이와 관련해서 다음과 같은 두 가지 뚜렷한 특징을 파악해 낼 수 있다. 첫 번째는 설교가 어떤 특정한 한 개인에게 초점을 맞추지 않는다는 점이다. 물론 설교는 각 개인의 가장 내면적인 영혼의 핵심을 두드린다. 그렇지만 그렇다고 하더라도 설교에서는 개개인의 인격의 특징이나 영적인 고뇌 그리고 발전가능성 등은 조금도 고려되지 않는다. 그러므로 설교에는 대부분의 교육 안에서 발견되는 교육학적인 관계라는 본질이 결여되어 있다. 이 교육학적 관계는 정서적인 측면과 관련되며 어떤 특정한 다른 사람에 대한 완전히 개인적인 관계를 말한다. 그렇지만 설교의 영향작용은 오히려 익명성 속에서 이루어지는 경우가 많다. 종종 설교자는 대상에 대해서 전혀 알지 못한다. 그렇지만 설교에는 개별적인 교육학적 관계와는 다른 어떤 측면이 포함되어 있다.

지금 우리의 논의와 관련해서는 두 번째 특징이 더 큰 의의를 갖는다. 교회력에 의해서 설교문의 내용이 제약을 받기 때문에 도야과정에서는 지극히 본질적인 요소인 계획에 따라서 단계적으로 진행하는 발전이라는 요소가 설교에는 빠져 있다. 설교에는 교육적인 작용의 형식을 통로로 해서 성취해야만 하는 연속적인 발전을 통해서 완성을 향해 가는 방향설정이 빠져 있는 것이다. 설교는 주일마다 새롭게 시작되며 청취자들이 지난번의 설교를 들었는지에 대해서는 고려하지 않는다. 설교에서는 '새로운 청취자' 와 '기존의 오랜 청취자' 를 구별하지 않는다. 이는 다음과 같은 사실을 의미한다. 설교는 연속성과 진보에 대한 모든 관념들이 그 의미를 상실하고 마는 인간의 가장 내면적인 영혼의 핵심을 향하고 있다. 그러한 본질과 관련해서는 지속적인 결과란 있을 수 없다. 언제나 '처음부터' 시작해야 한다. 그리고 언제나 그 순간에서 그의 고유한 존재를 파악해야 하고 거기에서 멀어졌다가는 새로운 노력을 통해서 다시금 새롭게 파악해야만 한다.

이것은 '날마다 새로운 후회와 속죄에 빠져 들어야만 했던' 기독교적인 인간이해에 있어서의 '옛 아담' 의 인간상이다. 그렇지만 기독교적인 전제와는 무관한 다른 측면에서도 결정적인 점에서 실존철학적인 파악과 정확하게 일치한다. 또한 실존철학의 인간상이 단지 원래는 기독교적인 파악의 단순한 세속화에서 비롯되었다는 점에서 다음과 같은 문제가 제기된다. 즉, 설교를 예로 들지 않더라도 파악해 낼 수 있는, 다시 말해서 특별한 종교적인 전통의 범주와는 무관하게 의미있게 확인되는 일반적인 교육 형식을 찾아낼 수는 없는가? 이와 같은 맥락에서 충고를 고찰해야 하며, 호소의 경우도 마찬가지이다. 그리고 이러한 관점으로부터 충고나 호소의 정당화와 관련된 중요한 논란이 제기된다. 그렇지만 이 문제는 여기에서 더 이상 논의하지 않으려 한다.[5] 설교의 교육학적인 특성에 대한 간단한 언급은 비연속적인 교육형식의 가능성과 의미를 밝히기 위한 예비적인 고찰로서 충분한 의미를 갖는다.

7. 충고의 인간학적인 전제

다음과 같은 사실을 기억하고 넘어갈 필요가 있다. 즉, 우리는 앞서의 비연속적인 현존에 관한 실존철학적인 파악을 다만 가설적인 모델설정의 의미에서만 인용하였다. 그러한 인용들에 대한 고찰에서 주목할 만한 몇몇 실제적인 가능성들이 매우 분명하게 밝혀졌다. 아울러 실제로 인간의 삶은 우연하게 일어나는 비연속적인 사건들이 만들어 내는 위기적인 형태를 통해서 보다 잘 표현될 수 있다는 점이다. 지금까지 논의된 과정을 도식적으로 표현하면 다음과 같이 이야기할 수 있다. 삶의 과정을 완전한 연속성의 과정으로 볼 때 충고는 의미 없는 것이 된다. 연속적인 과정과 관련해서는 다른 방법들을 통해서 더 나은 결과를 얻을 수 있기 때문이다. 반대로 삶을 완전히 비연속적인 과정으로 볼 경우에도 충고는 마찬가지로 의미 없는 것이 된다. 이 경우에는 다른 이유에서, 즉 어떤 지속적인 결과도 여기에서 성취될 수 없다는 점에서 그렇다(제한적이긴 하지만, 설교가 이 두 번째 문장에 합당한 예가 될 수 있다.). 이러한 극단 사이에 아직도 충고가 교육의 일상적인 과정 안에서 의미 있고 필수적인 방법으로 파악될 수 있는 탐색의 여지가 존재한다.

여기에서는 충고가 되겠지만 실제의 삶을 일방적인 측면에서, 강조하고 그러한 과장된 양식이나 방법을 습관적으로 사용하는 경우에는 그와 함께 이미 암묵적으로 하나의 특정한 인간상을 설정하는 것이다. 그 경우에는 오직 그 방법만이 의미 있는 것으로 파악된다. 여기에서 설정하는 인간상은 스스로 발전해 가는, 충고에서 파악되는 바와 같은 특수한 경과를 통해서 스스로 완성되는 인간상이다. 다만 고전적인 파악에서 자명한 것으로 전제했던 것처럼 연속적인 것이 아니라 언제나 다시금 새로운 부정을 통해서 즉 싫증, 탈선 등 한마디로 말해 넓은 의미의 인간의 나약함에 의해서 단절되는 과정이다. 이러한 인간이해 안에서 충고는 연속적으로 진행되는 형식의 교육에서 파악하는 것처럼 부수적인 것도 아니고 극단적인 실존철학적 파악에서와 같이 무의미한 것도 아니다. 왜냐하면 여기에서 인간은 연속적으로 발전해 나가는 존재로도, 그렇다고 향상 없이 언제나 다시금 처음의 상태로 되돌아가는 존재로도 파악되지 않는다. 언제나 새로이 되돌아감에도 불구하고 진보하는 존재로 파악되기 때문이다.

여기에서 이미 앞서 언급했던 충고의 시간구조를 파악하게 된다. 이미 벌써 행하여야 했던 일을 아직 하지 않은 채로 자신의 가능성으로부터 물러나 움츠려 있는, 따라서 그의 잘못으로 인해 소홀히 했던 것을 만회하기 위해서 충고를 요청하는 것은 인간의 본질적인 특성이라고 할 수 있다. 따라서 인간의 교육에 있어서의 특징적인 상태가 다음과 같이 드러난다. 즉, 어린이는 그 자신의 선한 의지가 쉽게 마비되어 버리기 때문에 끊임없이 충고를 통해서 각성시켜야만 한다. 다른 한편으로 성인들 역시 마음의 권태와 모든 것을 동일하게 취급해 버리려는 습관에 빠져 들지 않도록 하기 위해서 늘 다시금 외부로부터의 충격을 필요로 한다. 인간은 자신의 고유한 능력만으로는 일정하게 좋은 방향으로 발전해 나갈 수 없기 때문에 포기하고 싶은 충동을 느끼는 곳에서 언제나 다시금 충고와 호소를 필요로 하게 된다.

8. 가소성과 충고

그렇지만 지나친 단순화에서 비롯되는 위험을 피하고 개별적인 경우들에도 적절하게 적용하기 위해서는 충고가 다르게 작용할 수 있는 다른 경우들을 구분해야만 한다. 왜냐하면 앞에서 다룬 것과 같은 몇 가지 개념들은 단순하게 서로 대립되는 가능성으로서 대치하고 있는 것이 아니라 인간의 정신세계를 구성하는 특정한 '층들'에 대응하기 때문이다. 인간의 능력들이 내부로부터 펼쳐져 나오는 것이라면 충고는 어떤 자리도 차지할 수 없다. 그 경우에 적합한 수단은 주의 깊은 보살핌과 장애물의 제거, 능력의 발전과 활용을 위한 '영양공급' 등이 된다. 충고를 통해 간섭하려는 것은 단지 성급함의 표시, 즉 스스로의 힘으로 충분하게 발전할 때까지 기다릴 수 없는 조급함을 드러내는 것에 불과하다. 이 경우 충고는 해악에 지나지 않는다. 촉진시키려고 시도하다가 오히려 발전을 교란시키기 때문이다.

마찬가지로 가르침과 배움이 지식의 매개와 숙련된 기술의 습득을 추구하는 곳에서도 충고의 여지는 없다. 여기에서는 계획에 따라 단계적으로 수업이 진행된다. 이러한 단계적인 수업의 진행과정에서는 이전에 배운 것을 잊어버리게 되는 일이 생기기 마련이다. 따라서 필연적으로 이전에 배운 것에 대한 주의환기와 체계적인 '반복(Wiederholung)'이 요청된다. 그렇지만 잊어버린 것을 기억으로 불러내는 그러한 반복을 결코 충고라고 말할 수는 없다. 반복은 이미 주의환기를 다룰 때 언급하였듯이 단순한 관념적인 지평에 머물러 있어서 진정한 충고에서와 같은 윤리적인 요청의 특징은 가지고 있지 않다.

일반적으로 충고가 의미 있게 된다는 것은 곧 교육의 중단을 의미한다. 계획적으로 진행되는 수업의 측면에서 교육을 이야기하는 한 충고가 차지할 수 있는 자리는 없다. 여기에서 교육자는 적극적인 의미에서는 의식적으로 개입함으로써 소극적인 의미에서는 방해하지 않고 물러나 있음으로써 피교육자의 발전을 바른 방향으로 이끌어 가야 한다. 사실 충고하려고만 한다면 그것은 결코 어려운 일이 아니지만 그 경우에 충고는 교육자 자신의 무력함을 드러내는 것에 지나지 않는다. 그러므로 충고는 교육의 가능성이 사라진 곳에서 비로소 그 영역을 확보하게 된다. 특별히 내적이고 윤리적인 영역과 관련해서, 아울러 인간이 그 자신의 본질의 완전한 실현을 위해 나약함과 태만을 늘 새롭게 이겨 내어야만 하는 곳에서 충고의 필요성이 확인된다. 이와 관련해서 전통적인 교육이론의 한계가 필연적으로 전제된다. 전통적인 교육이론에서는 헤르바르트가 이미 '교육학의 토대를 이루는 개념'으로 표현한 것에서 드러나듯이 가소성을 교육의 가능성과 동일시하고 있기 때문이다. 가소성이 말살된 곳에서는 어떤 교육도 불가능한 것으로 간주되기 때문이다. 이와 관련해서 지금까지 충고의 개념을 통해 밝혀내려고 시도한 것과 같은 근본적으로 다른 교육적인 작용이 드러난다. 충고와 관련해서 확인할 수 없었던 연속적인 형성은 충고에 대한 반증이 아니라, 보다 사려 있는 고찰의 태도에서 보면 오히려 충고의 파악에 있어서 특수한 구조적인 연관을 드러내는 것이다.

물론 충고에도 한계가 있다. 충고에 있어서는 언제나 어떤 권위가 이야기한다. 언제나 높은 위치에 있는 자의 통찰이 낮은 곳에 있는 자에게 이야기한다. 그러므로 충고는 본질적으로 다만 미성숙한 사람에게, 혹은 보다 정확하게 말해서 통찰은 있으나 의지가 확립되지 않은 사람에게 적합한 작용으로 머문다. 따라서 충고는 완전하게 성숙한 사람에게는 필연적으로 불필요한 것이 된다. 그렇지만 성인의 경우에도 완전한 의지의 확립이란 있을 수 없으므로 역시 충격적인 자극이 요청된다. 이 경우에 충고는 본질적으로 교육적이라고 할 수 없는 호소로 전환하거나 이미 앞서 인용된 키에르케고르적인 의미의 보다 부드러운 형식의 '탈권위적인 주의환기'로 전환한다. 그렇지만 여기에서 탈피해서 다음과 같은 의문을 제기할 수 있다. 이러한 지속적으로 요청하는 작용은 필연적으로 윤리적인 책임감에서 비롯되는 타인의 의식적인 간섭에서만 이루어질 수 있는가? 혹은 다른 방식으로 삶 자체로부터 나타날 수는 없는가? 실제로 인간의 삶에서 그러한 일이 일어난다. 우리가 엄밀한 의미에서 만남으로 규정한 사건 속에서 드러난다. 생동하는 다른 사람(혹은 역사적인 또는 시적인 인물)과의 운명적인 만남은 고의적인 노력에서 얻을 수 있는 영향에 비해서 더욱 순수하고 궁극적인 영향을 미친다. 따라서 우리의 고찰의 범주 안에 만남의 문제를 포함시킬 필요가 있다. 그에 앞서서 충고와 밀접하게 관련된 두 현상을 먼저 논의하려고 한다.

9. 벌

먼저 벌에 대해서 살펴보자. 벌은 충고와 마찬가지로 단절적으로 간섭해 들어가는 교육수단이며 비슷한 시간구조를 가지고 있다. 충고가 인간으로 하여금 소홀히 해 왔던 어떤 일을 하도록 시도하는 것처럼 벌은 잘못을 속죄하고 새로운 삶을 시작하기를 강요한다. 또한 벌도 충고와 마찬가지로 단절적인 특징을 지닌다. 그릇된 길로 빠져 든 삶은 강제로 중단되고 지금까지의 삶의 계속이 아닌 그릇된 길로 접어들기 이전의 위치에 다시금 연결된다는 의미에서 새로운 삶이 시작되는 것이다. 벌은 보다 강화된 방식의 호소이다. 외적인 강압을 통해서 부여될 뿐만 아니라 자유의지로 '받아들이게' 되고 그에 기초해서 새로운 삶을 정초하게 되기 때문이다. 거듭남과 새롭게 됨이 삶의 가장 본질적인 과제로 파악되어야 한다면 벌도 또한 전환과 새롭게 됨으로의 호소로 파악되어야 한다. 이에 대한 논의는 매우 의미 있는 것이 되겠지만 여기에서는 이상의 간략한 논의로 충분하다고 생각한다.

상 담

1. 삶에 있어서의 상담의 기능

상담은 충고와 간접적으로 관계되어 있지만 상담을 고찰함으로써 여러 가지 유익한 시사점들을 얻을 수 있다. 상담이 충고와 간접적으로만 관련되어 있다는 것은, 충고에는 본질적으로 포함되어 있는 요소인 타인의 의지에 의도적으로 영향을 미치려는 시도가 상담에는 빠져 있다는 것을 말한다. 상담은 타인의 결단에 대한 자기를 강요하지 않는 헌신적인 봉사이다.

상담은 가장 단순한 영역에서부터 가장 높은 차원의 영역에 이르기까지 인간의 삶에 폭넓게 관련되어 있고 그 각각의 경우에 다른 형식을 취하고 있다. 따라서 서로 다른 형식의 상담을 어느 정도까지 교육적인 사태로 인정하고 또 어떤 것을 배제할 것인지에 대한 문제가 제기된다. 가령 어떤 물건을 사기 위해서 상점에 들른 경우에 예컨대 조리기구라든가 의류에 대한 스스로의 판단에 확신이 서지 않을 경우에는 점원에게 조언을 구하게 된다. 혹은 식당에서 음식과 음료를 선택하면서 종업원에게 조언을 요청하기도 한다. 이처럼 어떤 어려운 처지에 직면할 때 우리는 기꺼이 경험 있는 다른 사람과 상담한다.

예측할 수 없을 만큼 빠르게 변해 가는 세계에서 상담은 하나의 직업으로 발전되었다. 직업 상담, 결혼 상담, 교육 상담, 세무 상담 등에 관련된 직업이 생겨났다. 또한 의료 상담의 영역도 있는데 의료 상담은 그 기능에서 다른 상담과는 분명하게 구별된다. 변호사가 그의 의뢰인과 재판에 앞서 법률 상담을 하는 경우도 다른 상담과는 구별된다고 할 수 있다. 이 경우 책임 있는 상담자는 비록 그것이 자신의 이익에는 배치되더라도 가망 없는 법정 투쟁을 만류해야 한다. 이와 같이 상담은 서로 다른 삶의 영역에서 여러 가지 방식으로 이루어진다. 일반적으로 자신의 지식이 문제의 해결을 위해 불충분하다고 생각하는 경우에 사람들은 그 분야의 전문가에게 상담을 청한다. 같은 이유에서 절대군주들은 전문지식을 갖춘 상담자들을 주변에 거느리고 있었으며 그들이 수행하던 역할에서 상담의 여러 명칭들이 유래되었다. 이러한 명칭들은 원래의 과제들과는 상당한 거리를 갖게 된 오늘날에 이르기까지도 여전히 전문적인 직업세계의 큰 영역들을 지칭하는 명칭으로 통용되고 있다. 위생 고문, 법률 고문, 교육 고문, 우편 고문 등이 그러한 예이다. 이와 같은 사실로부터 다음과 같은 문제가 제기된다. 인간의 공동생활에서 상담의 본질적인 기능은 무엇이며 비슷한 작업들과는 어떻게 다른가?[1)]

첫 번째 착안점은 언어사적인 고찰에서 얻을 수 있다.[2)] 처음에 이 말의 근원이 된 명사 Rat은 오늘날 가구, 도구, 저장품 또는 부정적인 의미에서는 쓰레기 등의 낱말에서 찾아볼 수 있는 '수중에 있는 도구, 식량의 준비' 라는 구체적인 뜻을 가지고 있었다. 거기에서부터 이 말은 오늘날 "때가 오면 방법이 생기기 마련이다"라는 격언에서 볼 수 있듯이 조력, 예비, 방법 등의 추상적인 의미를 가진 말로 발전되었다. 이러한 추상적인 의미에서 동사 raten이 유래되었다. 이는 우선 자신과 타인을 위한 배려를 의미하며 이러한 의미에서부터 특별히 타인에게 주는 도움의 의미로 발전하였다. 이 경우 도움은 루터가 "나를 도우신(geraten hat) 하나님을 찬양하리라."고 했을 때나, 플레밍(Paul Fleming)이 "범사에 나는 지존자의 도우심을 받는다."라고 고백한 경우에서처럼 구체적인 도움을 의미한다. 이 경우들에 있어서 도움은 일반적인 조언이 아니라 아주 실제적으로 영향을 미치는 도움을 의미한다. 이러한 구체적인 배려의 의미로부터 오늘날 광범위하게 사용되는 단순한 말인 도움으로 발전되었다. 즉, 보다 나은 견해를 매개함을 뜻하는 조언이나 지도의 의미로 발전하였다. 오늘날 조언과 조력은 서로 대조적인 의미로 사용되고 있다. 그 두 용어를 시적 운율에 맞추어서 빈번하게 사용할 경우*에 도움의 상이한 두 형식, 다시 말해 언어적인 교훈을 통한 도움과 직접적인 행동으로 간섭하는 도움이 분명하게 구별된다. 마찬가지로 이와 같은 좁은 의미에서 좋은 조언과 나쁜 조언, 현명한 조언과 선의의 조언 등이 구별된다. 또한 이야기함(reden)과 조언함(raten) 사이의 근원적인 근접성, 다시 말해서 배려하는 생각과 배려하는 말 사이에도 밀접한 근접성이 있다고 인정할 수 있다.

그와 같은 조언—혹은 제안—은 어떤 상황에서 무엇을 해야 하는지를 이야기해 주거나 어떤 태도를 취해야 할지를 말해 준다. 조

---

* 독일어에서 이 두 단어를 mit Rat und Tat 식으로 묶어서 쓸 경우 '조언과 조력'의 의미가 된다.

언 역시 매우 다양한 형식을 취한다. 어떤 특정한 일을 하지 않도록 말리거나 그 일의 해로운 결과를 지적해 주는 경고도 그러한 다양한 형식 중의 하나이다. 다른 경우에는 일정한 행동을 권장하거나 고무시키는 권유나 권고일 수도 있다. 따라서 때때로 조언은 암시적인 요청의 성격을 띠는 경우도 있다.

그렇지만 본질적인 상담은 그와 같은 조언과는(비록 개별적인 경우들에 있어서는 유동적으로 서로 겹쳐질 수 있다고 하더라도) 다르다. 단순한 조언이 경우에 따라서 근거 없이 어떤 일을 권장할 수도 있는데 반해서 상담은 본질적인 의미에서 결단에 필요한 견해를 매개할 따름이다. 그러므로 상담에서는 언제나 결정적인 조언에 대해서 어느 정도의 근거를 제시한다. 조언에 있어서는 조언자의 권위에 의존해서 신중한 숙고 없이 결론을 내리는 경우도 있을 수 있지만 상담에 있어서는 제시된 여러 가능성 가운데서 자신이 스스로 선택해야 한다.

2. 상담과 결단

상담과 결단의 관계를 간단한 예를 통해서 밝혀 보자. 낯선 고장에서 그 지방 사람에게 길을 물어 알게 된 경우에 그것을 안내라고는 할 수 있어도 상담이라고 할 수는 없다. 그렇지만 그에게 목적지에 이르는 가장 좋은, 또는 지금의 날씨로 보아 가장 좋은 길을 묻는 경우에는 다르다. 단순하게 무엇인지를 묻지 않고 무엇을 해야 할 것인지에 대해서 묻는 경우에 상대방의 답변은 일종의 조언이라고 할 수 있다. 만약 그 사람이 더 상세하게 대답해서 이 길이 비록 가장 가까운 길이기는 하지만 지난번 내린 비 때문에 다니기가 힘들다고 이야기하면서 대신에 좀 더 멀리 돌아가야 하긴 하지만 질척거리지 않고 아름다운 경치를 즐길 수 있는 다른 길을 안내해 준다면 단순한 상담이라고 할 수 있다. 이 경우에는 어떤 사실에 대한 질문에 단순하게 답하거나 타당한 근거를 제시하지도 않은 채 길을 일러 주는 것은 아니다. 다양한 가능성들 중에서 하나의 가능성을 확정적으로 추천할 때에는 어떤 의견을 제안하는 경우에서처럼 그 근거를 함께 제시해야 한다.

상담의 두 번째 본질적인 특징은 이와 관련된다. 상담은 여러 가지 가능성들과 이런저런 의견을 제시함에 있어서 분명한 근거를 제시한다. 상담에서는 사실에 대해 조언자 자신이 가지고 있는 보다 나은 지식에 기초해서 의견을 제공한다. 상담은 주어진 상황에 대한 최종적인 판단에 기초해서 의견을 제시하는 것이다. 그렇지만 상담자체가 결단은 아니다. 결단은 조언을 받아들이는 사람 자신에 의해서 이루어지며 그의 책임 아래 있다. 그러므로 우리는 상담에서 타인이 아니라 상담을 받는 사람 그 자신이 결단한다는 것을 분명하게 인식해야 한다.

조언과 결단이라는 이 두 기능 사이의 차이는 한 사람이 다른 사람에게, 보다 많은 지식을 갖춘 사람이 그렇지 않은 사람에게, 혹은 경험자가 무경험자에게 조언하는 경우보다는 서로에게 조언을 구하는 경우에 분명해진다. 다시 말해서 서로가 상대방으로부터 조언을 받는 경우에 보다 분명하게 드러난다. 그러므로 상담은 이미 단순한 형태의 공동 작업을 전제하고 있다. 어떤 일을 시도했다가 어려움에 직면해서 그 일을 원래의 의도대로 할 수 없게 된 경우 우리는 우선 그 일을 중단하고 앞으로 어떻게 해야 될지를 상담하게 된다. 그런 경우는 일반적인 상담에 속한다. 이 경우에 여러 가능성들이 서로 비교되며 각각의 가능성들은 그 가능한 결과들이 비교 검토된 후에 신중하게 선택된다. 그리고 상담의 공동성은 한 사람의 제의가 다른 사람의 상반된 근거와 동등한 가치를 갖는다는 점이다. 이와 같은 공동성을 지닌 상담은 분명하게 조직적인 형태를 취하기도 한다. 예를 들어서 법정에서는 판결을 내리기 전에 상담을 한다. 회합의 경우도 마찬가지이다. 참가자들은 의제에 대해 자기의 지식에 기초해서 의견을 냄으로써 일익을 담당하고 이를 통해 일방적인 결정을 방지한다. 최후의 결정은 상담결과에 따라서 단체 전체의 결정으로 다수결 등의 절차를 밟아 내려진다. 그러므로 여기에서도 결정에 앞서 이루어지는 상담과 그에 기초해서 이루어지는 결정의 기능이 분명하게 구별된다. 또한 어떤 단체의 기능은 상담에만 제한되고 결론은 다른 기구에서 내려지는 경우도 있다. 가령 어떤 장군이 전투에 앞서 작전회의를 소집하는 경우에도 참모들의 의견을 신중하게 고려하여 전세를 분석하지만 결정은 그 스스로 내려야만 한다. 이것은 군주와 그의 고문들 사이의 관계에서도 마찬가지이다. 고문들은 자신의 전문 지식에 기초해서 왕의 지시와 관련된 의견을 내어놓는다. 그렇지만 결정은 군주가 내린다. 그러므로 고문들에게는 실제적인 책임이 없다. 보다 정확하게 말해서, 고문에게 책임을 묻는 경우라도 그가 그 상황에 적합한 조언을 했는지에 대해서는 문제 삼을 수 있지만 결정이나 그 결정에서 파생된 결과에 대해서는 책임을 물을 수 없다는 것이다. 이것은 여러 종류의 '조언'

을 특징으로 하는 단체들, 예컨대 중세의 추밀원의 경우도 마찬가지이다. '조언' 이 채택되든 않든 간에 언제나 조언 기관들은 권한을 분점하고 있었으며, 생각하는 기능과 실행하는 기능은 언제나 분명하게 구별되어 있었다. 그렇기 때문에 의회(예컨대 상원과 같은)에서는 기꺼이 나이 든 사람들을 받아들이고, 이들은 나이와 함께 쌓아온 풍부한 경험을 이곳에서 활용한다. 반면에 실행에 관련된 일들은 젊은 세대에게 맡기는 것이다.

3. 잘못된 상담 태도

이상의 논의에 기초해서 적절한 상담자의 태도에 관한 중요한 추론을 이끌어 낼 수 있다. 상담자의 과제는 내담자의 결단에 앞서 전제조건들을 이해하도록 돕는 데 있다. 따라서 상담자는 내담자의 결단에 영향을 미치지 않아야 한다. 엄밀하게 중립적인 지평에서 수행되는 상담일수록 보다 더 적절한 상담이라 할 수 있다. 상담자는 다른 사람의 결단을 가로채지 않도록 조심해야 한다.

이와 관련된 오해가 빈번하게 발생한다. 상담자가 자신이 전문적인 지식을 가지고 있다는 이유로 내담자에게 자신의 조언에 따르도록 요청하는 경우이다. 그로 인해서 일을 그르친 후에 다른 결정을 내려야 하는 상황이 발생하곤 한다. 이는 조언을 요청받는 경우 이미 거기에 전제되어 있는 조언자의 권위를 오용하는 것이다. 실제로 상담자에게 요청되는 것은 그의 전문적인 통찰에 근거하는 설득력에 의지해서 조언을 제공하는 것까지이다. 그 후에는 내담자 스스로 그 자신의 자유의지에 따라서 결정해야 한다. 상담자는 조언하는 것 외에 다른 어떤 권위적인 영향도 미치지 말아야 한다. 상대방이 그의 생각과는 다른 결정을 내린다고 하더라도 거기에 대해 이의를 제가할 권리가 상담자에게는 없다.

청하지도 않은 충고를 타인에게 강요하는 것은 흔히 볼 수 있는 인간의 단점 중 하나이다. 도대체 우리는 요청받지 않은 상황에서 타인에게 조언할 수 있는 권한을 어느 정도나 가지고 있는가? 반대로 조언해야 할 책임은 어느 정도까지인가? 인간은 분명히 타인을 혹은 타인의 의지를 강요하는 조언을 하고 그 조언을 실천하라고 충고하려는 간섭적인 경향을 가지고 있다. 이와 같은 경향은 순전히 인간의 명예욕, 권력욕에서 비롯된 것이거나 혹은 단순하게 적절한 거리를 유지하지 못하는 데서 비롯된다. 그렇지만 오직 타인이 분명하게 요청한 경우에만 조언할 수 있다는 생각 역시 확실히 잘못된 극단화이다. 상대방이 나의 조언을 필요로 하고 또 조언하지 않을 경우에 불행한 결과를 낳을 것이 분명할 경우에는 조언해야 할 책임이 있다. 물론 이 경우에도 상담에서 밝혀진 공통적인 제한은 유효하다. 즉, 타인의 의지를 묵살하고 조언을 강요해서는 안 된다는 것이다.

조언을 요청하는 편에도 물론 그 나름의 책임이 있다. 만약 다른 사람에게 조언을 요청한 경우에는 마음을 열고 상담에 임해야 하고 조언을 받아들일 준비를 해야 한다. 그렇지만 이것이 무비판적으로 그에게 복종해야 한다는 의미는 아니다. 상담자가 제시한 근거들이 타당하다고 여겨질 경우에 그의 견해를 따르겠다는 의미이다. 상담을 요청하는 편에서 이미 어떻게 행동할 것인지 결정한 상태에서 자기의 진실함을 보이기 위해 조언을 받아들이는 척하는 경우에는 상담의 상황 자체가 이미 잘못 설정된 것이다. 이 경우 내담자 스스로 기대하고 있던 조언을 받게 되면 (대개의 경우 이미 이러한 관점에서 상담자를 택하겠지만) 그는 그 조언으로 자신은 짐을 벗어 버린 느낌을 갖게 되며 책임을 전가할 수도 있다. 반면에 기대하지 않았던 조언을 듣게 된 경우에는 상담자의 조언을 불필요한 것으로 간주하여 어떤 핑계를 대서든 거부해 버리고 만다.

상담에서는 상담자의 조언의 결과에 대한 책임이 적다. 이에 반비례해서 조언을 요청한 편에서 완전히 개방적인 태도로 조언을 수용하고 숙고해야 할 책임은 그만큼 크다. 다시 말해 상담을 요청하는 자는 그 사건에 대해서 미리 결정을 내려서는 안 된다. 우선 선입견 없이 조언을 청취한 후에 결정을 내려야만 한다. 우리는 스스로 분명하게 판단할 수 없는 경우에만 상담을 청해야 한다.

4. 교육으로서의 상담

상담이 본질적으로 교육의 영역이라고 할 수 있는 범위뿐만 아니라 삶 전체에 걸쳐 있다면 도대체 어떤 경우에 그것을 교육적인 사건으로 볼 수 있는가? 확실히 모든 조언의 요청과 상담을(정보의 제공이나 수업을 그 밖의 다른 류들과 동등하게 취급할 수 없는 것처럼) 교육적인 것으로 취급할 수는 없다. (주택의 내부설비와 같은) 취향에 대한 상담에서처럼 교육적인 의미와는 상관없이 그 자체로 의미 있는 일일지라도 순수하게 기술적인 문제(가구의 선택과 같은)에 관한 상담을 교육적이라고 이야기할 수는 없다. 상담의 내용이 인간의 내적인 삶의 핵심에 근접할수록, 그리고 윤리적인 삶의 태도에 접근할수록 상담은 보다 더 교육적인 측면과 관련된다. 따라서 교육 상담, 직업 상담, 결혼 상담 등은 언제나 교육적인 문제이다. 아마도 그 경계는 기술적인 것이 문제가 되는 삶의 표면적인 개별적 사태를 넘어서 인간의 삶이 전체적으로 문제시되는 곳에 설정할 수 있을 것이다. 이런 맥락에서 어떤 특정한 윤리적인 갈등에 대한 목회자의 상담은 그것이 일회적인 사건에 대한 결단과 관련된다는 점에서 본질적으로 교육적이 아니라고 할 수 있다. 그렇지만 이러한 상담의 영향이 일회적인 결단에 그치지 않고 당사자의 그 이후의 삶 전체에 미치게 될 경우에는 곧바로 교육적으로 의미 있는 것이 된다. 그리고 이러한 일회성과 삶의 전반에 대한 영향의 여부를 구분하는 것은 매우 어렵기 때문에 그 경계는 유동적일 수밖에 없다.

이제는 이 문제를 이따금씩만 교육적인 상황에 처하게 되는 사람의 관점에서가 아니라 '소명을 부여받은' 교육자, 즉 교사와 부모의 입장에서 살펴보자. 이 경우에는 전체 교육과의 연관 안에서 실제로 언제 그러한 독특한 교육적인 상담의 상황이 만들어지는지가 중요하다. 마찬가지로 이 경우에도 교육적인 상담은 다만 잠정적이고 특별한 경우에 '비연속적으로' 종래의 '연속적인' 전체 교육의 상황 안으로 개입해 들어오는 사건으로서의 의미를 지닌다. 가령 수업에서는 좀처럼 상담이 끼어들 수 있는 여지가 없다. 왜냐하면 여기에서 교사는 지식의 매개자로서 분명하게 지도적인 입장에 있다. 그런 상황에서는 상담을 요청하는 선택의 상황이 전혀 야기될 수 없다. 자발적인 학습으로 인도하는 가끔의 조언들도 본질적인 의미의 상담이라고는 할 수 없다. 상담은 오히려 수업이 총체적인 난관에 봉착한 경우에 요청된다. 그 경우에도 학급 전체를 대상으로 하는 것이 아니라 학생들 중에서—주로 부정적인 의미에서—두드러지는 개별적인 한 학생과만 관련된다. 그리고 이 경우에도 반드시 교사 자신이 상담을 해 주어야 하는 것은 아니다.

일반적으로 교사는 단지 가끔씩만(그리고 대체로 교사로서의 본래의 업무와는 명백하게 별개의 의미에서) 상담자의 입장에 처하게 된다. 상담은 일반적으로 일회적인 어떤 사건과 관련되므로, 선택이 가능한 경우라면 일상적인 맥락과는 다른 관점에서 상담자를 선택하게 된다. 종종 부모들과 교사들은 지금까지 계속 진행해 온 교육으로 인해서 상담에 자기 자신을 맞추기가 힘들게 된다. 상담자를 선택함에 있어서 사람들은 우선 자신이 처한 그 특수한 상황에 대한 지식과 판단능력에 비추어서 선택한다. 그리고 그 경우 대개 특수한 문제와 연관되기 때문에 일상적인 교류의 범위를 벗어나서 상담자를 선택한다. 예컨대 직업 상담에서와 같이 직업에 대한 적성이나 직업의 전망이 문제되는 경우에 부모나 교사는 대체로 전문적인 지식을 갖추고 있지 않기 때문이다. 그렇지만 이와 같은 전문적인 영역에서 벗어나서 인간적인 신뢰성에 관련된 것일수록 그만큼 더 상담은 인간의 핵심적인 삶의 문제와 관련된다. 그리고 이 경우에는 극도의 자기개방과 지극히 사적인 부분에 대한 관여를 필요로 하기 때문에 거기에 대해서 확신이 서지 않을 경우에는 그의 일상적인 교제의 범위 밖에서 상담자를 택한다. 따라서 그 선택 때문에 가까운 이들과 전과 같이 숨김없는 관계를 유지할 수 없게 된다. 물론 상담에서는 당사자와의 오랜 교제에서 비롯된 지식이 요청되지만 일반적으로 인간관계에 있어서의 어느 정도의 거리나 낯설음은 상담에서 종종 유용하게 작용할 수 있다. 여하튼 한 어린이가 상담이 필요한 경우에 처해서 우선 부모님이나 교사를 찾지 않고 비교적 낯선 사람에게 상담을 청할 수 있다. 이 경우에 일상적인 교육을 담당하는 교사는 그와 같은 명백한 불신이 분명 고통스러운 일이라고 하더라도 언제나 뒤로 물러나 있어야 한다.

만 남

만남의 개념

1. 우리 시대의 해답어로서의 만남

만남 개념은 최근에 뚜렷하게 공개적인 토론의 중심 개념이 되었다.[1] 만남이라는 말은 사회 일반에서는 물론이고 특히 교육계에서도 자주 사용되고 있다. 특히 이 말을 강조해서 사용하는 사람들은 거의 엄숙할 정도로 진지하게 이 용어를 사용하곤 한다. 이러한 경향은 어떤 새롭고 결정적인 것 그리고 아직까지 파악되지 않았던 무엇인가를 이 말을 통해서 파악할 수 있게 되었다고 생각하기 때문이다. 이 말이 우리 시대의 핵심적인 용어 중 하나가 된 바로 그 사실에서 이 말의 성격이 드러난다. 벌써 이 말의 '남용' 에 대한 논란이 제기되곤 하는데 그것은 유행에 따라서 분별없이 이 말을 사용하는 것에 따른 경고이다. 그와 같은 위험에 대처하기 위해서는 이 말 속에 담겨진 본질적인 의미가 가능한 한 분명하게 밝혀져야 하고 동시에 조잡한 사용들은 제한되어야 한다.

그렇지만 만남 개념의 본질적인 의미와 남용을 구별하는 것은 결코 단순하지 않고 단호한 입장 정립 없이는 불가능한 일이다. 왜냐하면 이 만남이라는 말은 결코 우리 시대에 새롭게 등장한 표현이 아니고 친숙하고도 평범한 독일 어휘 중의 하나이기 때문이다. 따라서 일반적이고 불분명한 의미들이 함께 포함되어 있다. 만남은 그와 같은 불분명하고 포괄적인 의미에서부터 우리 시대의 특수한 요청에 대한 표현으로 받아들여졌으며 특정한 정신 운동과 연결됨으로써 비로소 함축적이고도 중요한 의미를 갖게 되었다. 다른 한편으로는 오늘날 만남 개념에 포함된 의미는 일반적인 언어사용의 범주에 뿌리를 두고 있기 때문에, 과거의 불분명하고 포괄적인 언어 관용을 고찰하는 것이 현대적인 표현의 이해를 위한 흥미 있는 연구 과제가 된다.[2)]

이와 같은 정황과는 별개로 현대의 만남 개념의 형성은 만남이라는 말을 서로 분명하게 다른 뜻으로 사용한 두 세력과 관련되어 있다. 따라서 이 말과 관련된 모든 의미변화들에 비추어서 이 만남이라는 말 '그 자체'의 의미를 묻는 것은 무의미하다. 다만 우리는 이 말이 한 저자와의 정신적인 관련 안에서 무엇을 의미하는가를 연구할 수 있을 뿐이다. 이러한 맥락에서 우리가 여기에서 탐구하려고 하는 것은 최근에 만남이 매우 빈번하게 관용적으로 사용되는 이유는 무엇이고, 이 새로운 언어관용이 어떤 토대와 관련되어 있는가 하는 점이다.

2. 새로운 만남 개념의 제1단계

1) 만남 개념이 최초로 뚜렷하게 등장한 것은 20년 전으로 거슬러 올라가며, 무엇보다도 부버(M. Buber)의 영향이 크다. 그에게 있어서 만남 개념은 삶의 철학에 기초한 나에 대한 주관적이고 관념적인 파악을 거부하고, 오직 '너(Du)'와의 상호작용을 통해서만 발전할 수 있는 공통적인 삶을 강조하기 위한 표현이다. 부버에게 있어서 너는 실제적이고 독립적인 존재로서 어떤 방식으로도 나로 환원될 수 없는 소여(Gegebenheit)이다. 이런 의미에서 그는 '대화', 즉 삶의 결합 원리로서의 너와 나의 주고받는 대화를 강조하였다. 그리고 나의 바깥에 놓여 있는 현실의 독립성을 뚜렷하게 드러내기 위해서 부버는 만남의 개념을 끌어들였다. "너를 만난다."라고 부버는 말한다. 그리고 "모든 참다운 삶은 만남"[3]이라고 하여 삶 자체를 만남으로부터 이해하려고 하였다. 이것은 모든 참다운 삶은 고립적으로 실존하는 존재에 의해서 파악되는 것이 아니라는 것이다. 오히려 근본적으로 권한과 힘이 같은 두 개의 현실적 존재, 즉 하나의 나와 하나의 너로 말미암아 파악되며, 필연적으로 하나의 상호작용이라는 것을 의미한다. 왜냐하면 '너'가 나를 만남으로 동시에 내가 너를 만나기 때문이다. 부버에 의하면 이 상호적인 만남에서 삶이 성립된다. 그가 여기에서 만남이라는 말을 택한 것은 만남이 소박한 대화라는 말보다 보다 완전하게 의미를 전달하기 때문이다. 왜냐하면 대화라는 말은 근본적으로 모든 정신적인 교환을 넘어서 존재하는 두 개의 상호 환원될 수 없는 실제적 존재들 간의 대립을 강

조하기 때문이다.

그와 동시에 부버는 생동적인 너(Du)의 세계를 너의 세계와 본질적으로 완전히 다르고 그 안에서는 사실적이고 사물적인 관계만이 가능한 그것(Es)의 세계와 구별한다. 그리고 이를 통해서 추후의 만남 개념의 더 큰 확장을 위해서 결정적인 의미를 갖는 특징을 명확하게 밝혀내었다. 나의 물적인 세계는 일목요연하게 통일된 전체와 관련되며, 그러한 사물적인 세계 안에서는 서로 다른 것들 상호 간에 보편적인 질서가 가능하다. 반면에 만남은 독점적이다. 만나는 사람은 나에게 있어 언제나 오직 유일한 너이며, 따라서 나와 만나는 이 유일한 너는 다른 너와의 만남에 대해서 닫혀 있다. 그러므로 그는 다음과 같이 강조한다. "인간은 그에게 마주 서 있는 것으로서의 존재(Sein)와 생성(Werden)을 만난다. 언제나 오직 하나의 실체만을……. 이 하나와 동일한 현실적인 비중을 갖는 다른 어떤 것이란 있을 수 없다. 그럼에도 불구하고 이 하나는 세계를 함유한다. 이와 관련해서는 어떤 척도나 비교도 성립될 수 없다." 계속해서 그는 다음과 같이 강조하여 이야기하였다. "만남은 세계의 질서에 일치하지 않는다. 그렇지만 만남 자체가 세계질서의 한 표상이다. 만남은 서로 연결되지 않는다. 그렇지만 세계에 대한 너의 연결을 담보한다."(S.43 이하) 부버는 다음과 같이 강조한다. 만남의 세계는 시간과 공간에 대해서 독립적이며 질서정연한 공존과는 분리되어 있다. 언제나 어떤 순간적인 점에서 빛을 발하며, 각각의 만남은 배타적이다. 그렇지만 그 각각의 만남에 있어서 전체 세계는 실제적이다.

그렇지만 너와 연결되는 그와 같은 만남을 나는 결코 기대할 수 없으며, 계획과 노력을 통해서 만들어 낼 수도 없다. 여기에서 고찰하는 만남은 언제나 예측할 수 없는 사건이다. 그러나 만남은 인간을 매우 행복하게 하는 사건이다. 왜냐하면 오직 만남에서만 나를 발견하고, 나의 삶을 충만하게 만들 수 있기 때문이다. 모든 만남은 궁극적으로 인간에게 우연하게 주어지는 선물이다. 부버가 종교적인 개념을 빌어서 표현한 것처럼 은총이다. 이러한 의미에서 그는 "너는 은총으로 말미암아 나를 만난다. 노력한다고 해서 만남이 이루어지는 것은 아니다."(p. 23)라고 간명하게 표현하였다. 만남에 수반되는 이 감사하고 행복하게 하는 느낌은 선물로 주어지는 것으로서의 만남을 규정한다는 점에서 부버의 해석을 매우 특징 있게 규명한다. 동시에 다음에서 이야기하게 될 '실존적인' 파악과도 구별된다.

2) 고가르텐(F. Gogarten)은 부버의 만남 개념을 곧바로 당시의 변증법적 신학의 영역으로 이끌어 들였다. 이 개념은 신에 대한 그의 고유한 이해와 그러한 신 이해와 밀접한 관련 아래 있는 인간이해를 관념론적인 이해로부터 구별하게 하였다. 그는 인간 안에 주어진 가능성들을 창조적으로 발전시킴으로써 인간의 본질이 실현될 수 있다는 전통적이고 고전적인 견해에 날카롭게 반대하였다. 고가르텐에 의하면, 나는 결코 자신 안에 독립적으로 주어진 것이 아니고 너와의 만남에 있어서만 실현될 수 있다. 이런 뜻에서 그는 "나는, 인간이 그의 가장 내면적인 근거로 돌아가서 이 궁극적 심연을 '우리 안에 있는 하나님' 이라고 부를 때 실현되는 것이 아니다. 나는 오직 너와의 만남에서 실현된다."[4]고 단언하였다. 그는 자아의 발전을 통해서 이루어지는 자아형성이라는 관념론적인 생각에 반대

하고, 만남을 통한 자아형성이라는 전혀 다른 가능성을 강조하였다. “참으로 실제적인 것은 자기형성적인 주체의 내적 발전에서부터 비롯되는 것이 아니라 나와 너의 만남에서 비롯된다. 그러므로 결단은 우선적으로 나의 무한한 창조적 가능성에 의해서 좌우되는 것이 아니고, 오히려 너에 의해서 좌우된다. 그리고 만약 결단에 있어서 너가 결정적인 조건으로 작용할 수 없다면……그것은 아무런 결단도 아니다.”(p. 38)라고 하였다. 이런 뜻에서 고가르텐은 특히 “인간과 인간의 만남은 인간실존의 핵심”(p. 96)이라고 강조한다. 그러므로 이 만남은 영혼의 부드러운 ‘융합’과는 전혀 다른 것이다. 그것은 갑작스러운 놀라움과 더불어서 체험되는 타자의 낯설음이다. “나와 너 사이에 넘나들 수 없는 경계가 설정된 곳에서,”(p. 31) 그리고 이 경계가 존속하는 곳에서만 만남이 진정한 것이 될 수 있다.

고가르텐은 역사 또한 연속적인 발전과정이 아닌 ‘나와 너의 만남’으로 이해하였다.[5)]

3) 이와 관련해서 만남의 개념이 급격하게 확장되었다. 그것은 확실히 체험에 기초한 주관성의 좁은 길에서 벗어나기를 원했던 당시의 시대적인 요청에 대한 부응이었다. 그렇게 확장된 만남의 개념은 그 당시에 새롭게 받아들여진 가능성을 충족시키기에 특별히 적합한 통로로 확인되었다. 이러한 의미에서 사용된 예는 분트(H. Bund)의 글에서 빈번하게 발견된다. 헤닝젠(J. Henningsen)은 분트에 대한 그의 책에서 “‘만남’이라는 말은 학술적인 보고서, 오락 활동, 노동자들의 합숙소 그리고 회합에서 시종일관하게 등장하고 있

다."[6]고 쓰고 있다. 그중에서도 특별히 서로 다른 인간 집단들, 계급과 직업 집단들 사이의 만남이 관심을 끈다. 1927년에 위에 언급한 헤닝젠의 책에서 처음으로 농민들과 관련해서 만남의 개념이 언급되었다.

1928년에 뢰비트(K. Löwith)는 하이데거의 현존재 분석에 대한 책 『동료로서의 개인(Das Individuum in der Rolle des Mitmenschen)』[7]에서 만남 개념을 해명하려고 시도하였다. 뢰비트 또한 이 개념을 생명 없는 사물과의 만남과 구별해서 우리가 다른 사람을 만나는 방법과 양태를 표현하기 위해서 사용하였다. 그는 만남 안에 주어진 관계의 상호성에서 사물의 소여 양식과의 결정적인 차이를 파악하였다. 그와 같은 맥락에서 그는 다음과 같이 강조하였다. "대상들은 나에게 맞선다. 그렇지만 대상은 단지 나에게 맞설 뿐이다. 대상들의 맞섬은 본래적인 '만남'이 아니다. 그에 반해서 우리는 다른 (사람)을 만난다. 이 경우에는 '서로'의 의미에서 만나는 것이다. 이처럼 스스로(sich) 상대방을 향함(gegenseitig)이라는 것은 '만남'의 근원적인 '우연성'을 나타낸다."[7] 따라서 뢰비트에 의하면 만남은 '우연성'을 특징으로 한다. 만남은 그와 같이 우연적인 사건이다. 만약 그러한 우연성이 없다면 우리는 만남을 예견하거나 계획할 수 있을 것이다. 또한 만남이 이루어지기 위해서는 그 안에서 양편이 서로를 적극적으로 고려해야만 한다. 그렇지 않을 경우에는 관계의 양편이 상대방에 의해서 받아들여지지 않을 뿐만 아니라 관계자체를 저지당할 수도 있다. 이러한 인격과 인격 간의 관계의 상호성 역시 만남에서는 필연적인 것이다. 따라서 그가 이야기하는 만남은 명백히 인간의 영역에 제한된다. 나무 따위와는 결코 만날 수 없다고 뢰비트는 이야기한다.

이에 반해 부버는 그와 같은 다른 사람과의 만남이 모두 참된 만남인가에 대해서 (만남과 관련된 이후의 논의의 전개에 있어서 매우 중요한 의미를 지닌) 의문을 제기하였다.

부버에 의해서 인간의 비극이, 즉 한 번 경험된 너가 그 순수한 너다움(Duhaftigkeit)으로 확고하게 파악되지 않고 필연적으로 항상 다시금 단순한 그것다움(Eshaftigkeit)으로 미끄러져 간다는 것이 분명하게 밝혀졌다. 뢰비트 또한 만남에 관계하는 양편 중 어느 한편이 완전히 그것을 저지할 수 있음을 이야기하였다. 비록 그가 이러한 맥락에서 논의를 더 전개하지는 않았지만 그의 노력으로 말미암아 만남이 인간 공존의 특징적인 형식으로 확인되었다.

4) 이미 같은 해인 1928년에 과르디니(R. Guardini) 역시 (1935년에 처음 발표된) 『도야이론의 기초(Grundlegung der Bildungslehre)』[8]에서 마찬가지로 정신적인 상황에서 표출되는, 그렇지만 완전히 다른 방향에서 역시 만남의 개념에 도달하는 논의의 기초를 마련하였다. 거기에서 과르디니는 고전적인 도야이론에 근거하고 있는 교육학의 편협성을 분명하게 지적하였다. 그는 그러한 편협성 때문에 어떤 결정적인 것이 배제된다는 사실을 발견하였다. 다시 말해 구체적인 개별적 사건들과 관계하고 있고, 따라서 그 사건을 스스로 파악하고 처리해야만 하는 구체적인 개별적 인간을 간과하고 있다는 것이다. 이와 관련해서 과르디니의 만남 개념이 부각된다. 즉, 그는 인간의 만남을 특정한 상황과의 관련 안에서 파악하였다. 이러한 의미에서 그는 다음과 같이 서술하였다. "일회적인 상황과의 만남

에 있어서 나 자신에게서 표출되는 것은 단지 그 상황에서만 나타나는 것이다. 일회적인 결단에서 내가 형성된다. 거기에서 숙명이 성취된다. 인격, 이와 같은 의미에서의 인격은 책임이 수반되는 창조적인 만남의 작용 안에서 성취된다." (S. 33/34). 여기에서 도출되는 교육학은 개별인간의 완성을 지향하는 도야이론과는 달리, "그의 유한성에 대한 숨김없는 인정으로 이끌어 가는 인간 교육" (S. 35)이다. 인간 능력의 발휘를 위한 모든 근거들은 과르디니에게 있어서는 주어진 상황 안에서 '입증되어야만' 하는 것으로 파악된다.

따라서 여기에서 과르디니가 이야기하는 만남은 다른 사람과의 관계가 아니라 어떤 상황과의 만남으로 이해할 수 있다. 이러한 표현법이 적절한 것인지, 즉 어떤 사람이 어떤 상황과 만난다는 것이 실제로 가능한지, 혹은 내가 어떤 상황 안에서 무엇을 만난다고 이야기하는 것이 보다 적절한지에 대해서는 여기에서 논의하지 않기로 한다. 나는 근본적으로 오직 나에게 나와 다른 어떤 것으로 마주 오는 것을 만날 수 있다. 상황은 이러한 방식으로 나에게 마주 올 수 없다. 왜냐하면 나는 본질적으로 이 상황 안에 있기 때문이다. 그렇지만 이와 같은 표현은 독자적인 개념 파악에서 비롯된 것이다. 과르디니가 여기에서 새롭게 제시한 것은 결정적인 의미를 갖는다. 그것은 결단, 자기형성, 시험, 더 나아가 인간 현존의 유한성의 개념들에서 일반적으로 드러나는 만남의 실존적인 성격이다. 이와 관련해서 결정적인 새로운 개념이 교육학의 범주에 등장하게 되며, 또한 이후의 만남 개념과 연관된 논의와 관련해서도 중요한 시사점을 얻을 수 있다.

그러므로 과르디니에 따라 만남을 이해하면 오직 체험을 통해서만 형성되며, 또한 스스로 발전해 가는 존재로 인간을 이해하는 입장에 기초해서 도야과정을 파악해 온 교육학적인 주관주의에 대항하는 과제를 설정하게 된다. 과르디니는 그와 같은 인간이해에 대항해서 만남 안에서 인간에게 마주 오는 현실의 엄밀성을 강조한다. 그러므로 이와 같은 과르디니의 생각을 더 발전시켜 나가면 교육학적인 주관주의에 사실 관련적인 객관성의 정신을 대립시키고, 교육을 '대상' 에 대한 '봉사' 로 파악하게 된다. 그렇지만 그는 다른 한편으로 이와 같은 교육을 도야이론에 근거한 교육학과의 변증법적 관련 안에서 개념적으로 극단화된 요소로서 파악하려고 하였다. 그렇지만 그와 관련해서 다시금 문제가 생겨난다. 왜냐하면 사실 타당성의 입장에서 만남을 파악하게 되면 만남의 실존적인 계기를 포기하거나 혹은 그것을 비인격적인 객관성의 의미에서 오해하게 될 가능성이 있다. 그렇지만 우리가 반드시 이러한 맥락에 따를 필요는 없다.

5) 여기에서부터 만남 개념은 보다 폭넓은 의미를 갖게 된다. 구체적인 한 사람 혹은 인간 집단과의 사이에서만 만남이 일어날 수 있는 것이 아니라 지나간 시대와 문화, 문학작품, 정신적 실제들 일반과의 만남 또한 가능하다. 따라서 만남은 학교에서도 중요한 의미를 갖는 문제가 된다. 같은 시기에 베니거(E. Weniger)는 "세대들 간의 정신적 만남 혹은 어린 세대와 정신적-역사적 세계 사이의 도야하는 만남에 대한 이론으로서의 교수학(Didaktik als Lehre von der geistigen Begegnung zwischen der Generationen oder von der bildenden Begegnung zwischen dem Nachwuchs und der geistig-geschichtlichen

Welt.)"[9]에 대해서 이야기하였다. 아울러 1938년에 릿트(Th. Litt)는 특수한 정신적인 상황 안에서, 즉 나치 지배하에서 '역사적인 만남'을 특정하게 강조된 의미에서만 이해하려 하였다. 즉, '민족의 고유성'을 역사 안에서 절대화하고, 낯선 민족들과의 관계는 단지 그 관계 안에서 독일종족의 고유한 특성이 증명되는 한에서만 의미 있는 것으로 용인하려 했던 맥락에서 이 개념을 이해하려 하였다. 즉, 역사적인 만남을 문화적인 접촉을 통해서 다른 유형의 이질적인 문화와의 접촉이 가져올 수 있는 풍부함에 한정해서만 인정하려고 하였다.[10] 그렇지만 여기에서 그와 같은 경향을 자세하게 다룰 필요는 없다고 생각한다. 따라서 그 후에 그러한 맥락에서 이루어진 만남 개념에 관련된 논의들은 더 이상 다루지 않기로 한다.

3. 새로운 만남 개념의 제2단계

1945년 이후에 만남 개념은 새로운 의미로 강조되었으며, 제2차 세계대전의 종결과 나치 통치의 붕괴로 인한 심각한 동요의 영향을 받게 되었다. 일련의 상황으로 인해서 삶은 전반적으로 동요하였고 기존의 모든 질서가 붕괴되고 당연한 것으로 여겨지던 이상들이 흔들리게 되었다. 인간은 종말론에서 예언된 것과 같은 나락으로 떨어졌다. 그럼에도 불구하고 만남이 있는 곳에서는 어떤 실제적이고 그것에 의지해서 동요를 극복하게 되는 확실한 무엇인가를 확인할 수 있었다. 그렇지만 만남이라는 말은 당시의 요구에 너무나도 적절하게 부응하였기 때문에 곧바로 열성적인 유행의 물결에 빠져 들었고 따라서 그 엄밀한 이해가 다시금 모호하게 될 위험에 직면하게 되었다. 그만큼 이 개념을 분명한 의미로 사용하는 것과 무분별한 확장 사이에는 명백한 경계가 없고 서로 매우 근접해 있다고 할 수 있다.

이러한 새로운 언어관용들을 각각에 있어서 세밀하게 추적한다는 것은 쉬운 일이 아니다. 왜냐하면 너무나도 많은 사람들이 만남 개념에 몰두하고 있었으며 어떤 이들은 익명으로 만남 개념을 확산시키기도 하였기 때문이다. 사람들은 스스로 그 말을 사용하면서도 그 분명한 의미나 또는 당시의 새로운 용법에 대해서 의식하지 못하고 있었다. 그러한 상황에 비추어 볼 때 당시의 회의 발표문들이 상세한 문헌 기록으로서 의미 있는 정신적-역사적인 증거 자료가 된다.

새로운 언어관용은 신학에서, 무엇보다도 변증법적 신학의 영역에서 생겨났다. 그곳에서 사람들은 수십 년 전까지는 '종교적인 체험' 이라고 이야기했던 것을 '하나님과의 만남' 으로 자주 또 강조해서 사용하였다. '종교적 체험' 이라는 것은 이와 같은 심각한 동요의 시대 이전까지는 피해야만 할 모호한 것으로, 범신론적인 경향으로 기울어질 위험을 드러내는 것으로 취급되었다. 이에 대해서 '하나님과의 만남' 은 인간이 직면하게 되는 매우 실제적이며 결코 편안할 수 없고 오히려 냉혹하고 돌발적이며 감당하기 힘든 강요로 인간에게 요구해 들어오는 것을 의미한다. 가톨릭의 예를 들면 슈타인뷔헬(Th. Steinbüchel)의 강연, '기독교적 생활태도(Christliche Lebenshaltungen)' 가 그 좋은 예가 될 수 있다.[11]

이러한 종교적인 만남 개념은 가혹하고 강압적이며, 가장 깊은 의미에서 실존적인 특성을 가지고 있다. 왜냐하면 오늘날 사람들은 다른 사람과의 만남과 사람들의 집단과의 만남에 대해서 이야기하기 때문이다. 혹은 어떤 시인이나 그의 시와의 만남에 대해서, 더 나아가서는 풍경과의 만남이나 심지어 기술이나 수학까지를 포괄하는 현실영역 전반과의 만남에 대해서 이야기하기 때문이다. 같은 맥락에서 쿤(H. Kunn)은 보다 넓은 의미에서 '무와의 만남' 이나 '존재와의 만남' 에 대해서 이야기하였다.[12] 그러므로 이를 통해서 언어를 매개로 하는 인간의 이해지평이 변하게 되었다. 어느 정도까지 그 정당성을 인정할 수 있는지 또한 어느 정도까지 가능한지에 대해서는 여전히 의문이 남지만, 만남이 사물을 인간에게로 매개해 주는 실존적인 계기라는 것은 분명하다. 우선 당시의 특별한 전제들이 갖는 실존적인 특징을 파악할 필요가 있다. 왜냐하면 그러한 전제들이 곧바로 실존주의적인 것은 아니기 때문이다.

뿐만 아니라 보다 폭넓은 의미에서 만남을 사람들 간의 만남으로 이해하는 오래고 일반적인 언어관용 역시 새로운 자극의 영향을 받긴 했지만 그대로 지속되고 있다. 이제 이러한 언어관용이 너무나도 넓게 사용되고 있고 관련 연구들도 너무나 많기 때문에 이와 같은 식으로 계속 하나하나 열거할 수는 없다. 여기에서는 몇몇 두드러진 예들을 거론하는 것으로 줄이고자 한다. 과르디니의 논문 「만남, 현존(現存)의 한 구성 요소(Die Begegnung, Ein Beitrag zur Struktur des Daseins)」[13]가 그 좋은 예이다. 또한 모방(Mimischen)과 몸짓(Gestischen)의 측면에서 인간의 자기-만남을 서술한 뷰텐딕(F. J. J. Buytendijk)의 훌륭한 논문 「만남의 현상학(Zur Phänomenologie der Begegnung)」[14]도 여기에 속한다.

발트(K. Barth)[15] 또한 인간의 만남 개념을 고가르텐의 엄밀한 파악과는 달리 앞서와 같은 넓은 의미로 파악하였다. 다음과 같은 표현에서 분명하게 드러난다. "'내가 존재한다.' —현실적으로, 충만하게 '내가 존재한다.' —는 것은, 따라서 다음과 같이 바꾸어 쓸 수 있다. 나는 만남 안에 존재한다. 만남 이전에 내가 미리 존재하는 것이 아니며 또한 그 후에 존재하는 것도 아니다. 부수적으로 존재하는 것도 아니고 이차적으로나 부가적으로 존재하는 것도 아니다. 그렇지만 만남은 나의 내면세계에 근원적으로 처음부터 주어져 있는 것은 아니다. 나는 이러한 만남 안에 있지 않다. …… 오히려 그와는 달리 나는 나의 존재의 근본에 있어서, 그리고 처음부터, 본질적으로 너의 존재와의 만남 안에 있다. 너의 존재의 요청과 이러한 너에 대한 나의 존재의 요청 안에." 그는 여기에서 일반적인 '공존' 을 '만남' 과 동일시하고 이것을 정확하게 네 가지 측면, 즉 눈으로 보고, '서로 이야기하고' , 서로 도와주고, 끝으로 이러한 일들을 좋아하는 것의 네 방향에서 기술하였다. 이것은 일반적으로 만남을 보편적이고 본질적인 의미의 공존, 즉 인간의 사회적인 본성으로부터 도출되는 것으로 이해한 것이며, 이러한 공존의 하나의 특수한 형식(실존적인 의미에서)으로 이해한 것은 아니다. 이와는 달리 우슬라(D. v. Uslar)는 이 개념을 하이데거의 기초존재론에 입각해서 정리하려고 시도하였다. 그는 이러한 맥락에서 만남이 현존재의 본성에 관련되어 있음을 강조하였다. "만남 안에서 현존재는—공공연하게 혹은 은연중에라도—너의 부름과 말 걸어옴을 경험한다. 그 부름을 듣는 현존재는 그 부름에 사로잡혀서 실존으로부터 멀어져 있는 일반적인 존재들에 대해서는 더 이상 전혀 이해할 수 없게 된다. 그러므로 이러한 부름은 본래의 자기 자신에 대한 부름이다."

[16] 이 경우 만남은 다시금 좁게 그 '본래적인' 의미에서 이해되었다고 할 수 있다.

이에 반해서 슐쩨(F. Schulze)는 그의 책『만남 안에 있는 인간』 Der Mensch in der Begegnung에서 매우 일반적으로 정신요법과 관련해서 '만남 이론의 시도(Entwurf einer Begegnungslehre)' [17]를 제시하였다. 바이예(W. v. Baeyer)는 정신병리학 안에서 만남의 세 가지 기본형식을 구분하였다.[18] 인간존재의 의미심장한 기본형식으로서의 만남, 특수하고 의료적인 만남, 그리고 '삶의 숙명적인 불행한 사건에서 초래되는 정신반응적인 교란 요인' 으로서의 만남을 말한다. 그리고 로텐(E. Rotten)은 일반적인 의미에서 '만남으로서의 교육' 을 이야기하였으며,[19] 일곱 가지 측면에서 어린이의 정신적인 활동과 환경의 생동적인 요소들과의 만남을 구분하였다. 즉, 지도자와 지도받는 이들 사이의 만남, 강한 자와 약한 자 사이의 만남, 부모와의 만남, 인간의 내적인 능력들과의 만남, 또래들과의 만남, 새로운 세계에서의 인간 또는 인간 집단과의 만남 등이다. 이와 같은 예들을 통해서 볼 때 이제 만남 개념은 매우 광범위한 영역으로 확산되었음을 알 수 있다. 실제로 인간과 환경의 모든 관계가 만남의 개념 안에서 이해되고 있다.

4. 두 가지 만남 개념의 차이

만남이라는 말이 이와 같이 폭넓게 사용되어 왔음에도 불구하고 이 말의 분명한 의미를 지금까지 알지 못하고 있다는 것은 놀라운 일이다. 우리는 만남에 대해서 많은 이야기를 주고받으며 또 만남의 형식을 구분하기도 한다. 그렇지만 만남이라는 말을 통해 표현해야 하는 것이 무엇인지에 대해서는 묻지 않는다. 그러므로 우리 시대의 언어관용 안에 두 개의 근본적으로 서로 다른 만남의 개념, 즉 좁은 의미의 만남 개념과 넓은 의미의 만남 개념이 동시에 존재한다는 것을 알지 못한다. 넓은 의미의 만남 개념은 만남을 일반적으로 인간과 인간 사이의 정신적인 접촉으로 파악한다. 여기에서부터 가장 넓은 의미의 개념인 현실에 대한 체험으로 확장해 간다. 좁은 의미에서의 파악은 동시적으로 존재하는 다양한 비구속적인 관계들의 가능성 안에서 특수하게 주어진 하나의 특별한 실존적인 접촉으로 생각한다. 또한 외적인 현실과의 실존적인 만남 역시 인간의 실존적인 만남에서와 같은 일들이 그곳에서 일어난다는 점에서 같은 현상으로 이해한다. 이러한 두 개의 의미가 날카롭게 구별되지 않기 때문에, 그리고 어떤 한 의미로 만남 개념을 사용할 필요가 있을 경우에 항상 다른 의미가 어느 정도 함께 섞여서 사용되는 데서 혼란이 초래된다. 다시 말해 만남 개념이 넓은 의미에서 사용될 경우에는 실존적인 요소가 모호해진다. 이 경우 실존적인 성격은 필연적으로 완화되고 실존적이라고 규정할 수 없는 요소들과의 일반적인 관계가 개입하게 된다. 이와 같은 애매성은 앞서의 예들에서 보듯이 종종 언어관용에까지 파고든다.

그와 같은 애매함은 오직 명확하게 개념을 구분함으로써만 배제될 수 있다. 그러기 위해서는 만남 개념을 그 둘 중의 한 의미에서 분명하게 규정해야 하며, 이러한 분명한 파악이 다른 편에도 인식되어야 한다. 넓은 의미로 접촉, 서로 만나서 알게 되는 것, 마주침, 공존, 교제, 교류, 사귐 그리고 그와 유사한 개념들의 수식을 덧붙여서 만남 개념을 사용하는 대신에 함축성 있게 실존적인 의미에 국한해서[20] 사용하는 것이 가장 타당하고 형평성 있는 태도일 수 있다. 따라서 좁은 의미에서의 만남은 언제나 그리고 비슷한 다른 수식을 붙일 필요 없이 실존적인 만남이다. 이와 관련해서 이미 1948년에 메쯔케(E. Metzke)가 그의 『철학사전(Handlexikon der Philosophie)』에서 당시의 넓게 확산된 언어관용을 파악하려고 시도하면서 적절하게 규정한 바 있다. 그는 만남을 다음과 같이 정의하였다. "최근에 철학과 신학 안에 등장한 개념으로서 그 자신의 핵심에 있어서의 인간의 현실과의 만남을, 그리고 그러한 현실에 대해 그 스스로 독자적으로 살아갈 수 없음을 자각케 하는 개념이다." 그는 또 계속해서 "만남은 이러한 의미에서 인간의 존재와 생성을 근원적으로 제한한다."[21]고 서술하였다.

5. 실존적인 만남 개념

따라서 우선은 이 개념을 좁은 의미에서 가능한 한 분명하게 규정하는 것이 중요하다. 그 후에 만남 개념의 정신과학적인 적용과 특별히 교육학적인 적용의 가능성을 모색할 수 있다. 이와 관련해서 우리는 될 수 있는 한 좁게 있는 그대로의 언어관용을 고찰하려고 한다. 여기에서는 보다 쉬운 이해를 위해서 다른 사람과의 만남이라는 정신적인 과정을 공간적인 사건의 형태로 상징적으로 묘사하고자 한다. 두 척의 배가 반대 방향에서 와서 서로 비켜 갈 때 우리는 두 배가 항해 중에 만난다고 이야기한다. 여기에서 중요한 것은 두 배가 움직이고 있다는 점이다. '등대와 배가 만난다' 고 이야기하지는 않는다. 등대는 고정되어 있기 때문이다. 이 경우에는 '배가 등대를 지나간다' 고 이야기한다. 또한 우리는 거리에서 다른 사람을 만난다. 마찬가지로 우리는 길을 가다가, 또는 회사에서 우연히 어떤 사람을 만난다고 이야기할 수 있다.

이러한 간단한 예들에서 이미 두 가지 사실을 확인할 수 있다. 그 중 하나는 배의 경우에서 가장 분명하게 드러난다. 만남에는 언제나 '마주 향하여' 가 포함되어 있다. 나는 나를 향하여 다가오는 다른 움직임과 마주친다. 두 번째의 것은 거리에서의 두 사람의 만남에서 가장 잘 드러난다. 내가 누군가와 미리 약속한 경우나 혹은 내가 그를 찾다가 만난 경우에는 참된 만남이라고 할 수 없다. 그 경우에 나는 그와 마주치기는(treffen) 하지만 그를 만나는(begegnen) 것은 아니다. 나에게 엄습해 오는 만남은 언제나 나의 계획과는 무관하게 우연히 일어나는 예측할 수 없는 사건이다. 그리고 바로 여기에서 현실이 갖는 고유한 특성이 드러난다.

이러한 사실은 만남을 다른 경우에 적용할 때, 즉 어떤 다른 사람과의, 신과의, 시와의 만남에 대해서 이야기할 때에 중요한 의미를 갖게 된다. 만남은 언제나 그가 예측하지 못했던 어떤 것과 부딪치는 것이며, 보다 더 운명적으로 맞닥뜨리는 것이다. 그가 이때까지 기대했던 것과는 전혀 다른 어떤 것, 그에게 새로운 방향을 향하도록 강요하는 것과 맞닥뜨리는 것이다. 이러한 의미에서 만남은 앞서 규정한 것처럼, 한 사람이 지금까지 그의 발전의 경로로부터 이탈하게 되고 새로운 시작을 강요당하는 비연속적인 사건으로서의 성격을 분명하게 내포하고 있다.

이와 관련해서 만남 개념의 반관념론적이고 반주관주의적인 특성도 분명하게 드러난다. 즉, 만남은 법칙에 따라 전개되는 과정이 아니다. 오히려 만남은 그가 마주치게 되는 낯선 현실이다. 그와 타협하는 현실이 아니라 그에게 대항하는 현실이다. 따라서 만남은 언제나 동일한 무게를 지니고 서로 충돌하는 두 개의 현실을 포함한다. 그렇기 때문에 만남은 참으로 단호하고 준엄하며 불가피하다. 우리는 우리가 맞닥뜨리는, 그리고 회피할 수 없는 현실과의 만남 안에서 '동요한다' 는 말의 참된 의미를 경험하게 된다.

만남의 그와 같은 특징에 대해서 언젠가 릴케(R. M. Rilke)가 '고대 아폴로의 동상(Archaischen Torso Apollos)' 을 바라보면서 분명하게 이야기하였다. 입상이 주는 위력감에 압도되어서 그는 다음과 같이 외쳤다. "참으로 당신이 볼 수 없는 곳이란 어디에도 없다! 새롭게 살아야 하리라!"[22] 동시에 만남 안에서 그 사람에게 마주 오는 요구의 무한함을 분명하게 표현하고 있다. 그는 "그 자신의 삶을 바꾸어야만 하는 것이다." 부족하게 여겨지던 지금까지의 삶이 만남 안에서 근본적으로 전환되는 것이다. 이와 관련해서 다음과 같은 중요한 요소가 부각된다. 만남은 만남의 당사자에게 그가 무엇을 해야 하는지에 대해서, 그리고 어떤 방향으로 그의 삶을 전환해야 하는지에 대해는 말하지 않는다는 것이다. 만남은 다만 그를 자신에게로 돌아가게 하고 새로운 결단을 요구할 뿐이다. 이처럼 만남을 실제적인 측면에서 상세하게 서술할 때 그 실존적인 성격이 자연스럽게 드러난다.

만남에서 인간은 스스로를 시험하게 된다. 그가 만나는 상대방의 힘 앞에서 그는 자신에게 참된 것이 무엇인지를 결단한다. 이 충격에서 그는 스스로를 지켜 내야만 한다. 자신을 지켜 낼 수도 있지만 파멸할 수도 있다. 그러므로 만남은 그의 고유함에 대한 시험이다. 보다 자세히 말하면, 미리 그에게 주어져 있던 실체가 만남에서 그 앞에 드러나는 것이 아니라 만남 안에서 인간은 비로소 그 자신이 된다. 우리가 자아 혹은 실존으로 지칭하는 인간의 궁극적인 핵심은 근본적으로 독립적인 나 안에서 파악되는 것이 아니라 언제나 오직 만남에서만 파악된다. 오직 너와의 만남을 통해서만 인간은 그 자신으로 된다. 만남은 한편으로는 압도해 오는 어떤 강력한 힘이다. 따라서 즐겁고 마음 내키는 일이기보다는 오히려 암담하고 위협적인 것이다. 그러므로 만남 앞에서 우선 뒤로 물러나고 회피하려고 하며 지금까지 확실한 것으로 생각했던 바에 집착하려는 것은 당연한 일이다. 만남이 성취되려면 만남에 직면한 그 사람 자신에 의해서 받아들여져야만 하고 스스로의 자유의지에 따라 수용해야만 한다. 그런 의미에서 만남은 그의 전적인 투입을 요구한다.

그러므로 과르디니가 결단과 시험으로 강조하였던 특징이 여기에서 만남의 본질로 드러난다. 이와 같은 의미에서 우리는 만남이 엄밀한 의미에서 실존적인 범주에 속한다고 이야기할 수 있다. 그리고 이와 같은 궁극적인 핵심과 관계하는 한에서만 우리가 강조하는 의미에서의 만남이 성취될 수 있다. 여기에서 만남이라는 사건의 특징적인 형식이 분명하게 드러나고 인간의 자기형성에 있어서 결정적인 요소가 나타난다. 동시에 이것은 만남의 개념을 엄밀한 의미로 한정할 수 있는 근거가 된다.

이것은 특히 다른 사람과의 만남을 이야기하는 순수한 만남의 경우에 있어서 타당하다. 모든 임의의 인간의 접촉이나 인간의 맞닥뜨림이 그와 같은 만남이 되는 것은 아니다. 엄밀한 의미에서의 만남은 비교적 드물고 그러면서도 결정적인 사건이다. 거기에서 다른 어떤 사람이 그의 핵심으로 부딪쳐 오고 지금까지의 모든 삶이 그 계획들과 기대와 더불어서 동요하게 된다. 전혀 새로운 어떤 것이 시작되는 것이다. 오직 이와 같은 숙명적인 것이 한 사람을 덮쳐 오는 때에만 우리는 진정한 의미에서 만남을 이야기할 수 있다.

실제로는 분명하게 구별되는 여러 가지를 포괄적으로 함께 파악할 때 의미가 혼란스러워진다. 즉, 만남 그 자체와 거기에서 파생되는 삶의 관련 요소들을 뭉뚱그려 생각하는 데서 혼란이 생겨난다. 만남은 비록 어느 정도는 미리 예비할 수 있다고 할지라도 번개처럼 우리에게 덮쳐 온다. 만남은 앞에서 이야기한 바와 같이, 우리를 근본에 이르기까지 동요시키는 돌발적인 사건이다. 엄밀하게 말해서 이러한 만남은 시간을 초월하는 사건이다. 그렇지만 넓은 의미에서는 연속적인 삶 속에서도 만남이 이루어질 수 있다. 사랑, 우정, 혹은 스승과 제자의 관계 등과 같은, 심지어는 궁극적으로 깊은 내면에 뿌리박은 증오와 같은 경우에도 만남이 가능하다. 만남은 처음에는 인간을 강압적으로 억누르고 숨 막히게 한다. 그렇지만 만남은 근본적으로, 비록 만남의 본질적인 요소와는 별개이지만 부버가 은총으로 표현한 다른 사람과의 행복한 관계를 만들어 내는 통로이다.

1. 만남 개념의 확장

지금까지의 고찰에서 우리는 만남을 어떤 구체적인 다른 사람과의 관계로서 인간과 인간 사이에 일어나는 것으로 파악하였다. 이러한 의미의 만남 개념은 부버에 의해서 도입되었고 지금까지의 논의에서도 이러한 측면에 비중을 두고 살펴보았다. 그렇지만 만남 개념은 곧 매우 폭넓게 이해되었으며, 오늘날에는 모든 대상에 적용될 정도로 확장되었다. 그렇지만 이 개념을 실존철학적인 엄밀함을 유지하면서도 어느 정도까지 넓은 범위에 적용할 수 있는지는 여전히 해결되지 않은 문제로 남아 있다. 그러나 여기에서는 그와 같은 확장 가능성에 대한 포괄적인 문제는 접어 두고자 한다. 그 대신 모든 경우에 있어서 그와 같은 전용이 타당하다고 평가할 수 있는 한 가지 범주, 즉 정신적-역사적인 세계 안에서의 만남에 한정해서 고찰하려고 한다. 왜냐하면 정신적-역사적 범주 안에서는 살아 있는 다른 사람과의 만남뿐만 아니라 오래전에 살다 간 역사적인 인물이나 현실적으로 존재한 적이 없는 문학작품 속의 인물, 예술작품이나 철학적 체계와의 만남에 대해서도 의미심장하게 논의할 수 있기 때문이다. 다만 그 경우에는 두 사람 사이의 상호적인 관계 대신에 역사적인 간격 안에서 한편으로 밀려나 있는, 그리고 단지 그의 작품을 통해서만 이야기하는 만남의 한편과의 일방적인 관계가 들어서게 된다. 그럼에도 불구하고 인간의 깊은 내면을 동요케 하는 참된 의미의 실존적인 관계가 존재한다는 점은 분명하다. 그러한 예로 이미 앞에서 '고대 아폴로의 동상' 에 관한 릴케의 시를 인용한 바 있다. 마찬가지의 맥락에서 정신적인 범주 안에 속하는 다른 예들에 대해서도 만남과 관련하여 의미 있게 논의할 수 있다.

2. 서로 모순되는 다양한 역사적 가능성들 안에 살아가는 인간

지금까지 정신과학이 철학적으로 체계적인 공격을 거의 받지 않았다는 점을 생각한다면 이와 같은 의미의 만남 개념은 정신과학에 대한 근본적인 문제 제기가 될 수 있다. 따라서 만남의 교육학적인 의의를 논하기에 앞서서 우선 정신과학에 있어서의 그 의미를 분명하게 하는 것이 중요하다. 정신과학에 있어서도 만남의 문제는 실존적인 사유와 연결된다. 그리고 이와 같은 만남에 의해 본래 낭만주의에서 유래된 정신과학의 눈으로 볼 때에는 근본적으로 낯선 하나의 새로운 계기가 도입된다는 점에서 그 의의를 찾을 수 있다. 열정적으로 이루어진 발견들과 그에 수반되는 즐거움들이 19세기를 통해 급격하게 확산되면서 서로 다른 시대의 사람들과 서로 다른 민족들이 만들어 낸 모든 것들이 이해할 수 있는 현상으로 받아들여졌다. 모든 것이 있는 그대로 그 고유성을 인정받게 되었으며 동등한 가치로 평가되었다.

그러나 곧 비판이 제기되었다. 필연적인 결과로서 인간의 정신세계가 조화롭게 통일되어 있지 않다는 것을 알게 되었기 때문이다.

정치사를 꿰뚫고 흐르는 끝없는 고통과의 투쟁과 긴장을 제쳐 놓더라도 순수한 정신사 안에 나타나는 모순적인 대립들을 결코 배제할 수 없었기 때문이다. 서로 다른 종교들 사이에도 각기 배타적인 진리를 요구하는 모순이 존재한다. 서로 다른 철학들과 학문들의 세계관, 예술에 대한 이해, 정치적 이념들 사이에 모순이 존재한다. 그리고 인간은 이러한 모순의 한가운데 서 있다. 자기민족과 당대의 문화만을 알고 있는 경우에는 문제가 비교적 단순하다. 왜냐하면 그 경우에는 오직 제한된 몇 개의 모순에만 직면하기 때문이다. 그렇지만 그가 역사적인 지식 전반에 접하는 순간 상황은 완전히 달라진다. 이른바 역사주의의 문제가 대두된다. 서로 모순되고 대립되는 이 양상들 속에서 어떤 태도를 취해야 하는가? 니체에 의해서 처음으로 이러한 역사적인 지식이 과연 '이익' 인지 아니면 '손해' 인지에 대한 근심스러운 의문이 제기되었다. 역사적인 지식이 인간의 가장 내적인 핵심을 뒤흔들어 놓았기 때문이다. 단순히 모든 가능성들에 대해서 한없이 몰두하는 것은 인간이 미지의 세계 속으로 빨려 들어가서 소멸되어 버리도록 만들기 때문이다. 다양한 가능성들 속에서는 그 자신에게 진정한 의미를 갖는 어떤 것도 찾을 수 없다. 따라서 그것을 통해서 그가 그 자신으로 될 수 있었던 하나마저도 상실하게 된다. 우리는 여기에서도 실존철학적인 특성을 확인할 수 있다.

만약 모든 것들을 같은 애정으로 대하려면 자신의 입장을 포기해야 한다. 모든 것들이 나에게 같은 의미로 다가서며 인간 정신의 모든 구경거리들이 내 앞에 펼쳐진다. 그렇지만 내가 모든 것을 같은 애정으로 대하는 한 그것들은 단지 구경거리일 뿐이다. 횔더린(F.

Hölderlin)과 괴테(Goethe), 셰익스피어(Shakespeare)와 단테(Dante), 호머(Homer)와 릴케(Rilke), 예수와 석가 등 서로 다른 문화에 속하는 이들이 모두 구경거리에 지나지 않게 된다. 이와 같은 이름들을 열거하는 곳에서 거기에는 이미 어떤 서열이 있을 수 없음을 안다. 우리는 '~와(und)' 라는 단순한 말로서는 많은 차이들을 표현할 수 없다. 내가 그중의 어떤 하나를 실제로 나의 것으로 삼을 때 그것은 단순한 구경거리로 머물지 않고 내 삶의 근거가 되며 진정한 의미의 나 자신의 것이 된다. 그 경우 나는 필연적으로 어떤 입장을 취하게 되며, 다른 어떤 것이 같은 식으로 나 자신의 것이 될 수 있는 가능성은 사라지게 된다. 상이한 인간 정신의 가능성들은 서로 조화롭게 하나를 이루는 것이 아니라 서로 모순되는 위치에 있기 때문이다. 이것이 인간의 정신세계를 그토록 위협적으로 만든다. 인간의 정신세계는 서로 연결되어 쉽게 한 지점에서 다른 곳으로 건너갈 수 있는 평지가 아니다. 오히려 깊은 협곡으로 갈라진 화산지대와 같아서 어떤 한 장소로부터 다른 곳으로 이동하는 것이 불가능하기 때문이다.

3. 태도 결정의 불가피성

인간의 공동생활에 있어서 이해한다는 것은 모두 이미 용서한다는 것을 의미한다. 이것은 인간의 이해능력이 그의 윤리적인 판단의 단호함을 위태롭게 한다는 것을 말한다. 이러한 사실은 실제로는 확대된 이 격언에서 보는 바와 같이 그렇게 단순한 것이 아니다.[1] 그것에는 본질적인 어려움이 따르며, 그러한 곤란은 정신세계의 이해에 있어서도 마찬가지로 대두된다. 그렇다면 낯선 세계를 이해함에 있어서 본질적인 것이란 무엇인가? 정신사적인 고찰은 개별적인 차이를 발견하는 것으로 너무 쉽게 빠져 들고, 그 외적인 차이들에 만족한다는 점이 문제이다. 사람들은 다양한 양식들과 민족성, 세계관과 개성의 특성들에 빠져 들며, 지도를 펼치듯이 인간이 가진 다양함을 확장해 가면서 그 다양성을 즐긴다. 그러한 형식의 다양성에 대해서 흥미를 느끼는 순간에 본질적인 것은 이미 망각되고 만다. 너무나도 본질적인 것이어서 그 앞에서 모든 형식의 다양성들이 무의미하게 되고 마는 무한한 책임을 수반하는 관계와 거기에서 비롯되는 요청이 그 예이다.

그러므로 정신적인 형상에 관한 모든 이해는 비본질적인 것이라고 할 수 있다. 그것을 이해해도 내면의 가장 핵심적인 본질에 아무 영향이 없거나 혹은 어떤 정신적인 현상을 이해하는 것이 하나의 결정적인 통찰을 이끌어 내지도 않을 때는 그렇다. 그리고 우리의 삶 전체에 이 새로운 통찰에 영향을 미치지 않을 때도 그러한 이해는 비본질적이다. 반대로 인간이 궁극적인 입장을 취하는 그때에 이해는 비로소 그 궁극적인 가능성을 열게 되며, 비로소 인간은 진실로 대상의 깊은 내면과 연결된다. 그 안에서 나의 가치판단이 동시에 수행되지 않는 이해는 없다. 가치판단이란 참으로 내가 그 안에서 입장을 취하는 절대적인 의미에 있어서의 가치판단이며 나 자신이 정신적인 세계 안에서 하나의 아주 확고한 입장을 취하는 것을 의미한다. 최근에 프랑스 철학은 여기에 대한 적절한 개념으로 참여(engagement)의 개념을 이끌어 내었다. 이 개념은 매우 잘 선택되었다고 본다. 왜냐하면 이 개념은 나 자신을 사실에 투입시키고 나를 그 사실에 의무 지울 뿐만 아니라 동시에 나를 어떤 것에다 정착시키며 거기에서 확고한 입장을 취하게 만들기 때문이다. 이러한 과정을 통해서 비로소 나 자신을 그 입장에 관련시키며, 구경거리로서의 정신사가 중단되고 참되고 책임 있는 현실이 된다.

이해가 이해하는 자의 입장에 얽매여서 동화될 때 비로소 정신사적인 이해는 궁극적이고 참된 이해가 된다. 모든 이해는 그와 같이 어떤 것에 대한 동화—또는 거부—이다. 이처럼 순수하게 해석적인 이해와 실제적이고 내면적인 동화 사이에서 정신과학적인 방법에 있어 전혀 새롭고 지금까지 제기되지 않았던 문제가 대두된다.

4. 이해와 가치판단

여기에 대해서 우선 간단하게 문제를 제기해 보자. 이해와 가치판단은 어떤 관계이며, 또한 이해와 입장은 어떤 관계인가?[2] 어떻게 이 두 가지를 적절하게 함께 논의할 수 있는가?

얼른 보기에 대답은 매우 단순하게 보인다. 우리는 종종 하나의 사실에 대해서 이야기할 때 먼저 이해하고, 그 다음에 거기에 대해 평가를 내린다고 말하곤 한다. 지적인 동화(同化)의 과정이 우선적으로 완결되고 난 후에야 그 토대 위에서 구속력 있는 판단이 이루어질 수 있다는 것이다. 이것은 순수하게 이론적으로 인식하는 자와 그러한 이론적인 인식에 기초해서 가치를 판단하는 자를 구분하는 입장이다. 이러한 입장은 얼른 보기에 매우 납득할 만한 것이어서 정신과학의 엄밀한 학문적인 성격은 오로지 그와 같은 입장에 기초해서만 성취될 수 있는 것처럼 보인다. 이러한 입장은 후에 학문적 엄밀함에 대한 논의로, 특히 막스 베버(Max Weber)에게 있어서는 순수성으로 발전하였다.[3] 그리고 현대 철학에서는 앞에서 살펴보았듯이 야스퍼스에 의해서 깊이 탐구되었다.

그럼에도 불구하고 이러한 생각은 그 학문적인 의도를 제대로 존중하더라도 학문적으로 매우 소박한 견해라 할 수 있다. 이러한 견해는 정신과학의 대상에 자연과학적인 방법을 채용함으로써 성립한 것이다. 즉, 인식에 앞서 미리 주어져 있는 조건을 엄밀하게 인식하지 못한 데서 초래된 결과이다. 따라서 이러한 결과는 바르게 암시된 이해의 토대들이 부당하게 단순화되고, 그리하여 본질적인 논란거리들이 배제되어 버렸음을 의미한다. 근본적으로 정신과학에 있어서는 정서와 무관한 이해란 없다. 왜냐하면 현재의 표현 속에 포함된 의미에 관한 단순한 파악은 필연적으로 언제나 전이해(前理解, Vorverständnis)에 기초해서 이루어지기 때문이다. 그리고 이러한 전이해에는 이미 순수한 정서적 가치판단이 포함되어 있다. 이와 관련해서 근원적인 가치판단과 그 이후에 명료한 의식 안에서 수행되는 결단사이의 관계가 문제로 제기된다.

쉘러(M. Scheler)가 처음으로 이 문제를 사랑의 힘에 대한 고찰을 통해서 해명하였다. 우선 사랑이란—미움도 마찬가지이지만—다른 어떤 인간을 이해할 수 있는 본질적인 것이라는 점을 인정하였다.[4] 사랑하는 사람은 상대방의 가치를 알기 때문에 사랑하는 것이 아니라 오히려 그가 오직 사랑하기 때문에 그 사람의 모든 가치 있는 특징들을 발견할 수 있다. 그와 같은 특징들은 감정적인 중립이나 순수한 이론적인 고찰에서는 드러나지 않고 감춰져 있을 수밖에 없는 것들이다.

이와 관련해서 하이데거는 모든 이해가 그 이해하는 대상에 대한 정서를—일방적이고 단편적인 형태로—수반할 수밖에 없음을 서술하였다.[5] 명백하게 이론적으로만 수행되는 고찰은 실제로 인간이 근본적으로 정서에 물들어 있다는 것을 파악해 내는 데는 '무기력한 이해의 양식' 에 지나지 않는다.

그러므로 한 시대(der Zeit)와 그 시대에 속한 문제에 대해서 특정한 정서에 관련된 입장을 취한다는 것은 불분명하게나마 어떤 세계관을 표명하는 것과 같다. 우리는 그러한 세계관 아래서 모든 것을, 즉 세계 이해와 삶의 이해, 일반적인 가치판단이나 태도 또는 새로운 앎에 이미 수반되어 있는 해석들을 이해한다. 이러한 세계관은 대상을 파악함에 있어서 언제나 모든 것들을 하나의 고정된 방식으로 인도해 간다. 그럼에도 불구하고 세계관이 미치는 영향은, 소박한 견해들에 의해서 혼란으로 간주되고 배제되곤 한다. 반대로 이러한 세계관을 무비판적으로 수용할 경우에는 혼란이 초래될 수 있다. 또 다른 한편으로는 세계관이야말로 대상을 그 깊은 곳에까지 이해할 수 있게 하는 결정적인 기관(Organ)이기도 하다. 따라서 이러한 측면을 무시하려 하거나 또는 보잘것없는 것으로 간주해서 도외시하는 것은, 비록 그것이 방법론상의 정연함을 확보하기 위한 것일지라도 인식론적으로는 무비판적인 태도이다.

이 문제를 여기에서 하나하나 구체적으로 논의하지 않더라도 가치중립적으로 이루어지는 인식과정과 후에 그것에 기초해서 성립되는 입장을 분리해서 생각하는 것이 불가능하다는 것은 분명하다.

최초의 이해 행위 속에 이미 가치판단이 포함되어 있고, 이해하는 행위 자체를 포기하지 않고서는 가치판단에서 벗어날 수 없기 때문이다. 만약 정신과학의 학문적인 성격을 정서와의 관계를 배제하고 정초하려고 한다면 그러한 학문은 다만 개별적인 사실들의 가치중립적인 확정에 지나지 않을 것이다. 그러나 이러한 사실의 확정이 정신과학의 고유한 대상 영역은 아니라 하더라도 학문적인 작업에 있어서 과소평가될 수 없는 전제라는 것은 분명하다. 오히려 정신과학의 대상이 정신적인 세계의 내용들로부터 관찰된다는 점에서 만약 그러한 대상에 대한 개략적인 파악조차도 불가능하다고 한다면, 정신과학의 본래적인 과제는 학문적인 수단으로는 해결할 수 없는 것이 된다. 우리가 정신과학의 대상으로 일컫는 것들은 비록 매우 가치 있는 활동이기는 하지만 과학적인 성과는 아니다. 과학이라는 명칭은 잘못 붙여진 것이고 소위 정신과학의 과제는 과학적인 방법으로는 성취될 수 없는 것이다. 정신과학에 대한 이러한 파악은 여기에서 새롭게 제시하는 것이다.

5. 세계관과 학문의 정신

정신과학의 학문적인 성격을 규정함에 있어서 과학성을 중시하여 사실규명에 초점을 맞추는 입장에 반대한다면 객관적인 과학의 옹호자들과 상반되는 입장에 서게 된다. 그 경우 필연적으로 다음과 같은 추론에 이르게 된다. 먼저 가치를 평가하고 그 다음에 이해한다. 이것은 다음과 같은 것을 의미한다. 모든 이해는 그에 선행하는 가치판단에 불가피하게 연결되어 있다. 구속력 있는 인식을 위한 확고한 입장정립은 단지 추상적으로만 가능할 뿐이다. 모든 전투적인 세계관(militanten Weltanschauung)들이 이러한 입장을 취한다. 그리고 이와 같은 가능성은 사변적으로 탐색할 필요 없이 오래지 않은 과거에 역사적인 사실로서 존재했었으며, 수용을 강요했었다.*

그렇지만 그와 같은 요청을 무비판적으로 수용할 수는 없다. 왜냐하면 그것이 불가능하다는 것이 곧바로 드러나기 때문이다. 이 입장 역시 잘못된 것이며 첫 번째 입장에 비해서 아마도 더욱 숙명론적이라고 할 수 있다. 그 경우 모든 정신과학은 정서의 우발성과 고유한 내적 전제에 임의로 끌려다니게 된다. 이해의 객관성에 대한 의지, 즉 그 자신이 행한 이전의 판단에 대하여 언제나 다시금 비판적인 태도를 유지해야 하는 학문의 보편적인 성격에 대한 의지는 무의미해진다. 의견이 의견에 대립되고 결국은 취향의 차이들은 하나로 통일될 수 없다는 결론에 이르게 된다. 이성적으로 서로 이야기를 주고받을 수 있는 공동의 기반이 존재할 수 없게 되는 것이다.

그러나 이렇게 극단적으로 이야기할 필요는 없다. 왜냐하면 어떤 사람이 다른 사람을 이해하는 데 있어서 특정한 세계관적인 입장에 선다는 것이 반드시 학문적인 인식에서 벗어나는 것은 아니기 때문이다. 어떤 토대 위에서 생각한다는 것은 인간의 본질에 속하는 것이다. 그리고 그것에 기초하지 않고는 진정한 인식의 가능성, 즉 인식하는 사람에 독립적으로 마주 서 있는 현실을 인식하기는 불가능

* 히틀러 치하의 나치시대를 의미한다.

하다. 어떤 확고한 입장, 고정된 정서적인 입장 또는 가치판단에 인도된 시각으로 특정한 역사적인 자료에 접근하는 경우에는 대상을 그 참된 내면으로부터 파악하는 것이 불가능하다. 어떤 중요한 철학자나 혹은 위대한 시인을 인식하는 경우를 예로 들 수 있다. 그 경우 대상에게서 발견하게 되는 것은 이미 자신이 가지고 있었던 생각의 반영에 불과하다. 기존의 자신을 거기에서 다시 확인하는 것이며 또한 현재 거기에 있는 것을 회피하고 거짓된 것으로 무시해 버리는 것이다. 그 경우에는 근본적으로 그의 인식을 풍부하게 할 수 있는 어떤 새로운 것도 발견할 수 없다. 더 자세히 말하면 그의 이해의 생산성에 불을 붙일 수 있는 참다운 현실의 모순을 발견하는 것이 아니라, 그가 확실하게 간직하고 있는 세계관의 감옥 속에 갇혀 있는 것이다.

그러므로 구체적인 이해 과정에 앞서 존재하는 기존의 입장을 고수할 때에는 참다운 이해가 불가능하다. 정신과학 안에 실제로 미리 주어져 있는 성과인 사실(Tatsache)에서부터 출발할 경우에 진정한 이해의 가능성이 드러난다. 그리고 그러한 사실의 바탕 위에서만 정신과학이 세워질 수 있다. 따라서 학문적인 측면에서뿐만 아니라 이해하는 존재로서의 인간 일반에게 있어서도 변하지 않는 확고부동한 세계관적 입장이란 허용되지 않는다. 그러한 확고한 세계관적 입장에서는 폭넓은 정신적-역사적인 세계로의 통로가, 특별히 여기에서는 정신과학으로의 통로가 처음부터 막혀 버린다. 여기에서 이야기하는 것은 무반성적인 소박한 확실성이 아니다. 그러한 소박한 확실성과 관련해서는 학문으로의 길이 언제나 닫혀 있다. 학문 안에는 어떤 확실한 입장도 있을 수 없으며 불변의 입장이란 오직 학문에 대한 배신일 뿐이다. 이와 같은 결론은 삶에 대해 자기 스스로 거리를 두고 자율성을 주장하는 학문적인 입장에서 비롯된 것이라기보다는 완전히 그와 정반대라고 할 수 있다. 이것은 학문의 자기비판에서 비롯된 것이다. 적어도 정신과학에 있어서는 각각의 개별적인 인식이 인간의 궁극적인 진리에 여러 갈래로 연결되어 있음을 인정하는 것이다. 또한 이러한 궁극적인 진리는 소유되는 것이 아니라 언제나 새롭게 제기되는 물음의 형식으로만 성취하게 된다는 것에 대한 깨달음이다. 우리는 진리를 소유하는 것이 아니라 오직 진리를 향해서 모험을 감행할 수 있을 뿐이다.

지금까지의 논의를 요약하면, 이해란 그러한 이해에 기초한 태도의 결정 이전에 생기는 것이 아니다. 이 경우에는 가치중립성을 표방하는 학문의 오만이다. 또한 이미 구체적인 이해의 경험보다 앞서서 완성되는 입장이라는 것도 있을 수 없다. 이 경우에는 폐쇄적인 세계관의 오만이라고 할 수 있다. 이해와 관련해서는 일반적인 의미의 앞과 뒤가 있을 수 없다. 다만 가치판단적인 이해의 구체적인 과정은 동시에 이루어진다. 실제로 궁극적인 것이 문제되는 곳에서—우리가 오직 이것에 대해서만 이야기하는 것은 정신과학의 모든 것이 이것과 관련되기 때문이다.—나는 오직 스스로 그것에 대해 의문을 제기하고 감행함을 통해 경험하게 되는 것들을 이해할 수 있을 뿐이다. 지금까지의 나의 모든 세계관을 폐기하도록 강요하는 것들을 이해할 수 있을 뿐이다. 그렇다고 해서 이것이 곧 나 자신의 어떤 고유한 관점도 가질 수 없고, 어쩔 수 없이 언제나 논구의 대상이 되는 저자의 손에 맡겨지거나 풍향계처럼 나의 확신이 언제나 저자에 따라서 달라짐을 의미하는 것은 결코 아니다. 그러한 생각 또한 이해의 통로가 되는 과거의 — 혹은 현재의 — 위대한 상(Gestalt)과의 정신사적인 만남을 완고하게 곡해하는 것이 된다.

6. 정신과학적인 만남 개념

우리는 이러한 맥락에서 정신과학적인 만남을 개념적으로 확정하고자 한다. 그리고 그렇게 확정된 개념에 기초해서 이미 교육학의 정초로 작용하고 있는 정신과학의 철학에 대해 이야기하려 한다. 이러한 작업을 통해서 정신과학적인 이해의 문제와 교육학적인 문제설정을 위한 보다 발전된 이해를 획득하고자 한다. 새로운 과학 이론적인 입장은 다음과 같은 사실을 의미한다. 다만 인간관계에서뿐만 아니라 순수한 인식활동에 있어서도 핵심을 파고드는 이해는 만남에서 비롯된다는 것을 주장하는 것이다. 다시 말해 실제로 궁극적인 내면에까지 파고드는 진정한 이해는 한 사람의 정신적인 현실의 깊은 곳에서 다른 사람의 대립적인 현실과의 내면적인 접촉인 만남에서 비롯된다는 것이다. 여기에서는 이러한 접촉을 간략하게 실존과 실존의 접촉으로 이야기하고자 한다. 이것은 확실히 핵심적인 요소이다. 그리고 이러한 핵심으로부터 이제까지 단순한 수공업적인 성취로 이해되었던 것이 정신과학 안에서도 가능하다는 것을 확인하였다. 참으로 만남은 지금까지 논의한 이해과정과 상관없이 발생하는 것이 아니라 처음부터 이해와 불가분으로 결합되어 있다. 여기에서부터 정신과학의 방법론적 논의에 있어서 핵심적인 물음인 만남의 본질에 대한 물음이 생겨난다. 우리가 앞에서 구체적인 다른 사람과의 만남의 특징으로 밝혀낸 것들이 여기에서 여러 번 반복되어 언급될 것이다. 또한 앞서의 결과들이 이 새로운 문제에도 도움이 될 수 있을 것으로 생각한다.

만남은 오직 만남의 양편, 즉 이해하는 자와 이해되는 자 모두가 만남에 대해서 진지한 경우에만 가능하다. 역사 안에서 이해하는 자가 하나의 다른 상과 마주치는 경우에 그 마주침의 무조건적인 요청의 강제 앞에서 다른 모든 것들은 배경으로 침몰해 버리고 만다. 이해의 상대방 역시 요구에 부응하여 이해의 다른 편으로서 스스로 아무런 보장 없이 만남에 자신의 전부를 내놓을 준비를 갖추게 된다. 모든 위험을 무릅쓰고 이러한 만남 앞에 그 자신의 무력함을 개방한다. 따라서 이러한 모험은 그냥 주어지는 것이 아니다. 오직 거리낌 없는 대결 안에서만 이해하는 자는 그 자신이 된다. 그리고 이러한 대결을 피하려고 시도하는 곳에서 그는 비본질적인 현존들의 혼돈스러운 땅 밑으로 희망 없이 침몰한다. 이해하는 자와 그 상대방 양자는 동일한 불가분의 사건 안에서 고유한 그 자신을 획득하게 된다. 그리고 이러한 만남의 길을 제외하고는 고유한 자아에 도달할 수 있는 다른 가능성은 없다.

따라서 만남 안에서 스스로를 성취하는 이해는 위기와 동떨어져 있는 관찰과는 전혀 다르다. 무엇보다도 정신적인 세계와 관련된 일의 경우에는 더욱 그렇다. 만남은 오히려 우리가 추구하지 않은 곳으로부터 오며, 어떤 의도적인 노력으로도 만들어 낼 수 없는 숙명적인 요소를 가지고 있다. 내면으로 깊이 파고드는 이해는 오직 스스로 드러나는 가능성을 움켜 잡음으로써만, 그리고 그러한 가능성의 인도를 받는 경우에만 성취될 수 있다. 자기를 드러내는 그와 같은 가능성은 오직 만남의 모험 안에서만 찾을 수 있다.

그렇다면 그와 같은 만남의 참됨을 피상적인 관심과 구별할 수 있는 기준은 무엇인가? 그런데 이러한 문제제기는 무의미하다. 왜냐하면 우리가 앞서 논의한 이해는 외적으로 미리 주어진 준거에 의해서 인식되는 것이 아니라 오직 실제적인 만남 안에서만 빛을 발하기 때문이다. 참여는 결코 피할 수 없는 것이다. 그러므로 진리는 이미 일반적인 이해의 행위 안에서 공통적으로 드러난 바와 같이 이해하는 자나 이해되는 자 한쪽 편에만 속하는 것이 아니다. 그보다는 모든 현실체험이 본질적으로 그러하듯이 오직 실제적으로 체험하는 접촉 안에 놓여 있다. 객관적인 준거를 거부하는 것이 주관적인 모호성으로 도피하려는 것을 의미하지는 않는다. 오히려 모든 주관적인 의지를 수포로 만들어 버리는 절대적인 경험 대상으로서의 정신적인 실재를 거부한다는 의미이다.

만남은 오직 보편타당한 진리를 전제하는 경우에만 가능하다. 그러나 여기에서는 그러한 보편타당한 전제를 의도적으로 배제한다. 그것은 오히려 스스로 만남의 체험을 통해서 궁극적인 근거로서 경험된다. 그리고 행복한 느낌을 주는 경험들에 비추어 알 수 있듯이 낯선 민족과 낯선 시간의 위인들과의 역사적인 간격을 초월하는 만남 또한 가능하다. 또한 인류 전체에게 어떤 보편적인 진리와 같은 것이 주어져 있음도 분명하다.

7. 정신세계에 대한 이해의 변화

만남에서 일어나는 일들은 앞서 논의한 정신과학적인 이해를 통해 가장 잘 파악할 수 있다. 이해에 있어서는 정신적인 내용들의 파악과 공감적인 추체험의 가능성이 중요하다. 이해의 목표는 밖에서 받아들인 자료들을 내적으로 활성화시키고 자기 자신의 삶 속에 포함시킬 때에 성취되는 것이다. 19세기와 20세기 초반에 걸쳐 성취된 위대한 정신적인 과업들은 각각 삶의 고유함을 무한한 인간 인식의 가능성으로부터 우연히 이끌어 낸 것으로 이해하고, 낯선 것들에 대해서 고유한 것과 동등한 가치를 부여함으로써 성취된 것이었다.

그렇지만 여기에서는 그와는 다르고 보다 기본적인 것이 문제이다. 절대적인 강제력을 동반하는 어떤 위대한 인물과의 진정한 숙명적인 만남 안에서 정신세계의 모든 풍부함과 삶의 폭넓은 가능성은 의미를 잃고 한낱 유희적인 것으로 되고 만다. 정신과학 안에서 이해의 과정을 통한 보조교육으로 중요시되었던 모든 것들이 이제 그 중요성을 상실하게 된다. 그릇된 것으로 되거나, 그냥 머물러 있는 것이 아니라 만남이 지닌 배타성에 의해서 비본질적으로 되는 것이다. 그러한 과정은 동화의 개념으로 규정할 수 있다. 이러한 과정은 앞에서 실존적인 만남 안에서 정신적인 내용이 스스로를 드러내는 것에 대한 표현으로 제시된 동화의 개념으로 표현할 수 있다. 키에르케고르는 이와 같은 과정을 예수 그리스도의 모습에 대한 그리스도 인들의 관계에서 이끌어 내었다. 동화는 도야에서 이루어지는 것과 같이 밖에서 이끌어 들인 정신적인 내용들을 활성화시키는 것과는 다르다. 동화란 역사적인 상을 통해 매개된 교훈을 그 자신의 삶을 의무 지우는 진리로 받아들이는 것이다.

이러한 만남의 영향으로 인해서 정신적이고 역사적인 세계에 대한 이해가 변화된다. 지금까지는 각양각색의 다양성들이 언제나 새로운 것으로 관심을 이끌어 갔다. 그렇지만 만남 안에서는 모든 개별적이고 전형적인 것들의 나열과 이런저런 관점에서의 흥미로운 내용들이 새롭게 파악된 만남의 절대성 앞에서 비본질적인 것으로 가라앉고 만다. 그리고 개별적인 상에 대한 몰두 또한 특정한 인물에 대한 몰두가 아니다. 즉, 유일회적인 인간의 외적인 표현이 아니라 그 사람 안에서 드러나는 진리에 대한, 그리고 단순히 개별적인 것이 아니라 본질적으로 공동적인 것들에 대한 몰두이다. 특별히 어떤 전형들에 비추어서 다양성을 분류하는 것은 매우 위험한 시도이며, 만남이 회피해야 하는 그릇된 열정으로 파악된다.

진정한 만남이 이루어지면 서로 다른 역사적인 상들에 대해서 동등한 가치를 부여할 수 없게 된다. 따라서 그러한 가능성들 사이의 조화의 문제도 자연히 소멸된다. 만남 안에서는 어떤 상호 대립적인 것들도 나란히 존재할 수 없다. 내가 어떤 것에 실제로 사로잡히게 되면 그 사로잡힘의 구속성이 오직 그것만을 긍정할 수 있게 만든다. 그 사로잡힘의 구속성이 갖는 단호함 안에서 다른 것들을 포기하기 때문이다. 다양한 역사적인 가능성들 앞에서 입장을 정리해야만 하는 것이다. (그렇다고 해서 동시적으로 파악된 것들이 형식논리적으로 반드시 모순을 의미하는 것은 아니다. 왜냐하면 인간의 삶은 그러한 일이 논리적으로 모순이 아니라는 것을 보여 주기 때문이다. 오히려 그것은 책임 있는 삶의 기초가 되는 실존적인 조화의 가능성이다.)

마찬가지로 만남 안에서는 당면한 세계의 배경을 이루고 있는 특정한 역사적인 상황에 대한 관심도 소멸된다. 어떤 시인을 단지 그 시대의 표현으로, 어떤 철학자를 단지 특정한 경향의 옹호자로, 어떤 건물 혹은 그림을 단지 특정한 양식의 예로서 관찰하는 사람은 그 안에서 인간과 인간이 시간을 초월하여 동시적인 공간 안에서 만나는 또 다른 맥락은 전혀 파악할 수 없다. 직접적인 만남의 섬광이 번쩍이는 곳에서 역사적인 간격은 소멸된다. 그러나 그와 함께 역사적인 상의 다채로운 풍요함도 상실된다.

이와 같은 결론을 애써 이끌어 낼 필요는 없다. 이미 실존철학자들이 철학사를 다루면서 이러한 결론을 인상 깊게 이끌어 내었기 때문이다. 무엇보다도 니체와 데카르트(R. Descartes)에 관한 야스퍼스의 저술, 특별히 '위대한 철학자들'에 대한 그의 새로운 책[6]은 과거의 위대한 사상가들과의 그러한 만남에 대한 이야기이다. 정신사적으로 정향된 관점은 불완전하게 보일 수도 있다. 왜냐하면 참다운 만남 안에서는 인물들의 특수함이 그 뚜렷한 윤곽을 상실하고 실제적인 중요성만이 두드러지게 되고, 필연적으로 저자가 대상에 동화되어 버리는 일이 생기기 때문이다. 이것은 그 대상과 완전하고도 진정한 관계를 맺는 곳에서 정신사적인 통찰이 항상 다시금 단호함을 회복해야 한다는 것을 의미한다. 따라서 역사적인 세계에 대한 관계의 전환은 다음과 같은 사실에서 분명해진다. 다양성의 추구가 구속력 없는 놀이로 될 위험이 존재하는 곳에서 궁극적으로 실존적인 진정함과의 만남이 절대성과 구속력을 회복할 수 있다.

그러한 실존적인 관점의 적용은 분명히 역사적인 상들의 단순화를 의미한다. 다채로운 역사적 상들의 다양성들은 그다지 큰 실제적 구속력을 갖지 않는다. 정신과학적인 통찰이 이 문제에 대해서 무력하다는 것은, 그러한 실존적인 관점의 적용에 따른 역사적인 상의 단순화가 정신과학의 신속한 번영이 힘입은 바 있는 바탕과 깊이 상반된다는 점에서 하나의 난관이다. 만약 정신과학이 단순한 역사의 공허함 속으로 떨어져 버리지 않으려면, 정신과학은 항상 다시금 이 난관을 힘써 극복해야 한다. 여기에서 우리는 왜 역사적 정신과학이 항상 새롭게 역사상의 위대한 상들에 대해 다시금 탐구하여야만 하는지를, 최소한 항상 다시금 그들에게로 돌아가야만 하는지를 알 수 있다. 그에 대한 적합한 척도를 획득하기 위해서, 또한 평범한 사람들에게도 적절한 의미를 부여하기 위해서인 것이다. 그렇지만 위대한 인물의 경우에도 그 일회적이고 개성적인 인격의 독특함에 관심이 있는 것은 아니다. 단지 그 인물 안에서 분명하게 드러나는 보편적인 진리가 중요한 의미를 갖는다.

여기에서 다음과 같은 이의가 제기된다. 이와 같이 단지 구속적으로 다가오는 것만을 선택할 때에는 결국 주어진 현실의 다양성 중에서 자신의 주관에 일치되는 것만을 받아들이는 주관주의로 복귀하는 것은 아닌가? 전혀 그렇지 않다. 왜냐하면 오직 실제적인 만남 안에서만 체험되는 진리는 이미 완결되고 폐쇄적으로 주어지기 때문이다. 따라서 사람들이 그것에 비추어 낯선 존재들을 판단하고 일방적이고 주관적으로 선택할 수 있는 것이 아니다. 오히려 오직 만남 안에서만 파악할 수 있고 그러한 만남의 개방성과 밀접하게 관련되어 있기 때문이다. 그러므로 우리는 진리를 소유할 수 없다. 왜냐하면 우리는 그것을 위대한 역사적 상들과의 만남 안에서 비로소 처음으로 획득하기 때문이다.

진리는 또한 보편적인 관계 안에서 획득된다. 왜냐하면 실존은 오직 의사소통 안에 있으며, 그러한 의사소통과 무관하게는 전혀 실현될 수 없다는 것이 야스퍼스에 의해 분명하게 제시되었기 때문이다. 여기에서 생동하는 한 인간의 관계에 대해서 이야기한 것들은 역사와의 관계에도 그대로 전용된다. 우리는 역사상의 위인들과의 만남을 통해서 스스로를 형성한다. 마찬가지로 실존적인 진리는 그 자신의 자유의 독자성 속에 사로잡혀 있는 개인 안에서는 전혀 도출될 수 없다. 오직 과거의 위대한 상에 자신을 동화함으로써만 가능하다. 모든 궁극적인 진리의 내용은 다만 과거에 대한 동화에서 생겨난다.[8] 여기에서 정신과학의 가치와 더불어 그 완전하고 중대한 책임이 드러난다.

8. 삶의 다양성과 실존의 배타성

이와 관련해서 실존철학적인 입장에 치우쳐 잘못된 결론으로 나아가지 않도록 주의해야 한다. 지금까지의 논의를 돌이켜 보면 정신적인 세계, 또 그러한 정신적인 세계와 인간의 관계에 대한 이중적인 이해에 직면하게 되기 때문이다. 한편으로는 삶의 다양한 풍요로움인데, 이것은 모든 민족들과 시대들과의 관계를 담보하고 그 다양한 풍요로움을 받아들임으로써 우리 자신의 삶이 성장할 수 있게 한다. 다른 한편으로는 결정적인 만남 안에서 마주치게 되는 인간의 궁극적인 위대함의 작은 봉우리들이며 만남을 통한 현존재(Dasein)의 자기 형성이다. 이러한 두 측면들은 서로 어떤 관계에 있는가? 그리고 우리는 이러한 두 측면 사이에서 어떻게 결단하여야 하는가?

이 문제 역시 현대 철학의 논의들을 살펴봄으로써 분명하게 해결될 수 있다. 첫 번째 제시된 정신과학의 측면은 무엇보다도 딜타이가 발전시킨 역사적인 삶의 철학의 입장과 일치한다. 두 번째 측면은 야스퍼스와 하이데거의 저작들에 나타난 것과 같은 실존철학의 견해들과 일치한다. 우리가 여기에서 관심을 갖는 것은 이러한 철학적인 경향들 그 자체가 아니다. 또한 이들 양자 중 어떤 것을 지지하고자 하는 것도 아니다. 다만 이러한 두 철학적인 경향들의 도구적인 측면에만 관심이 있다. 다시 말해서 명확하게 정신과학의 본질 안에 놓여 있는, 그러면서도 그와 같은 철학적인 입장과는 무관한 특성들이 그들의 도움을 통해 명확하게 드러날 수 있다는 것에 관심이 있다.

그 두 측면을 서로 대비시켜 보자. 창조적이지는 않지만 풍요로움을 간직한 역사적-정신적인 삶의 풍부함과 역사상의 위대한 상들과의 만남에서 드러나는 절대적으로 요구해 들어오는 힘 사이의 대비이다. 그렇다면 이 둘 사이에서 우리는 어떻게 결단해야 하는가? 만약 여기에 대해서 한 번만이라도 진지하게 숙고해 본다면 그 대답이 미리 주어져 있다는 것이 분명해진다. 비록 우리가 개인적으로 그것에 의해서 제약되어지고 그것이 실제적으로는 빈곤을 의미할지라도 실존적인 관계의 절대성으로 결단하여야만 한다. 이것은 자명하다. 스스로 이러한 단호함으로의 모험을 감행하는 실존적인 결단에는 필연적으로 이러한 금욕적인 자세가 요청된다.

9. 황무지에서의 끈기 있는 노력의 필요성

그렇지만 이와 같은 해결은 너무 단순한 것일 수 있다. 그리고 일반적으로 어떤 추정이 매우 분명하다고 해서 양자택일을 행할 경우에는 사고의 태만이 낳은 과오를 저지를 수 있다. 현실은 그와 같은 단순한 양자택일적인 선택과 같이 단순하지 않다. 여기에서도 마찬가지이다. 만약 어떤 방향으로 최종적인 결단이 이루어질지를 미리 알 수 있거나, 혹은 최소한 비교적 덜 힘들이고 그러한 결단에 도달할 수 있다면 좋을 것이다. 그렇지만 우리가 여기에서 이야기하고 있는 이 경우는 유감스럽게도 그 두 경우 중 어느 것에도 해당하지 않는다. 우리는 그것을 미리 알지도 못하고 다른 누구에게서 배울 수도 없다. 우리는 바로 우리 자신의 만남 안에서 그것을 스스로 체험해야만 한다. 그 안에서 우리는 역사의 위대한 상들과 마주 대해야만 한다. 그러나 그와 같은 만남은 준비 없이 갑작스러운 교제 속에서 생기는 것이 아니다. 오히려 오랫동안의 고된 노력의 결과로, 그리고 그러한 노력을 통해서 준비가 되어 있을 경우에만 주어진다는 것을 명심해야 한다.

이와 관련해서 다시금 두 가지를 고려해야 한다. 한편으로는 정신적인 세계 안에서의 실존적인 관계가 특수한 영역으로 분리될 수 없다는 것에 어려움이 있다. 그러한 분리를 가능케 하며, 인정할 만한 어떤 준거도 없다. 모든 것이 하이데거가 인간의 삶의 근본적인 성격으로 강조해서 이야기한 바 있는 '애매성'[9] 안에 놓여 있다. 겉으로 중요하게 보이는 것이 내적으로는 공허할 수 있다. 마찬가지로 단순하고 눈에 띄지 않는 것이 가장 심오한 예지를 포함하고 있을 수 있다. 따라서 앞에서 신중한 숙고 없이 역사상의 '위대한 상들'에 대해서 이야기한 것은 오해의 가능성이 있다. 누군가에게 절대적인 의미를 갖는 어떤 것을 대수롭지 않게 여겼던 곳에서 마주칠 수 있다. 그렇지만 보통의 경우에는 눈에 띄지 않는 것은 일반적으로 심오한 것과는 무관하다. 심오한 의미를 내포하고 있는 것이 반드시 겉으로 드러나 있어야 하는 것은 아니다. 모든 것이 이러한 애매성의 불안정한 유동성 안에 놓여 있다. 절대적인 가치를 지닌 것들을 특별하게 분류해 내는 것은 불가능해 보인다. 사실 이와 같은 궁극적인 것들은 단지 혹독한 어려움을 참아 내는 학문적인 노작 안에서 빛을 발한다. 학문적인 노작을 통해서 해결되는 것이 아니라 다만 끊임없이 추구될 따름이다.

진리를 어디에서 찾을 수 있는지를 알 수 없기 때문에 우리는 열정을 가지고 서로 다른 가능성들에 대한 비교 연구에 몰두해야 한다. 마찬가지로 진리를 어떤 확실한 소유로서 획득할 수 없기 때문에 진리를 파악했다고 믿을 때라도 언제나 인내를 가져야만 한다. 우리가 배제해 버린 파악들이 정당한 것이고 우리 자신이 그릇될 수 있기 때문이다. 독단주의에 빠지지 않고 또한 학문의 생동하는 활력을 상실하지 않으려면 이러한 우리 자신의 오류에 대한 깊은 이해가 우리의 모든 결단에 반드시 동반되어야 한다. 개방성은 언제나 가능성의 총체로 우리를 연결시켜 줄 수 있기 때문에 절대적으로 중요한 의미를 갖는다. 언제나 그 자신 앞에 전개되는 가능성의 총체를 향해 거리낌 없이 열려 있는 사람만이 자기 자신을 단호하고도 진지하게 진리에 동화시킬 수 있다.

다음으로 두 번째 측면에 대해서 살펴보자. 역사적인 세계는 결정적인 단초가 될 수 있는 재료들이 단순하게 아무렇게나 널려 있는 곳이 아니다. 그 안에서 한없이 다양한 형식의 움직임을 통해서 중요하지 않은 것들로부터 중요한 것들이 다양하게 갈라져 나오는 복잡한 층들을 갖는 현실이다. 따라서 위계를 구별하려는 노력과 그 위계에 기초해서 궁극적인 가치 그 자체에 도달하기 위해 차이에 주목하는 것은 타당하다고 할 수 있다. 여기에서 우리는 인간 안에서 풍부하고도 다양한 파악의 능력들을 형성하는 도야 개념에 도달하게 된다. 무엇보다도 재료들의 수용과 가공을 나누는 정신적 힘들에, 간략하게 말해서 정신의 내적인 형성을 목표로 하는 능력, 즉 도야 개념에 이르게 된다. 과학과 마찬가지로 도야도 그와 같은 진정한 만남을 보증하지는 못한다. 그러나 도야는 최소한 그러한 만남을 준비할 수 있게 한다. 확실히 도야는 만남을 준비할 수 있는 길을 예비할 수는 있다.

앞에서 직접적으로 제시한 예들만 살펴보기만 해도, 정신과학의 두 가지 두드러진 측면들이 그 지양되어질 수 없는 긴장에도 불구하고 필연적으로 서로 관련되어 있다는 것이 분명하게 드러난다. 풍부함에 대해서 자신을 열어 놓을 때에만 궁극적인 가치를 지니고 있는 것들을 파악할 수 있다. 가능성들의 풍부함에 도취되는 사람은 공허함에 빠져 들게 되고 그 자신의 고유한 자아를 잃어버리게 된다. 그렇지만 그 자신의 결단의 확고함에 갇혀 있는 사람은 헛된 집착 안에 고착하게 되고 마찬가지로 그 안에서 그의 자아를 잃어버리게 된다. 오직 그 두 측면의 긴장을 진지하게 견디어 내는 사람만이 지나간 과거의 풍부한 유산들을 차지할 수 있다.

여기에서 만남의 개념 안에서 확실하게 파악하려고 하는 과거와의 만남에서 실제적으로 일어나는 일들은 과학의 기계적인 방법에 의해서는 결코 파악될 수 없다. 그것은 과학적 사실이 아니라, 비록 쉽게 오해될 수 있는 개념이기는 하지만, 은총이다. 그럼에도 불구하고 이들 양자는 학문의 고유한 중추를 구성하는 요소이다. 또 직접적으로 연관되어 있고, 자연과학이 획득해 낸 간명함에 비해 우리들의 학문(정신과학)에 있어서 규칙적인 절차에 따른 작업을 한없이 어렵게 만드는 요인이다. 아마도 바로 이것이 정신과학이 오늘날까지 확고부동한 학문적인 형식을 획득하지 못한 가장 심층적인 원인일 것이다. 그럼에도 불구하고, 즉 그러한 내적인 만남을 의도적으로 만들어 낼 수 있는 방법을 정교하게 구성하는 것이 거의 불가능하다고 인정하더라도, 그러한 어려움을 초월해서 진정한 만남을 가능하게 할 수 있는 몇몇 가능성은 존재한다.

정신과학적인 개념으로서의 만남의 의미에 관한 위의 통찰에서 곧바로 특수한 교육학적인 추론이 도출된다. 만남이 정신적인 세계와 관련해서 결정적인 의미를 갖는다면 정신적인 세계와 관련된 교과들의 수업은 만남을 목표로 설정해야 한다. 따라서 그러한 만남을 매개하는 것이 수업의 과제가 된다. 그러나 그와 같은 매개의 의미는 아직 확실하지 않다. 또한 만남의 개념에 대한 엄밀한 파악에서는 정신적인 세계 자체에 대한 각각의 생동하는 관계가 모두 만남을 의미하는 것은 아니고 오직 궁극적인 열정의 특정한 순간만을 만남이라고 본다. 필연적으로, 드물게 일어나는 사건으로서의 만남이 수업의 전체적인 과정을 제한할 수는 없다. 따라서 광범위한 수업 전체 안에서 만남의 위치를 어떻게 설정해야 할 것인지가 문제로 제기된다.

1. 만남과 도야의 대립

만남은 절대적인 요청이라는 점에서 신인본주의 시대로부터 교육학적인 사유를 규정해 온 교육학의 중심개념인 도야 개념과 갈등을 일으키게 되었다. 도야는 우리들이 앞서 구분한 의미[1)]에 따르면 유기체적인 사유 형식에 속한다.

식물이 씨 속에 간직되어 있는 것들에서 생겨나듯이 사람도 마찬가지로 그 안에 주어진 가능성들을 완전히 발전시켜야 한다는 것이다. 이 때 이러한 발전의 바탕이 되는 '도야재(陶冶材, Bildungsstoff)'는 인간 안에 내재된 정신적인 능력들을 발전시키는 매개물일 뿐이며 어떤 고유한 의미도 갖지 않는다. 인간의 내재적인 정신능력이 발전되고 나면 소위 도야재는 그것을 수용한 사람 안에서 소멸하고 그 역할을 다하게 된다. 모든 도야사상은 이런 의미에서 교육학적인 주관주의의 한 형식이라고 할 수 있다.

그에 비해서 만나는 자는—여기에서 다시 한 번 '아폴로의 조상'을 상기하기 바란다.—전혀 다른 방식으로 사람들과 대면한다. 그리고 이러한 방식의 차이에서 앞서 전개된 특징들을 다시 한 번 확인하게 된다. 만남에서는 그의 필요와 기대에, 그리고 다양한 가능성을 매개로 풍부함을 추구하는 내면적인 요구에 순응하는 것이 중요하지 않다. 반대로 그에게 요구해 들어오고 그가 견디어 내야만 하는 현실의 냉혹함이 중요하다. 이것은 이미 과르디니가 만남에 대한 고찰에서 파악해 낸 바와 같다. 다시 말해 이러한 요청에 직면해서 그 시험을 견디어 내느냐의 여부가 중요하다.

그는 견디어 낼 수도 있고 그렇지 않을 수도 있다. 만약 그가 견디어 낸다면 그는 그 안에서 자신이 된다. 이러한 엄밀한 실존적 의미에서의 자아는 도야를 통해서 스스로 발전해 나가는 주체와는 전혀 다르다.

여기에서 두 번째 문제가 등장한다. 고유한 개성의 발전 또한 우선 그러한 가능성들과 상호작용하는 과정에서 우연하게 생겨난 그 자신의 개성의 편협함을 벗어날 때 가능해진다. 또한 스스로 온전함에 도달하기 위해서도 다른 류의 가능성들을 경험하는 것은 필수적인 것이다. 이것은 고전적인 이론들에서 외국문화의 도야적인 가치를 의미 있다고 여기게 된 근거이다. 릿트 역시 '역사적 만남의 본질' 이라는 말을 폭넓은 의미에서 사용할 때 이러한 맥락에 동조하였다. 그렇지만 여기에서는 그 맥락이 전혀 달라진다. 낯선 인물에게서도 같은 인간정신을 발견할 수 있다. 그러므로 그 자신의 고유한 가능성의 확장이 주는 기쁨은 낯선 사람을 받아들임으로써 성취된다. 여기에서는 서로 다른 형상들 안에서 궁극적으로 서로 동일한 것으로 반복해서 발견되는 하나의 동일한 정신의 서로 다른 개별적 형식들이 문제이다. 마찬가지로 모든 낯선 삶에 대한 친밀함이 중요한 의미를 갖는다.

만남은 한편으로는 전혀 낯선 타자와 마주치는 충격적인 것이다. 절대적으로 나에게 요청해 들어오고 따라서 개성과 차이는 그 앞에서 전혀 고려의 대상이 되지 않는다. 타자의 특별한 형태가 아니라 그의 절대적인 요청이 나에게 간섭해 들어온다. 이와 관련해서 우리가 만남에서 마주치는 것이 고유의 것이냐 혹은 낯선 것이냐의 문제가 잘못 제기될 수 있다. 여기에서 우리가 이야기하고 있는, 그리고 사람들이 그 자신의 실존에 대하여 응답하는 실존 그 자체는 모든 개별적인 친숙함과는 별개의 것이다. 따라서 완성된 인격을 향한 개별적인 정신적인 삶의 발전이 아니라 그와는 근본적으로 다른 엄밀한 의미에서의 인간의 자기형성이 문제이다. 내용의 풍부함이 아니라 윤리적인 비약의 성취가 관건이다.

세 번째 측면에 대해서 살펴보자. 도야에서는 인간의 모든 능력들의 모든 측면에서의 조화로운 발전을 추구한다. 따라서 도야에서는 주체의 전인적인 발전에 도움이 될 수 있는 도야 내용의 가능한 한 최대한의 측면들과 관계를 매개해야 한다는 것을 의미한다. 도야란 필연적으로 다 측면적인 도야이다. 정신적인 세계와의 접촉을 통해서 성장해 가는 이들 앞에 될 수 있는 한 넓게 그 재료들을 펼쳐 보여 주어야 한다. 그러나 만남은 모든 조화로운 도야가 그 앞에서 의미를 상실하게 되고 마는 단호함을 특징으로 한다. 모든 만남은 숙명적이다. 만남이 한 사람을 사로잡을 때, 그것은 그 사람의 전체를 사로잡는 것이다. 가능한 한 다 측면적인 만남이라는 것은 그 자체로 모순이다. 왜냐하면 하나의 만남은 언제나 이미 다른 만남을 배제하며, 만남은 참으로 그렇게도 진지하고 직접적이며 배타적으로 인간을 사로잡기 때문이다. 한 사람이 나에게 결정적으로 접근해 들어오는 곳에서 다른 모든 이들은 의미를 상실한다. 한 시인이 나에게 압도적으로 덮쳐 오는 곳에서 나는 다른 어떤 것에도 관심을 분산시킬 수 없다.

따라서 괴테와 횔더린, 헤겔과 키에르케고르 등 서로 다른 사람들이 동시에 흥미 있게 다가온다고 이야기하는 사람은 그 자신이 실제로 전혀 진지해 질 여지가 없다는 것을 나타낸다. 여기에 대해서는 이미 부버가 다음과 같이 분명하게 이야기하였다. "이 하나 외에는 현재적인 것이란 하나도 없다." "측정하고 비교하는 것은 불가능하다. 만남은 세계의 질서 안으로 조화롭게 주어지는 것이 아니다."[1] 라고 부버는 서술하였다. 부버의 사상은 여기에서 중요한 의미를 갖는다. 비록 만남이 조화로운 공존관계의 질서를 파괴하기는 하지만 개별적인 만남은 그 안에 전체를 포함한다. "각각의 (만남이) 너에게 세계와의 결합을 보증한다."[2] 만약 그때그때마다 만남이 일어날 수 있다면 당연히 차례로 서로 다른 사람들을 만나고 그때마다 항상 커다란 새로운 자극을 삶으로 끌어들일 수 있다. 그렇지만 각각의 만남 사이에는 필연적으로 그에 상응하는 시간적인 간격이 존재한다.

2. 만남과 도야의 보완 관계

지금까지 간단한 논의를 통해서 이끌어 낸 결론에 따르면, 관념론적인 도야 개념은 실존철학적인 만남의 개념 앞에서 무기력하게 되고 만다. 만남은 도야에 우선하고 회피할 수 없는 것이다. 구속적이고 실존적인 만남은 비구속적이고 감성적으로 이해된 도야 개념에 대해서 우위를 획득한다. 이것이 이제까지의 논의의 실제적인 결론이며 결정적인 성과이다.

그렇지만 그처럼 간단명료한 추론은 언제나 동시에 그릇될 수 있는 가능성을 내포하고 있다. 또한 만남의 우위를 주장한다고 곧 도야의 가치를 깎아내리는 것도 아니다. 이미 서론에서 언급한 것처럼 비연속적인 교육형식, 특별히 실존적인 교육형식을 인정하는 것은 전통적인 연속성의 원리에 기초한 교육을 파기하는 것이 아니고 다만 보완하는 것이다. 과르디니가 만남과 도야의 관계를 변증법적으로 상호작용하는 관계로 파악한 것처럼, 만남의 개념을 통해서 도야원리를 대체하는 것이 아니라 정당하게 둘 사이의 관계를 규정하는 것이 중요하다. 도야 사상에 대한 비판은 오직 그러한 비판을 통해 교육에 대한 도야의 독점적인 지배가 완화되고 만남과의 관계 안에서 그 인간학적인 기능이 새롭게 정리될 수 있는 경우에 한해서만 정당할 수 있다.

도야의 기능에 관한 그와 같은 새로운 의미부여의 과제는 오늘날의 여러 연구영역들과 관계된다. 여기에서는 잠정적으로 이 문제와 관련된 몇몇 공통의 특징들을 정리하는 것으로 만족하고자 한다. 또한 이미 정신과학적인 연구를 통해서 인증된 몇 가지 관점들을 수용하고자 한다. 첫 번째로 고려해야 할 것은 어떤 사람이 광범위한 정신사의 영역에서 언제 그리고 어디에서 만남에 직면하게 될지를 전혀 알지 못한다는 점이다. 따라서 수업에서는 우선 풍부한 가능성들을 젊은이들에게 제시해야 한다. 그와 같은 풍부한 정보에 기초해서 만남이 이루어질 수 있다. 또한 여기에서 반드시 고려되어야 할 점은 불꽃을 일으키는 섬광이 번뜩이기 전에 사람들이 이미 종종 어떤 작품이나 대상을 잠정적으로 만난 상태일 수 있다는 점이다. 따라서 야스퍼스가 형이상학에 대해 서술한 『철학』의 제3권에서 전개한 문제[3]가 여기에서 다시금 되풀이된다. 그는 어떤 객관적이고 확고한 결단이 이루어질 수 있는 토대가 될 수 없는 서로 다른 민족들과 시대의 상이한 형이상학적인 사유의 가능성의 총체를 '유희적 형이상학' 으로 파악하였다. 마찬가지로 우선 만남이 가능성의 범위로 준비되어야만 하고 그러한 바탕 위에서 실제적인 만남이 이루어질 수 있다. 만남이 생겨나기 위해서는 먼저 그 기초로서 도야 활동이 이루어져야 한다는 것이다.

그렇지만 만남의 가능성에 대비하는 것만으로는 불충분하다. 그것과 함께 만남을 받아들일 수 있는 능력을 갖추어야만 한다. 실제로 예술작품과의 내면을 감동시키는 만남은 많은 사람들에게 있어서 만남에 앞서 이루어져야 하는 기본적인 도야 없이는 전혀 불가능하다. 도야경험 그 자체가 이미 깊은 내면으로 우리를 인도하며 인간 전체를 변화시키는 능력을 가져다준다는 것을 명심해야 한다. 따라서 인간의 내면에서 모든 능력들이 균형을 이루게 하고, 그러한 균형적인 능력의 도야에 기초해서 만남이 이루어질 수 있게 하는 것은 여전히 해결되지 않은 과제로 남는다. 그렇지만 그러한 과제는 깊은 의미에서 도야의 지속적인 과제라고 할 수 있다. 왜냐하면 다양한 능력들의 균형 있는 도야를 통해서 만남을 준비해야 하는 과제는 교육의 궁극적인 목적을 제시하기보다는 다만 예비적인 성격만을 갖기 때문이다.

끝으로 우리가 이미 정신과학적인 문제설정에서 언급하였던 궁극적인 문제를 살펴보자. 앞에서 보았듯이 만남은 결코 강요나 의도적인 노력으로 불러일으킬 수 없으며, 부버의 말처럼 은총이라고 할 수 있다. 만남이 은총이라면 인간의 편에서 만남을 준비할 수 있는 것과 마찬가지로 다른 편에서 인간의 준비에 대해 엄밀하고 준엄하게 판단할 가능성도 함께 고려해야 한다. 그러므로 겸손하게 자신의 한계를 의식하면서 끈기 있게 도야해 가는 노력이 만남의 성취에 있어서 지극히 중요한 의미를 갖는다.

따라서 모든 소박한 도야의 잠정성과 실제적인 만남의 결정적인 성격을 인정한다고 하더라도 정상적인 수업의 과정은 무엇보다도 도야의 과정으로 이루어진다는 사실은 변하지 않는다. 또한 일상적인 과정들은 전혀 변하지 않고 다만 지금까지 도야가 누렸던 절대성이 상실될 뿐이다. 새로운 이해 안에서 새로운 관계가 드러나는 것이다.

3. 만남에 관한 교육적 접근의 어려움

그렇지만 어린이에게 역사상의 위대한 상들과의 만남을 중재하는 것이 역사 또는 문학 수업의 최상의 과제라고 이야기하는 것은 심각한 곤란을 야기할 수 있으며, 최소한 커다란 오해일 수 있다. 왜냐하면 어떤 사람에게 언제 만남이 일어날지, 그리고 그가 추구하는 만남이 정말 일어날지에 대해서는 미리 알 수 없기 때문이다. 따라서 교사가 교육적인 방법으로 의도적으로 만남을 만들어 낼 수 없기 때문이다. 모든 만남은 예견될 수 없다. 본질적으로 만남은 우연적인 것이고 따라서 근본적으로 모든 의식적인 교육계획을 거부한다. 그럼에도 불구하고 교육학적인 이론을 거부해 버리는 것은 경솔한 일이다. 여기에서의 상황은 앞에서 살펴본 각성 혹은 위기에 관한 논의의 맥락과 다를 바 없다. 우리가 교육을 전래적인(직업적인) 의미에서 의식적이고 계획적인 활동으로 보는 한 만남은 실제로 교육학적인 사유의 범주를 벗어난다. 반대로 만남이 교육적으로 의미있게 파악되기 위해서는 이러한 맥락은 복합적으로 규정되어야 한다. 교육학에 있어서의 이러한 문제의 맥락은 미학에 있어서와 거의 다를 바 없다. 미학의 영역에서는 먼저 실제적인 직업세계의 이론들에 따라서 모범적인 예술작품들이 창조되었으며 포괄적인 예술이론이 처음으로 형성되기까지는 오랜 시간이 소요되었다. 교육학에 있어서도 교육의 포괄적인 이론을 발전시키기 위해서는 직업이론들에 대한 오랜 연구가 필요하다. 따라서 인간을 기술적으로 지배할 수 있다는 기존의 교육학적인 전례들을 완전히 배제할 필요는 없다. 다만 인간의 능력을 벗어나는, 그럼에도 불구하고 그의 교육적인 행위에서 반드시 고려해야만 하는 것들을 새롭게 교육학에서 고려해야 한다는 것이다.

그러므로 교육하는 자는 어떤 만남도 의도적으로 꾸며 낼 수 없다. 다만 그는 만남에서 무엇이 이루어지는지를 알아야 하고, 만남을 고려하고 만남에 주의를 기울여야 한다. 교사는 그의 수업 안에 만남을 이끌어 들이기 위해서 노력할 수 있다. 따라서 교사는 그러한 만남의 전제조건들을 만들기 위해서 노력할 수 있고, 학생들이 위대한 인물들에게서 감화받도록 노력할 수 있다. 그는 정신적인 세계의 상들(Gestalten)과의 구속력 없는 교제의 위험을 (필요하다면 약간의 역설을 감수하고서라도) 제지할 수 있다. 그것을 통해서 모든 단순한 역사적인 지식들의 잠정성을 밝혀내고 그 안에서 만남이 일어날 수 있는 자리를 확보한다. 무엇보다도 그는 그 자신이 인격적인 모범이 됨으로써 학생들을 이러한 존경스럽고 진지한 정신적 본성에로 가까이 이끌어 갈 수 있다. 그렇지만 이 모든 것은 만남을 기획하는 것과는 다르다. 다만 어떤 학생이 만남에 직면한 경우에 스스로 그 만남을 알 수 있도록, 그리고 그러한 만남 앞에서 구속 없는 편안함 속으로 도피하지 않도록 준비하고 계몽시킬 수 있을 뿐이다. 그러므로 만남은, 그것이 일어나는 곳에서 언제나 신중한 보호의 대상이다.

이와 관련된 어려움들은 자연히 일상적인 교실수업에서 발생한다. 교사 스스로는 만남을 기획할 수 없다. 따라서 한 학급의 학생들이 하나의 특정한 대상과 동시에 만나는 경우나 많은 수의 학생들이 동시에 만남에 직면하는 경우도 있을 수 없기 때문이다. 만남은 모든 다른 학생들에게는 항상 대수롭지 않은 일이 된다. 다른 사람들에게 있어서는 (그리고 때때로 교사에게 있어서도) 그와 같은 만남에 사로잡히는 것은 규칙적인 수업을 중단시키는 교란으로 보일 것이 분명하다. 따라서 교사는 신중하고 적절하게 격리된 다른 장소를 이용하여야 한다. 이와 같은 독립된 장소를 이용함으로써 만남의 섬광에 사로잡힌 학생은 조직적인 수업에서 자유로울 수 있다. 동시에 나머지 학생들은 '정상적으로' 교실수업을 지속해 갈 수 있다.

4. 만남 개념의 보다 넓은 전용 가능성

다시 이 문제를 일반적인 범주에서 논의해 보자. 이제 만남이라는 용어는 단지 두 사람 사이의 구체적인 관계에만 적용되는 것이 아니라 매우 다양하고 폭넓은 의미로 사용되고 있다. 이러한 경향은 다소 이상한 언어관용이다. 오늘날 현실의 거의 모든 영역에서 만남이 언급되고 있다. 우리가 만남의 문제를 일반적인 범위로 확장하고자 하는 것도 이 때문이다. 지금까지는 이 문제를 단지 한 측면에서만, 즉 정신적인 세계의 상과의 만남에 한정해서 다루었다. 이제 이 문제의 나머지 부분들을 논의하고자 한다. 이러한 보다 넓은 의미의 만남을 얼마나 넓은 범위까지 확장해서 논의할 수 있을 것인가? 어느 정도의 범위에서 이러한 언어사용의 관용이 의미 있는 것이고, 또한 어느 정도까지가 단지 유행에서 비롯된 것인가?

한 가지 분명한 것은 만남의 개념이 실제로 교육학 이론에 받아들여야만 하는 어떤 새로우면서도 대체 불가능한 것이라면, 그와 같은 전용들 또한 날카롭고 깊이 있게 탐색되어야 하고 남용을 방지해야 한다는 것이다. 다시 말해 인격적인 만남에서 만남 개념을 하나의 실존적인 범주로 규정했던 특징들을 전용된 의미들에 있어서도 고수해야 한다. 다시 한 번 간략하게 그 특징들을 돌이켜 보자. 숙명적인 우연성, 언제나 단지 하나에만 얽매여 있는 배타성, 한 사람의 인격의 내적 핵심을 뒤흔드는 감동, 동시에 그 안에서 경험되는 호소 내용의 불확실성 등이다. 이러한 특징들을 정신적인 세계와의 관련 안에서도 꼭 같이 발견해 낼 수 있다면 정신적인 세계에서도 만남의 정당성을 완전하게 인정할 수 있다. 그렇지만 정신적인 세계의 만남을 수용한다고 하더라도 유행적인 언어사용의 관용에서 자주 나타나는 보다 넓은 범위로 만남을 확장하는 문제들은 어떻게 해야 하는가?

이미 역사와의 만남에 대한 논의에서 그러한 전용에 따르는 어려움이 드러났었다. 따라서 지금까지 우리의 논의에서는 조심스럽게 역사 속의 인물과의 만남에 대해서만 이야기하였다. 어떤 상황과의 만남을 이야기하는 경우에는 과르디니의 이야기가 의미 있는 지침이 된다. 즉, 상황 그 자체가 만남의 대상이 되는 것이 아니라 그 상황이 한 사람으로 하여금 그가 회피할 수 없는 어떤 것을 맞닥뜨리는 장소를 제공한다는 것이다. 이와 같은 의미에서 단지 역사상의 개별적인 상들뿐만 아니라 인간의 모든 시대와도 앞서 논의를 통해 밝혀낸 의미의 만남이 가능하다. 다시 말해서 그는 그러한 역사 전반과의 만남을 통해 종전의 그의 삶으로부터 완전히 벗어나고, 마찬가지로 그것을 통해 그 자신의 고유한 자아를 획득할 수 있다. 따라서 우리는 만남의 개념을 좁게 사람과의 만남에만 한정할 필요가 없다. 그럼에도 불구하고 이러한 실존철학적인 요소는 항상 고수해야만 한다. 만남은 내가 신뢰하고 친숙해 있는 것들과 나를 분리시키고, 항상 나에게 맞서는 생소함을 특징으로 한다. 따라서 어떤 것이 나에게 항상 동일한 하나의 형태로만 다가오고 그 실존적인 특징을 상실하게 되면 그 만큼 그 일회적이고 구체적인 특징이 간과되고 만다. 어떤 보편적인 것과의 만남이란 생각할 수 없다. 따라서 만약 그런 보편적인 것과의 만남이 불가능하다는 것을 인정하면서도 역사 안에서의 만남에 대해서 일반론적으로 이야기한다면 그것은 다만 너절한 해명에 지나지 않는다. 근본적으로는 오직 특정한 역사적인 상과의 만남이 있을 뿐이다.

종종 같은 유형의 만남으로 이야기되는 풍경(Landschaft)과의 맞닥뜨림도 비슷한 경우이다. 이러한 풍경과의 맞닥뜨림은 지금까지 살펴본 만남과 유사하다. 사람들은 어떤 특별한 풍경과 내적으로 맞닥뜨리며, 또한 깊은 감동을 받는다. 그리고 그 풍경이 어떤 일회적이고 그의 삶에 대해서 결정적인 의미를 갖게 된다. 이러한 특정한 풍경과의 맞닥뜨림에서 본래의 그 자신으로 된다는 것이다. 이것은 비록 가끔씩만 일어나는 일이기는 하지만 우리의 삶에서 실제로 일어나는 특별한 일이다. 그런데 이와 같은 풍경과의 만남 개념을 정확하게 정의하지 않는 데 문제가 있다. 여기에서는 풍경에 대한 체험을 그 위대하고 강렬한 체험 안에서, 다시 말해 이와 같은 풍경에 대한 인식과 발견을 있는 그대로 가감 없이 이야기하는 것이 바람직하다고 생각한다.

이와 비슷하게 오늘날 사람들은 직업 또는 생활세계 일반과의 만남에 대해서도 이야기한다. 이러한 만남이 이야기하는 바 또한 분명하다. 어린이들은 그의 직업을 선택하기 전에 지속적으로 직업에 대한 지식을 습득해야 하고, 또한 배움을 통해서 직업을 삶의 현실로 경험해야 한다는 것이다. 그렇지만 이러한 의미로 만남 개념을 관용적으로 사용하는 것에 대해서는 앞서의 풍경과의 만남과는 달리 판단을 유보하는 것이 바람직하다고 생각한다.

비록 모험적인 특징을 갖고 있기는 하지만, 수학이나 자연과학의 과목들과의 만남은 사정이 조금 다르다.[4)] 이들 과목의 수업은 개별적인 지식이나 기능이 매개되는 것이 아니라 수학의 '정신' 혹은 근대 자연과학의 '정신' 이 어린이에게 실제로 삶을 형성하는 힘으로 작용하도록 이끌어 가는 것을 목표로 한다. 따라서 어떤 하나의 특수한 질문에 적합한 근본적이고 모범적인 조작이 보편적인 조망으로 주어진다. 그럼에도 불구하고 나는 이러한 영역에 대해서 만남 개념을 적용하는 것을 거부하려고 한다. 만남이라는 말을 엄밀하게, 즉 실존적인 의미에서 파악하려고 할 때에 이러한 과목들은 만남의 대상에 포함되지 않는다.

우리는 만남을 '미리 주어진 것' 으로 여기지 않도록 주의해야 한다. 왜냐하면 만남은 언어 사용의 새로운 관용 안에서 새로운 용어로 드러나기 때문이다. 만약 우리가 만남을 그와 같은 미리 결정된 개념으로 여기고 현재의 관용들을 간과해 버린다면 만남을 유의미하게 이야기할 수 있는 다양한 영역들을 미리 배제해 버리는 것이 되기 때문이다. 반면에 영역들 간의 차이를 명확하게 인식하고 그 각각의 특성, 즉 그에 적합한 범주들 속에서 차이를 분명하게 드러내는 것은 의미 있는 일이다. 한 영역의 범주들을 무비판적으로 다른 영역에 전용할 때에는 혼란이 초래될 뿐이다. 예를 들어서, 만약 수학을 그릇된 방식으로 실존적으로 이해하려고 하면, 수학은 그 고유의 규칙적인 힘을 상실하게 될 것이다. 자연과학에 있어서 지배적인 근본 태도는 사물과의 관계에 있어서의 사실성[5]이다. 이는 그 엄밀한 객관성에 있어서 다른 유의, 예컨대 객관적인 사실성과는 전혀 별개라고 할 수 있는 실존적인 만남과는 날카롭게 구별된다. 그럼에도 불구하고 거기에는 확실히 경계를 초월하는 공통점이 존재한다. 물리적인 영역에 있어서의 사실성 및 객관성을 강조하는 입장과 실존적인 만남 안에서 실제성을 강조하는 입장은 현실의 단호함과 일회성을 강조한다는 점에서 공통성이 있다. 따라서 애매하게 파악된 체험 교육학(Erlebnispädagogik)의 결과로서 초래되곤 하는 교육학적인 주관주의에 대해서도 반대하는 입장에 있다. 따라서 당시에(즉, 20세기의 교육학과의 대결에 있어서) 과르디니는 양자를 구분하지 않고 총괄하였다.[6] 그렇지만 실존적인 만남 안에서 체험되는 실제성이 근본적으로 객관화할 수 없고, 방법론적으로 접근할 수도 없다는 것을 분명하게 인식할수록 그 만큼 더 사실에 기초한 객관적인 실제성과 날카롭게 구별하게 된다. 마찬가지로 만남의 주관성이 개개의 만남 안에서 성취되는 내용의 개별성에 근거한 것이 아니고, 또한 개별적인 차이들 저편에 놓여 있는 순수한 실존에서 비롯되지도 않는다면 만남은 다시금 '주관적인' 성격을 띠게 된다. 이 경우 앞서의 체험의 개념과 근접하게 된다. 만남에서 다양한 측면들이 부각된다는 사실과 만남 안에서 내적인 자아와 외적인 실제성이 충돌한다는 것은 동본원적이다. 따라서 만남 개념은 동시에 두 개의 측면을 드러낸다. 즉, 윤곽이 모호한 주관성뿐만 아니라 중립적이고 이해관련과 무관한 객관성을 함께 드러낸다.

만남의 개념과 관련된 위험들은 좋은 옛 사상을 최신유행에 따라서 의문스러운 새로운 관용으로 옷 입히려는 의도에서 비롯되는 다양한 오용들과 관련해서 생겨난다. 만남이란 이제까지 알지 못했던 것에 대해서 사실적인 지식을 획득하는 것이 아니다. 오히려 사실과는 반대되는 측면이라고 할 수 있는 인격적인 충격을 강조하는 개념이다. 그렇지만 만남이 경험의 객관적인 내용을 주관적인 요소로 환원하려고 하는 시도라고 할 수는 없다. 인식과 체험의 이 두 과정은 만남 개념에 의해 대치되지 않고 계속해서 정당성을 확보한다. 그리고 체험 개념에 포함되어 있는 주관적인 측면을 제한하고 그 사실적인 특성을 강조할수록 이런저런 요구들에서 독립된 경험 개념을 더욱 잘 파악할 수 있게 된다.

그런데 만남 개념을 관계에 대한 실존적인 통찰에 기초하여 전혀 새롭고 다른 범주에서, 그리고 오직 실존적인 측면에 기초해서 파악하려는 것은 이 개념을 철저하게 그 고유성에 기초하여 이해하려는 것이다. 이와 관련해서 경계를 초월하려는 시도와 교육적인 사건들을 너무 경솔하게 실존적으로 이해하려는 경향을 주의해야 한다. 개념을 분명하게 구별해서 사용하는 것은 양측 모두에게 유익한 일이다.

5. 교사와의 만남

끝으로 궁극적인 문제를 논의하려고 한다. 우리는 교육적인 문제와 관련해서는 언제나 수업 안에서 교사를 통해 매개된 어떤 대상과의 만남에 대해 이야기한다. 교사 자신과의 만남이 아니라 역사적 혹은 시적(詩的)인 상(Gestalt)과의 만남을 이야기한다. 그런데 이와 관련해서 어떤 이의가 제기될 수 있다. 다른 사람들과의 만남에서 교사는 언제나 중재자여야만 하는가? 교사 자신의 만남은 그 자체로 중요한 문제가 아닌가? 만남의 개념을 앞에서 논의한 엄밀한 의미에서 파악한다면 이러한 물음은 부적절한 것이 된다. 왜냐하면 만남을 이와 같은 의미에서 파악할 때 만남의 궁극적인 핵심 앞에서 내용의 다양함은 모두 비본질적인 것이 되고 만다. 따라서 교사와 학생의, 교육자와 교육받는 자 사이의 관계의 본질이 그 실제적인 만남의 순간에 중단되어 버리고 만다. 교육의 장 안에서 그러한 만남은 당연히 일어날 수 있는 일이며, 숙명적인 중요성을 갖는 사건이다. 그렇지만 거기에서 교사는 교사이기를, 그리고 학생은 학생이기를 중단한다. 왜냐하면 오직 양자 모두가 연령이나 입장의 차이를 벗어나서 완전히 동등한 권리에 설 때에만 그와 같은 인간적인 관계가 형성될 수 있기 때문이다.

따라서 교사와의 만남은 교육에 있어서 전혀 특별한 문제라고 할 수 없다. 특별한 형식의 교육적인 만남이 아니라, 단순히 인간적인 만남일 뿐이다. 교육적이라는 것은 만남 안에서 극복된다. 교사와 학생의 만남은 앞에서 인간과 인간 사이의 만남에서 밝혀낸 공통적인 특징들과 일치한다. 동시에 다음과 같은 것을 의미한다. 내가 다른 어떤 사람과 교육학적으로 관계하는 한 만남은 현실적으로 불가능해진다. 이러한 이해는 교육학적인 관계를 무의미한 것으로 격하시키는 것이 아니다. 오히려 교육학적인 관계를 그 고유성에서 인정하는 것이다. 교육학적인 관계를 본래의 특수한 책임 안에서 이해하는 것이고 그릇되게 가장하거나 실존적인 것으로 꾸밈을 방지하는 것일 뿐이다.

교육에 있어서의 모험과 실패

1. 교육의 본질적인 요소로서의 모험

끝으로 교육과 관련해서 실존적인 특징을 발견할 수 있는 마지막 형식에 대해서 고찰해 보자. 지금까지 우리는 교육받는 이의 삶에서 두드러지는 실존적인 사건이나 비연속적인 경과들의 공통점들을 주로 고찰하였다. 또한 만남과 관련해서 그에 합당한 교사의 태도를 살펴보았다. 즉, 교사는 만남을 그의 교육에서 참작해야 하고 만남이 일어나는 경우에는 이해하는 자세로 받아들여야 한다. 또 가능한 범위에서 (비록 매우 제한된 의미에서이기는 하지만) 그 사건을 스스로 유도해 내야 한다는 것을 살펴보았다. 그렇지만 교육에는 아직까지 우리가 검토하지 않은 실존철학적인 영역이 남아 있다. 그것은 교육하는 자 자신의 삶의 영역이다. 교육하는 자 자신의 삶에서 초래되는 위기이다. 그 자신의 의도에서 비롯된 그의 인격의 거리낌 없는 투입을 통한, 교육자가 스스로의 현존을 특별한 모험에 던져 넣음에서 비롯되는 위기이다. 책임 있는 모험과 동시에 거기에 주어지는 실패의 가능성은 모든 교육자 스스로의 삶에 주어진 불가피한 실존적인 요소를 분명하게 드러낸다. 이러한 교육하는 자 자신의 삶에 있어서의 만남에 대한 고찰로써 이 논의를 끝맺음하려고 한다.

교육에서 무엇인가를 실패하는 것, 교육하는 자가 그가 추구하는 목표를 성취하지 못하는 것, 어린이들과의 그의 관계가 전쟁이 되고 결국 그들에 의해서 완전히 나가떨어지고, 결과적으로 그의 모든 교육적인 노력들이 좌초당하는 것, 이 모든 것들은 교육자들이 그들의 직업적인 일상에서 지나친 신뢰를 투입함을 보여 주는 사례들이다. 이는 교육의 고통스러운 어두운 면이다. 교육자들은 여기에 대해서 잘 이야기하지 않는다. 따라서 당연히 교육학의 이론적인 고찰에서도 잘 취급하지 않았던 것이 사실이다. 우리는 그것을 우연한 일로, 단지 한 번 지나쳐 가는 비본질적인 것으로, 본질적으로 보다 훌륭하고 보다 정교한 교육을 통해서 배제할 수 있는 것으로 생각한다. 또한 이 실패의 가능성이 매우 깊이 근거 지워졌다는 것을, 다시 말해서 본질적으로 교육 안에 주어져 있다는 것을 전혀 생각하지 않는다. 모험적인 특징은 실제로는 교육자체의 내적인 본질에 속한다. 교육에 있어서의 이러한 모험적인 성격은 자율적인 존재이면서 또 그 자율성으로 인해서 본질적으로 예측할 수 없는 존재와 관계한다는 점에서 비롯된다. 따라서 단순한 수공업적인 작업과는 전혀 다른 성격을 지닌다. 학생들은 뚜렷한 이유 없이 교육자의 의도를 거부하거나 대항하고 좌절시키곤 한다. 실패의 가능성은 처음부터 교육적인 행위 안에 특징적인 요소로서 내포되어 있다. 이러한 가능성을 그 완전한 의미에서 파악하려면 먼저 그것을 인정해야만 한다.

교육을 흔히 수공업적인 행위에 비유하는 것에서 알 수 있듯이[1)]이러한 측면은 오랫동안 감추어져 있었다. 오늘날에 있어서도 사정은 마찬가지라고 할 수 있다. 수공업자가 주어진 재료에서 주문받은 것들을 만들어 내듯이, 혹은 조각가가 돌을 쪼아서 조각을 하듯이 교육자 역시 그의 '학생 재료(Schülermaterial)' (이는 수공업적인 교육이해의 관점에 각인된 너무나도 조야한 개념이다!)를 그의 심리학적인 재료인식의 규칙에 따라서 주어진 교육목적에 합당하게 만들려고 한다. 그러므로 이러한 관점에서 볼 때에는 목적달성에 성공하지 못하는 것은 그의 제작기술의 부족이거나 혹은 기본적으로 알고 있었어야 했던, 그리고 근본적으로 거기에서부터 그의 기술적인 오류가 초래된 재료의 잘못 때문이다. 근본적으로 이것은 그가 결코 간과해서는 안 되는 것이었다. 즉, 수공업적 이해에서 볼 때에는 교육적인 행위들의 결과는 근본적으로 그 행위 자체의 역량과 세심함에 전적으로 달려 있는 것이다. 본질적으로 그 결과는 인간의 의식적인 계획 안에 놓여 있다.

유기체적인 교육이해의 관점에서 볼 경우에도 상황은 이와 대부분 유사하다. 이 관점에서 볼 때 발전은 그 자체로 전혀 실패할 여지가 없는 법칙으로부터 비롯되며, 교육은 교란을 방지하는 것에 한정된다. 그럼에도 불구하고 때때로 교육자가 기대한 성과에 도달하지 못하는 것은 주어진 소질의 본성을 그릇된 표상으로 인도한 교육자의 잘못 때문이다. 혹은 밖으로부터 오는 교란을 완전하게 차단하지 못한 부주의 때문이라는 점에서 교사의 책임이다. 그러므로 이러한 교육이해에 따르면 위의 두 경우는 충분히 배제될 수 있는 것이며 교육의 결과는 근본적으로 인간의 계획의 범위 안에 놓여 있다. 병이나 재난처럼 밖에서 압도적으로 침입해 들어오는 숙명이 잘 진행되고 있는 발전을 강제로 중단시키는 일은 기껏해야 가끔씩만 일어나는 일일 뿐이다. 따라서 그러한 경우는 교육의 근본적인 조건으로 함께 고려할 필요가 없는 상황이라고 할 수 있다. 그러므로 이 경우에 교육자에게는 책임이 없다. 불행한 일이긴 하지만 본래적인 의미에서의 실패는 아니다. 왜냐하면 이 경우 실패는 교육자 스스로의 내부에서 초래된 것이 아니고 따라서 그 자신의 고유한 내면의 핵심에는 영향을 미치지 않기 때문이다.

이러한 두 가지 견해는 일정한 한계들에도 불구하고 교육에서 분명한 위치를 확보하고 있으며, 교육의 일정한 측면들을 의미심장하게 드러낸다. 그렇지만 이 두 가지 파악들은 이미 그 최초의 착점에 있어서 교육의 본질적인 핵심을 간과하고 있다. 교육의 본질적인 핵심은 그것에 기초해서 하나의 자유로운 존재가 다른 자유로운 존재에게 강압적으로 대결해 들어가고 또한 어떤 예측도 허용하지 않는 자유에 대한 자각에 바탕하고 있다. 따라서 교육의 걸음걸이는 처음부터 학생의 내면에 본래부터 주어진 그와 같은 자유를 반드시 고려해야 한다. 이와 같이 다른 사람의 자유를 인정한다는 것은 동시에 교육의 모험적인 성격을 인정한다는 것을 의미한다. 왜냐하면 다른 사람의 자유의지가 나의 교육적인 시도에 대립하고 거부할 수 있는 가능성이 교육 안에 언제나 근본적으로 포함되어 있기 때문이다. 이것은 재료의 부적합성이나 실패한 가소성과는 전혀 다른 것이다. 또한 외부에서 비롯된 우발적인 사건과도 다르다. 이 경우에는 교육자에 대항하는 다른 사람의 능동적인 의지에서 비롯되는 거부이기 때문이다. 그리고 이러한 가능성은 만약 내가 다른 사람을 그의 자유를 인정한 바탕에서 승인하려고 한다면, 비록 그것이 그릇된 방향의 (혹은 나의 교육적인 목표설정에 비추어서 바람직하지 않게 생각되는 것을 지향하는) 것일지라도 반드시 고려해야만 하는 것이다.

학생들은 언제든지 지극히 좋게 생각되는 교육적인 시도를 실패하게 만들 가능성이 있다. 그리고 그 경우에 실패는 실제적으로는 교육자의 실패가 된다. 그의 내면적인 인간의 핵심에 있어서의 실패이다. 그렇지만 이와 같은 모험의 한계적인 특성을 제거하고 실패의 위험을 회피하려는 시도는 필연적으로 다른 사람을 나의 작업을 위한 단순한 재료로 여기는 것이 된다. 따라서 다른 사람의 존엄성과 동시에 교육자체의 존엄성을 훼손하는 것이 된다.

이와 같은 실패의 가능성이 교육에서 종종 어려움과 비극을 초래한다. 왜냐하면 교육에 있어서의 실패는 다른 직업에 있어서의 실패와는 전혀 다른 것이기 때문이다. 일반적인 직업의 영역에서는 대개 어떤 일정한 사실적인 과업에 있어서의 실패가 문제가 된다. 따라서 그 과업에 관계했던 사람은 다른 과제로 관심을 돌리고 그 경우에 그의 존재의 본질은 전혀 문제가 되지 않는다. 그렇지만 교육자는 그의 내적인 핵심에서 실패한다. 왜냐하면 실존 안에서 그의 전력을 기울인 바로 그곳에서 좌절하기 때문이다. 교육자는 일상적으로 재료의 수동적인 저항뿐만 아니라 그의 학생들의 적극적인 반항 또한 극복해야 한다. 교육자라는 직업의 힘겨움과 소모성은 이러한 상황에서 비롯된다. 따라서 너무도 많은 교육자들이 너무나도 빨리 늙는다. 실패는 종종 교육에서 비극을 초래하곤 한다. 이러한 비극에서 초래되는 동요는 너무도 심해서 영웅의 영광 안에서 밝게 빛나기보다는 오히려 대개 조소 속에 불명예스럽게 묻혀 버리고 만다. 교육자의 실제적인 비극은 아직까지 시적으로 아름답게 표현되지 않았으며 따라서 주변 사람들에 의해서 거의 이해되지 못하고 있다.

2. 시도, 위기, 모험

참된 교육적인 모험의 본질을 개념적으로 우선 분명하게 밝힐 필요가 있다. 개념을 명확하게 함으로써 모험과 비슷하게 실패로 귀결될 수 있다고 언급되는, 그렇지만 본래적인 의미의 모험과는 다른 두 경우를 분명하게 구별하고자 한다. 그것은 시도(Versuch)와 위기(Risiko)이다. 이 두 가지는 교육의 현실에서 꼭 같이 무시해 버릴 수 없는 소여(Gegebenheit)이며, 여러 겹으로 모험과 연결되어 있다. 먼저 일반적인 고찰을 통해서 이 개념들의 본질을 드러내고 그런 후에 교육에 시사하는 의미를 살펴보려고 한다.[2)]

인간은 무엇인가를 시도할 수 있다. 이것을 보다 분명하게 다음과 같이 표현할 수 있다. 인간은 무엇인가를 시험해 볼 수 있다. 모든 수공업적이고 합목적적인 행위들이 이 경우에 해당한다. 우리는 낡은 방법으로는 불충분하다고 생각하고 또 그러한 방법을 개선할 수 있다고 생각할 때 무엇인가 새로운 것을 시도한다. 비록 불완전한 재료를 보다 낫거나 혹은 보다 싼 다른 어떤 것으로 대치할 수 없을지라도 시험해 볼 수는 있다. 혹은 어떤 새로운 취급방법이나 새로운 제작방법 등을 시도해 보는 경우도 있을 수 있다. 우선 일단 시도해 보는 것이다. 왜냐하면 기대한 결과가 나타날지 어떨지를, 그것이 '잘될 것인지' 어떨지를 알지 못하기 때문이다. 우리는 일단 시도해 보는 것이다. "백문이 불여일견(Probieren geht über Studieren)"이라고 하지 않았는가! 이 말은 또한 미리 설정된 생각이 좁은 한계를 설정했다는 것과 따라서 하나의 새로운 경험에 도달하게 되었음을 의미한다. 따라서 시도의 정당성은 그 결과에 의해서 결정된다. 시도 또한 실패할 수 있다. 아마도 이 경우에는 '실패하다' 라는 말이 너무 강한 표현인지도 모른다. 왜냐하면 시도가 '잘되지' 않는다는 것은 일상적으로 일어나는 일이며 당사자들은 결코 내면적으로 그것을 진지하게 고려하지 않기 때문이다. 물론 그로 인해서 시간과 힘을 써 버린다는 것은 유감스러운 일이다. 그렇지만 실패한 시도 또한 하나의 성과일 수 있다. 그리고 언제나 다른 새로운 것을 시도해야만 하는 것도 아니다. 마찬가지로 새로운 시도를 통해서 언제나 무엇인가를 배우는 것도 아니다.

이러한 시도는 인간이 존재하는 한 언제나 있는 것이다. 그렇지만 현대 자연과학은 시도를 규칙적이고 기술적인 절차로 만들었다. 동시에 시도의 조건과 관련된 변인들의 반복 가능성을 통하여 체계적이고 인과적인 탐구를 가능하게 만들었다. 이러한 예는 실험에서 찾아볼 수 있다. 이 경우 실험은 손으로 조작하는 실험을 말하는 것이 아니라 체계적인 경험의 토대가 되는 계획적인 조작을 의미한다. 그렇지만 여기에서는 실험에 대해서 더 이상 자세하게 언급하지 않기로 한다.

인간은 위기에 처하도록 내맡겨져 있다. 이것은 시도와는 전혀 다른 영역에 속하는 것이며 보다 깊이 있는 고찰 없이는 시도와 비교할 수조차 없다. 예를 들어서 밧줄의 튼튼함을 시험하는 경우를 생각할 수 있다. 그렇게 함으로써 하중에 대한 습관적인 이해를 중단한다. 우리는 그것을 습관적으로 받아들이기를 거부하고 그러한 습관적인 이해를 시험하게 된다. 그렇게 함으로써 앞서 행해진 시험을 의심하며 또한 그 밧줄은 '이미 튼튼한 것으로 판정되었다' 는 결론을 거부한다. 시도에 있어서 우리는 일반적이고 확고부동한 합법칙성을 경험한다. 위기에 있어서는 인간이 근본적으로 예측할 수 없는 돌발적인 사건이 나타난다는 점에서 전혀 다르다. 위기에서 우리는 수동적이 되며 일어나는 일의 과정에 아무런 영향도 미치지 못한다. 단지 그대로 받아들일 뿐이다.

위기는 때로는 불가피하다. 예를 들어서 상인은 그의 직업의 특성상 필연적으로 위기에 처할 수밖에 없다. 왜냐하면 그의 사업의 결과는, 비록 현대의 보험제도들이 그러한 위험을 감소시키기 위한 방안들을 모색하고 있음에도 불구하고, 미래의 시장 상황과 그 밖의 예측할 수 없는 요인들에 달려 있기 때문이다. 모험하지 않는 자는 성취하지 못한다는 격언이 있다. 여기에서 위기가 용인되고 있다는 것이 주목을 끈다. 비록 오늘날의 예보들이 그와 같은 위험을 감소시키려고 노력하지만 우리는 여전히 휴가여행을 출발할 때에 날씨가 초래할 수 있는 위기에 대해서 염려한다. 삶 전체가 많든 적든 간에 위기에 둘러싸여 있다. 따라서 우리는 모든 계획을 수립함에 있어서 반드시 위기를 고려해야 한다.

그렇지만 피할 수 있는 위기에 의도적으로 들어가는 것은 경솔한 일이다. 만약 그러한 위기가 외적인 행운에 의해서 극복되지 않고 심각한 처지로 빠져 들게 될 때에는 책임을 면할 수 없게 된다. 자신의 삶을 위기 속으로 몰아넣는 사람은 무책임한 사람이다. 삶이란 결코 '행운'에 맡길 수 있는 것이 아니기 때문이다. 위기는 언제나 감당할 수 있는 일과 관련된다. 삶을 위기 속으로 몰아넣는다는 것은 삶을 우리가 마음대로 처리할 수 있는 '일'로 취급하는 것이다. 삶 전체를 걸고 무엇인가에 몰두할 수 있다. 그렇지만 그것은 위기

속으로 들어가는 것과는 전혀 다르다. 그 경우에 나는 그것이 초래할 위험에 대해서 깊은 책임을 자각하기 때문이다. 위기에 직면하는 것과 진정한 모험은 별개의 것이다.

그에 반해서 모험은 전혀 새로운 영역의 문제이다. 우리는 그 차이를 종종 다음과 같은 표현 속에서 가장 잘 규정할 수 있다. 시험에 있어서는 언제나 무엇인가를 시험하지만, 모험의 경우에는 언제나 궁극적으로 나를 모험에 내맡긴다. 내가 무엇인가에 모험을 걸 때 나는 언제나 나의 전체를 거는 것이다. 따라서 위험은 윤리적인 문제와 무관할 수 있고 심지어 때로는 비윤리적일 수도 있지만 진정한 모험은 항상 윤리적인 책임을 동반한다. 그러므로 만약 어떤 모험이 실패하게 될 경우에 그것은 비교할 수 없을 정도로 중대한 문제가 된다. 어떤 시도가 실패할 경우 그것은 그의 내면과는 상관없이 사실적인 차원에 한정된다. 만약 어떤 시도에서 실패하게 되면 그것은 개개인에게 있어서 고통스러운 일이기는 하지만 그의 내면에는 큰 영향을 미치지 않는다. 그렇지만 모험이 실패하게 될 경우에는 그 자신의 인격의 핵심이 그 실패로 인한 상처를 입게 된다. 그러므로 실패하는 모험은 언제나 진정한 실패이다. 모든 모험에는 이미 그러한 실패의 가능성이 포함되어 있다.

3. 교육으로의 전용

시도, 위기, 모험의 세 형식은 교육에서 되풀이해서 나타난다. 교사는 그의 직업세계 안에서 발생하고 변화하는 요구들을 충족시키기 위해서 여러 가지를 시도해야 한다. 새로운 교수방법을 시도하고 학생들이 이런저런 소재들에 어떻게 반응하는가를 살피며 그들의 흥미를 수용하기 위해서 노력한다. 교사는 오직 그가 새로운 것을 시도하는 동안에만 살아 있는 것이다. 그러한 시도들은 자연과학적인 실험의 방법에 비추어서 체계적으로 수행될 수 있다. 그렇지만 그와 같은 체계적인 시도들은 본질적으로 교육학적인 연구의 범주에 속하는 것이며 직접적인 교육의 영역과는 별개의 것이다.

교육적인 시도, 특별히 수업에서의 시도 또한 실패할 수 있다. 그것은 교육자에게 있어서 일반적인 시도의 실패와 다를 바 없는 실패를 의미할 뿐이다. 그 각각의 실패들을 유감스럽게 생각하는 것은 당연하다. 그렇지만 그는 그러한 실패로부터 배우며 다시금 새롭게 시도하게 된다. 따라서 시도는 교육의 수공업적인 부분에 해당하며 교육방법의 발전을 위한 중요한 보조수단이다. 그러므로 하나의 시도에 있어서의 실패는 긴 안목에서 볼 때에는 전혀 실패가 아니다.

교육자는 때때로 세심한 숙고를 허용하지 않는 시급한 결정의 상황에 직면하는 경우가 있다. 이러한 상황은 본질적으로 위기를 초래한다. 그러나 이러한 경우는 본질적인 교육적인 태도와는 거리가 있는 상황이다. 따라서 이러한 상황에 대해서는 논의하지 않기로 한다.

이에 비해서 모험은 특별한 방식으로 교육적인 태도와 결합되어 있다. 헤르바르트는 잘 알려진 그의 글[3]에서 소년들과 젊은이들은 모험을 해야 한다고 이야기하였다. 이 경우에 모험은 발전의 바탕이 되는, 실패할 경우 교육자에게 있어서 하나의 불운으로 취급되는 임의의 위기와는 전혀 다른 것이다.

오히려 교육적인 필요가 그 스스로 모험을 요청한다. 헤르바르트가 그의 글에서 계속해서 강조하였듯이 모험을 통하여 청소년들은 성인이 된다. 우리는 그들이 자신의 젊은 용기와 오만을 시험해 보는 것을 억제해서는 안 된다. 이러한 모험을 거치지 않고 자유와 자립에 도달할 수 있는 다른 길은 교육 안에 주어져 있지 않다. 지나치게 신중하고 불안해하는 '보호'는 성숙에 이르는 길을 방해하게 된다. 활발하게 돌아다니는 병아리를 속수무책으로 쫓아다니면서 꾸꾸거리는 암탉은 보호에 대해서 마찬가지로 속수무책인 교육자의 모습과 일치한다.

그럼에도 불구하고 단순한 투기(Abenteuretum)와 참된 모험은 구분되어야 한다. 그러한 투기는 위험을 추구하고 그 위험을 특별한 자극으로 즐긴다. 그러한 투기는 모든 것을 투기한다. 어떤 목적을 추구하는 것이 아니라 단지 위험 그 자체를 추구하는 것이다. 이와 같은 의미의 투기를 즐기는 교육자도 존재한다. 소년운동의 지도자들 중에도 이러한 사람들이 드물지 않다. 이들은 청소년들에게 절대적인 영향을 미치며, 청소년들을 위험에 빠뜨린다. 그렇지만 진정한 교육적인 모험은 숙명적인 것이라는 점에서, 그리고 지극히 높은 윤리적인 책임감을 동반한다는 점에서 단순한 투기와는 구별된다.

그러므로 교육적인 모험들은 그 하나하나가 매우 개별적인 특징을 갖는다. 하나의 전형적인 가능성을 밝혀내려는 모색적인 노력과 그것을 통해서 이러한 모험의 공통적인 요소를 드러내는 것은 중요하지 않다.

지금 여기에서 논의한 것은 완벽하게 논리적으로 설명할 수 있는 범주에서 벗어난 일이며, 그와 관련해서 어려움이 초래된다. 따라서 여기에서는 앞으로의 보다 분명한 논의를 위해서 기초가 될 수 있는 몇 가지 제한적인 특징들을 파악하는 것으로 만족해야 한다.

4. 출발점으로서의 간단한 예

교육자가 시도하는 모험을 예를 통해서 밝히기 위해서, 비록 가장 간단한 예이긴 하지만, 나 자신에게 친숙한 교육적인 상황을 예로 들고자 한다. 그것은 교수의 박사과정 학생에 대한 관계이다. 만약 어떤 학생이 교수의 지도 아래 어떤 학문적인 과제를 시작하게 되면 그것은 학생에게 있어서뿐만 아니라 교수에게도 마찬가지로 실패로 끝날 수 있는 공동의 과제가 된다. 이미 누군가가 특정한 주제에 착수하는 것부터가 하나의 모험이다. 왜냐하면 모든 사람이 '그 자신만의' 주제를 필요로 하며, 그 사람이 그 주제를 어떻게 다룰지는 미리 예측할 수 없기 때문이다. 요즘에는 우선 어떤 주제를 발견하고, 막연한 가능성에서 출발해서 분명한 주제를 정하기까지 다양하게 탐색해 보고, 다시 그것을 표현해 보아야 한다는 것을 이해하는 학생을 찾아보기가 매우 드물다. 그렇지만 여기에서는 이 문제를 상세하게 이야기하기보다는 때때로 야기되는 갈등에 대해서 살펴보고자 한다. 예를 들어서 살펴보자. 교수는 때때로 옆길로 빠지는 학생을 보게 된다. 학생 각자에게 있어서 중요한 것은 우선 스스로 그 자신의 경험을 축적하는 것이고, 그러한 경험의 축적은 상당한 시간과 노력을 필요로 한다. 종종 학생들은 그러한 경험의 축적에 이르는 길을 단축하려고 한다. 만약 어떤 학생이 이러한 경험의 축적에 필요한 많은 시간을 헛된 것으로 생각하거나 특히 경제적인 사정이 조급한 결론을 강요할 경우에는 더욱 그렇다. 다른 경우로, 명백하게 자신의 힘에 부치는 과제 앞에서 고민하는 학생에게 기꺼이 포기하라고 충고해야 하는 경우도 있다. 그렇지만 이 또한 간단한 일이 아니다. 왜냐하면 당사자들은 대체로 그 과제에 대해서 심각하게 몰두하고 있으며, 불확실한 문제에 특별한 애착을 가지고 매달려서 포기하지 않으려 하기 때문이다. 더욱 곤란한 경우는 그가 명백하게 잘못된 길로 들어서서 그릇된 생각에 집착하고 있는 경우이다. 그런 경우에는 간섭이 요청된다. 이러한 간섭은 교육적인 모험의 가장 대표적인 예라고 할 수 있다.

학생들은 그 자신의 사고방식에 빠져 있거나 혹은 너무 집착하고 있다. 따라서 부드러운 권고를 받아들이기가 힘들다. 다른 사람이 나의 권고에 귀를 기울이도록 하기 위해서는 분명하게 이야기해야 하고 때때로 날카롭게 비판해야만 한다. 때로는 날카로운 비판을 통해서 어떤 과업에 있어서의 위기를 야기해야만 한다. 그래야만 그릇된 길을 포기하고, 그 과제를 다시금 자유로운 형식 안에서 바르게 수행할 수 있다. 그렇지만 당사자가 비판에 당황하고 반대에 대해 흥분하게 될 수도 있다. 그 경우에 과제의 성공은 대개 불확실하게 되며, 학생뿐만 아니라 교수도 그 일에서 함께 실패하게 된다.

평탄하고 넓은 길과 험한 길의 여부는 일을 돌보기에 달려 있다. 넓고 평탄한 길은 학생들에게 그의 방법을 확고하게 하라고, 그 자신의 생각을 자제하고 나중에 모든 것들이 제대로 이루어지기를 희망하도록 권유하는 데에 있다. 그렇지만 때때로 무엇인가가 제대로 이루어지지 않을 경우가 있다. 그 경우에는 어려운 길을 감수해야만 한다. 그러한 경우에 우리는 그 일을 실제적으로 변화시키기 위해서 약점을 무자비하게 드러내는 예리한 비판을 가해야만 한다. 어느 정도까지 비판을 받아들일 수 있을지, 그리고 어느 정도까지 비판을 가해야 하는지에 대한 판단은 모험이다. 건설적인 비판을 통해서 문제로부터 벗어나게 할 수 있다. 그렇지만 낙담시켜서 일 전체를 그르치게 하거나 그 학생이 오랫동안 불신에 빠지게 만들 수도 있다. 이 두 경우 중 실제로 어떤 경우가 될지에 대해서는 근본적으로 예측이 불가능하다. 그럼에도 불구하고 우리는 그것을 감행해야 한다. 거기에다가 무엇인가에 대한 탐구의 열정이 갑자기 몰아닥치거나, 따라서 그 결과를 전혀 예측할 수 없는데도 불구하고 갑자기 행동해야 하는 경우도 있다. 또한 때때로 좋은 의도가 어쩔 수 없이 파멸을 초래하는 경우도 생긴다. 그러한 경우에는 학생뿐만 아니라 교수도 그 과제 안에서 함께 실패에 직면한다. 왜냐하면 궁극적인 실패는 대개 외적으로는 드러나지 않는 고독한 교육적인 책임의식에서 생겨나기 때문이다.

이것은 때때로 그 힘겨움으로 인해 고통을 느끼곤 하는 나 자신의 특수한 상황에 관계된 일이다. 그렇지만 이와 같은 상황은 교육의 현장에서 언제나 일어날 수 있다. 우리는 결과를 예측할 수 없고, 그럼에도 불구하고 급작스럽게 맞닥뜨리지 않으면 안 되는 어떤 것을 지시하거나 결단해야 하는 경우에 직면하곤 한다. 그러한 경우는 어떤 특정한 의도된 경험을 목표로 하는 시도와는 명백하게 다르다. 이 경우에는 시도하는 사람 자신과 무관하게 독립적으로 존재하면서 객관성을 입증해 줄 수 있는 준거도 존재하지 않는다. 많은 경우에 그러한 경우들은 대체로 위기가 된다. 왜냐하면 그러한 결단의 정당성에 대한 희망은 바로 그 시도 자체에 달려 있기 때문이다. 그러므로 그것은 하나의 진정한 모험이다. 왜냐하면 나 자신을 거기에 전적으로 걸며, 그 결과에 대해서 책임을 져야 하기 때문이다. 따라서 그 경우에 실패는 유감스러운 불행이 아니고 당사자의 내면의 핵심에 부딪쳐 오는 참다운 실패이다.

5. 권위를 거는 모험

앞서의 예비적인 고찰에 따라서 교육적인 모험과 실패의 몇 가지 전형적인 예들을 살펴보려고 한다. 불가피한 모험의 가능성은 그 자체로 이미 크든 적든 간에 교육의 본질에 포함되어 있는 일상적인 훈육의 어려움을 나타낸다. 말하자면 어린 학생에게 나를 따르도록 강요할 수 있는 것은, 그의 편에서 볼 때에는 신체적인 우월함 때문이거나 일반적인 사회적 규범을 포함하고 있는 학교규칙의 강요 때문이다. 따라서 이 경우에는 대체로 아직 본래적인 교육의 영역에 들어선 것이 아니라고 할 수 있다. 모험은 오히려 강요할 수 없는 것을 내가 명령하는 곳에서, 그리고 신체적인 우월함이나 규칙의 강제력을 통해서 그것을 강요할 수 없다는 것을 인정하는 데서 시작된다. 그럼에도 불구하고 언제나 나는 확실하게 여겨지는 어떤 분명한 목표를 달성하기 위해서 명령해야만 하는 처지에 직면한다. 한편으로 나는 내가 교육하는 어린이의 실제적 혹은 윤리적 통찰이 나의 명령의 부름에 따르도록 할 수 있다고 믿기 때문에 명령할 수 있다. 그렇지만 다른 한편으로 나의 행동은 항상 불가피한 불확실성의 요소를 포함하고 있다. 왜냐하면 어린이가 그와 같은 통찰을 가지고 있는지 없는지에 대해서, 그리고 그러한 통찰을 가지고 있다고 할지라도 그것이 실제로 그 어린이의 행동에 영향을 미칠지에 대해서는 알지 못하기 때문이다. 그러므로 그와 같은 명령은 확실히 위험한 일이다. 그렇지만 나의 명령이 수행될 것이라는 것을 어느 정도 알고 있다고 믿는 경우에 한해서 명령할 수는 없다. 왜냐하면 그 경우에 나의 명령은 순수한 기술적인 지도에 불과하고 본질적인 교육과는 무관하기 때문이다. 나의 명령이 수행될 것인지를 확신할 수 없는 경우에도 명령해야만 한다. 그리고 거기에서 나의 교육적인 책임으로부터 의식적으로 발하는 명령에 따르는 진정한 모험이 초래된다.

여기에서 나의 권위 전체와 밀접하게 관련된 문제에 직면한다. 모든 명령은 언제나 나의 권위에 영향을 미친다. 기계적인 인과관계에 의해서 강요되는 것이 아니라 자발적으로 요구에 복종하는 자유로운 존재를 상정하는 것이 권위의 본질이다. 그렇지만 이와 같은 자발적인 복종은 이전의 교육의 경과를 통해서 미리 준비된 것이어야 한다. 따라서 교육자는 종종 학생들에 의한 거부, 부당한 반발 혹은 말 그대로의 무질서를 윤리적인 당위성을 앞세워 억누르지 않고 그대로 직면해야 하는 극한적인 상황에까지 가게 된다. 스스로 자신의 무력함을 알고 있으면서도 반항하는 청소년들이나 어린이를 만난다는 것은 모험이다. 언제나 교사 자신의 모든 의지를 동원해서 결단해야만 하는, 그리고 그와 같은 결단 안에서 그의 인간 존재의 모든 역량을 동원해야만 하는 모험이다.

오직 이러한 모험 안에서만 교육적인 성취가 이루어진다. 그리고 학생들이 교사의 전 인격을 보다 더 확실하게 신뢰하게 될수록 그만큼 더 이러한 모험의 성과도 분명해진다. 모험은 언제나 실패할 가능성을 포함하고 있다. 그리고 실패한 경우에 그것은 어떤 하나의 위기에서 실패하는 것일 뿐만 아니라 그 자신의 고유한 활동인 교육에 있어서도 실패하는 것이다.

만약 권위가 한 번 실추되고 나면 대개 곧바로 일상적인 상황에서 권위에 대한 시험에 직면하게 된다. 그 경우 외적인 수단을 통해서 실추된 권위를 회복하기는 매우 어렵다. 따라서 교사는 그의 학생들에게 더 이상 권위 있는 존재로 여겨지지 않게 된다. 권위의 실추 이후에 다시금 권위를 회복한다는 것은 기대하기 힘든 일이다. 그는 완전히 실패한 것이다.

6. 신뢰의 모험

교육에 있어서 필연적으로 모험을 요청하는 다른 하나의 경우이면서 교육적인 실패의 또 다른 한 예는 교육자가 어린이에게 주어야만 하는 신뢰와 관련된다. 건전한 인간의 성장은 오직 신뢰의 분위기 속에서만 이루어질 수 있다는 것은 이미 다른 곳에서 상세히 다룬 바 있다.[4)] 내가 다른 사람에게 나타내는 모든 불신은 그 사람에게 영향을 미친다. 그러한 불신은 마치 내가 그러한 불신을 통해서 그들이 그렇게 되기를 기대하기나 한 것처럼 그들을 비루하고 어리석고 꿍꿍이속이 있는 사람으로 만든다. 반대로 모든 신뢰는 긍정적인 의미에서 그 사람을 원래부터 이미 그러한 신뢰를 받을 만한 사람이었던 것처럼 여겨지는 보다 훌륭한 사람으로 변화시킨다. 우리는 다른 사람을 보다 좋은 사람으로 대함으로써 그를 그와 같은 보다 훌륭한 사람이 되게 할 수 있다. 이러한 의미에서 언젠가 하르트만(N. Hartmann)은 다음과 같이 이야기하였다. "믿음으로부터 나오는 윤리적인 힘은 탁월한 교육적인 힘이다. 믿음은 그 믿는 바대로 사람을 좋게도 나쁘게도 만들 수 있다."[5)]

청소년들을 향한 그러한 믿음은 특별히 교육적인 조치(충고나 벌을 통한)를 통해서 그가 그릇된 방향으로부터 이끌려 나오는 곳에서 요청된다. 그리고 새로운 삶을 시작함에 있어서 겁먹고 감정적으로 예민해서 상처를 입기 쉬운 경우와 같은 위기적인 상황에서 요청된다. 실제로 새로운 계획이 지속될 수 있는지의 여부는 오직 당사자 자신에게만 달려 있는 것이 아니라 그의 새로운 계획에 대한 교사의 신뢰로부터도 영향을 받는다. 예를 들어서 한 사람이 어떤 잘못을 진정으로 고치려고 약속하는 경우에 이러한 새로운 삶을 위한 힘은 그가 그렇게 하겠다고 약속한 교육자에게, 다시 말해 그의 약속에 대한 교육자의 믿음에 달려 있다. 이러한 신뢰의 도움 없이는 가장 단단한 계획이라도 무너지고 만다. 그러한 실패는 너무나도 많은 실망 끝에 그 약속을 도저히 믿을 수 없다고 이야기하는 경우에, 결국 그 당사자가 그 모든 좋은 계획에도 불구하고 다시금 실패하고 말 것이라고 확신하는 경우에 해당된다. 이러한 회의는 반복되는 많은 경험을 통해서 형성된 것이며, 파괴적인 영향을 미친다. 왜냐하면 그러한 의혹은 언제나 그러한 약속이 이루어질 것이라는 신뢰에 의존하고 있는 학생들의 수행 능력에 대한 의지를 박탈해 버리기 때문이다. 그렇기 때문에 교육자는 그 모든 낙담과 실망에도 불구하고 항상 이와 같은 새로운 신뢰의 힘을 회복해야만 한다.

그렇지만 상대방을 새로운 존재로 창조하는 그러한 신뢰의 작용(권위의 작용과 매우 비슷한)이 기계적인 작용이 아니라는 데에 어려움이 있다. 다시 말해서 그 결과가 반드시 나타나는 것이 아니라 모험을 야기하는 것이며, 그럼에도 불구하고 교육자가 매번 새롭게 그러한 신뢰를 회복하여야 하기 때문이다. 그래서 하르트만은 위에서 인용한 부분에서 다음과 같이 강조하였다. "모든 신뢰와 믿음은 하나의 모험이며, 윤리적인 용기와 정신적인 힘에 속한다. 그것은 언제나 인격을 거는 것에서 비롯된다." 계속해서 그는 다음과 같이 이야기하였다. "신뢰하는 사람은 그가 신뢰하는 이의 손에 그 자신을 맡기며, 그 자신을 그 일에 건다."[6] 그렇기 때문에 어린이들을 향한 신뢰의 모험이 성공할 수 있으며, 교육적인 계획이 결실을 거두게 된다. 그러나 그러한 신뢰의 모험에는 언제나 실패할 가능성이 주어져 있다. 그 경우에 교사는 교육자에게 필연적으로 요청되는 자질인 조심성이 부족하고 무책임하게 좋기만 한 사람, 어리석게 행동하는 사람이 되고 만다. 실패에 대한 비웃음에 직면하게 되는 것이다.

신뢰를 거는 모험에 관한 좋은 예를 1918년의 감화교육에서 찾을 수 있다. 그 때까지 당연한 관례였던 칸막이를 철폐하고 닫혔던 문을 열고 신뢰의 분위기 속에 학생들을 자유롭게 풀어 주었으며, 그 결과 외적인 강제 없이도 빗나가지 않는다는 것을 알게 된 것이다. 위대한 교육적인 성과들이 이와 같은 모험을 통해서 성취된다는 것은 잘 알려진 일이다. 그렇지만 그러한 신뢰는 언제나 모험이기 때문에 다른 모든 모험에서와 마찬가지로 실패의 가능성을 감수해야만 한다. 신뢰의 모험은 모든 교육적인 힘을 거기에 투입할 때에만 성공할 수 있다. 이러한 힘이 늦추어지거나 혹은 신뢰가 단지 일상적인 일로 변질될 때에는 곧바로 실패하게 된다.

신뢰는 언제나 다음과 같은 것을 의미한다. 근본적으로 타인의 예측할 수 없는 자유의지에 의존해 있기 때문에 증명할 수도 없고 강요할 수도 없는 것에 거리낌 없이 자신을 투입한다는 것이다. 따라서 신뢰하는 자는 그의 모든 인간적인 힘을 투입하고, 또 그렇게 함으로써 있을 수 있는 나쁜 결과들을 배제하면서 항상 자신을 드러내어야만 한다. 그리고 주저함 없이 그 자신의 전 인격을 투입해야만 하기 때문에, 실패할 경우에는 그의 내면에 상처를 입게 된다. 따라서 실패는 진정한 실패가 되고 그 자신도 동시에 파멸하게 된다. 왜냐하면 신뢰에서 실망한 학생뿐만 아니라 다른 모든 학생들 또한 그 실패를 주시하며, 따라서 다른 경우의 성공에 대한 희망 또한 거기에서 심각하게 손상되기 때문이다.

그러므로 다음과 같은 점을 항상 고려해야 한다. 교육자가 실패하는 것은 보다 더 나은 통찰을 가졌더라면 피할 수 있었을 어떤 실수 때문이 아니라는 것이다. 과오에서 비롯되는 결과는 전혀 다른 경우이다. 모든 것을 제대로 행한 경우에도 교사는 실패할 수 있다. 왜냐하면 모험의 본질에 비추어 볼 때 신뢰에 대한 결과는 근본적으로 예측할 수 없고, 본질적으로 인과적인 사건이 아니기 때문이다. 여기에서 교육 안에 본래적으로 주어진, 그리고 모든 인간적인 배려에 기초한 성취를 부정해 버릴 수 있는 숙명적인 특성이 드러난다.

물론 교육자는 어린이(혹은 다른 사람들 일반)에게 신뢰가 그의 발전을 위해 필요한 지원책이라는 것을 이야기할 수 있다. 또한 스스로 자기 자신을 신뢰에 완전히 맡기는 대신에 인간적인 나약함에 대한 '현실적인' 지식들에 기대어 신뢰를 제한할 수 있다. 이를 통해서 처음부터 확실한 실망의 개연성을 계산함으로써 신뢰의 모험이 초래할 수 있는 위기를 회피하려고 시도할 수 있다. 이와 같은 태도는 매우 현실적일 수 있고 당면한 학생을 이해시키는 데 도움을 줄 수도 있다. 그렇지만 교육적으로는 가치 없는 일이다. 마치 신뢰하는 것처럼 행동하는 것만으로는 충분치 않다. 스스로가 자신의 신뢰를 진정으로 확신하고 그 자신의 신뢰를 쏟아 넣어야만 한다. 그렇지 않을 경우에는 어린이에게(혹은 다른 사람들에게) 믿음을 줄 수 없다. 그러나 이것은 경솔하게 믿어 버리는 식으로 쉽게 환상에 빠져도 된다는 뜻은 아니다. 오히려 최대한의 회의적이고 현실적인 지식을 필요로 한다. 그렇지만 이러한 지식에도 불구하고 그 지식과 신뢰의 모험 사이의 타협을 그 자신의 내면에서 수행해야만 한다. 만약 다른 사람에게 자신의 신뢰를 전달하려고 한다면, 실패에 대한 기존의 모든 경험들과 지식에도 불구하고 그는 진정으로 스스로 신뢰해야만 한다.

이와 같은 신뢰의 요청이 교육자의 특별한 어려움을 무엇보다도 잘 드러낸다. 그 자신의 신뢰에 대해서조차 실망할 수 있다는 것이 교육자의 직업의 숙명이다. 그는 그 스스로의 신뢰에 있어서도 실패할 수 있다. 체념과 쓰라림의 체험이 거기에 도사리고 있다. 많은 교육자들이 이러한 쓰라림에서 낙담하고 그의 직업을 단지 외적인 반복적 일과로 생각하게 된다는 것은 거부할 수 없는 사실이다. 그렇지만 항상 다시금 스스로 이러한 체념으로부터 빠져나오고, 그러한 실망에도 불구하고 언제나 다시금 신뢰의 새로운 힘을 회복하는 것이 교사의 과제이다. 때때로 이것은 인간적인 역량을 벗어나는 일이며, 이러한 의미에서 우리는 교육자들이 그들의 신뢰의 역량을 벗어나는 과도한 요구에 직면하게 된다고 이야기한다. 이러한 과도한 요구가 그렇게도 많은 교육자들을 너무 빨리 늙게 만드는 궁극적인 원인일 수 있다. 그렇지만 반대로 이러한 신뢰의 활력은, 마찬가지로 교육자로 하여금 내적인 젊음을 유지하게 하는 원인이기도 하다.

7. 숨김없는 솔직함의 모험

교육적인 모험의 보다 심화된 한 형태로서 교사의 어린이에 대한 요구를 들 수 있다. 교사는 어린이에게 그들의 성장 단계에 적합한 것만을 요구하는 것이 아니라 오히려 항상 성장단계를 넘어선 것을 요구한다. 예를 들어서 교사는 어린 학생들에게 그 시기에 적합한 언어 발달보다 높은 단계의 언어로 이야기하는 경우가 있다. 이 경우에는 보다 높은 단계로의 성장을 자극하기 위해서, 말하자면 그 어린이가 앞으로 나아갈 '발전의 궤적' 을 만들기 위해서 바로 그 다음 단계의 언어로 이야기한다. 이 경우에도 하나의 모험이라고 할 수 있다. 왜냐하면 너무 많은 긴장이 부여될 수 있고, 어린이들의 거부와 실망에 직면할 수 있기 때문이다. 이와 같이 교사는 적어도 이따금씩은 어린이들의 역량이 미치는 범위에서 지적이고 윤리적인 자기극복이나 윤리적인 요청들을 부과하곤 한다.

순수하게 사실적인 재능이나 지식과 관계된 영역보다는 감성적인 영역과 관련해서 또한 우리가 '신성하게' 생각하는 영역과 관련해서 특별한 위험이 초래될 수 있다. 위대한 시의 내용이나 일반적으로 인간의 문화에 대한 탐구와 관련된 경우이다. 여기에서 어린이들은 그 자신의 성장단계보다 더 높이 끌어올려져야만 된다. 거기에 필요한 준비가 되어 있어야 하고 실제로 그러한 성취들이 이루어져야 한다. 기대했던 성취가 이루어지지 않거나 거부당하거나 그 당시나 혹은 차후에라도 그와 같은 성취를 거부할 수 있는 판단을 강화하게 되는 경우에는 위험이 초래된다. 그렇지 않으면 단순한 순간적인 반항으로 그것에 저항하게 될 경우에라도 위험이 초래된다. 앞에서 파악한 바와 같이 이러한 모험 안에서 교사의 고유한 내적인 삶이 중단된다. 왜냐하면 그와 같은 모험은 교사의 내면에 깊이 뿌리 내리고 있는 것을 학생들이 의심하고 비웃게 만들 수 있는 위험을 포함하고 있기 때문이다.

여기에서 결정적인 문제에 직면한다. 교사는 언제나 그 자신이 매개한 정신적인 내용들을 제시해야 한다. 따라서 사람들이 종종 내면의 궁극적인 핵심은 감추어 버리듯이 그 자신의 감정과 신념들을 배제해 버려서는 안 된다. 따라서 그는 소위 영혼의 사적인 부분을 아직 미숙한 다른 사람에게 개방해야 하는 처지에 있다. 그렇게 함으로써만 교사는 학생들의 영혼의 내면으로 다가갈 수 있기 때문이다. 모든 사람은 다른 사람들에게 자신의 깊은 내면을 보여 주지 않을 권리가 있다. 다시 말해서 가면을 쓰고 그 뒤에 자신의 비밀스러운 것들을 감출 수 있는 권리가 있다. 단지 아주 가끔씩 자신이 신뢰하는 타인 앞에서만 그 가면을 벗는다. 오직 교사만이 어떻게 받아들여질 것인지에 대하여 알지 못하는 상황에서 그 자신의 가장 비밀스럽고 깨어지기 쉬운 것들을 드러내고 이야기하도록 강요된다. 이러한 점에서 시인들은 매우 유리한 상황에 있다. 왜냐하면 그는 이러한 내면세계의 고독을 글로 표현할 수 있고 청중들 앞에 직접 스스로를 드러내지는 않기 때문이다. 단지 교사만이—성직자의 경우도 비슷하다—내면적인 것들을 이야기해야 하는 처지에 있다. 그렇지만 이것이 그 자신에 대해서, 그리고 그 자신의 사적인 정신세계에 대해서 이야기해야 한다는 것이 아니라는 점은 분명하다. 그렇게 하는 것은 실제로 염치없는 일이며 필연적으로 반드시 유지되어야만 할 거리를 침해하는 것이다.[7] 그렇지만 그가 '사실들' 에 대해서 이야기할 경우에 그러한 '사실들' 자체가 이미 그의 내면과 매우 밀접하게 연결되어 있다. 다시 말해서 그러한 사실들에 대한 진정한 공감과 가장 없는 표현을 통해 이미 그는 그 자신의 감정을 솔직하게 드러내게 된다. 교사는 스스로 솔직함에서 멀어져서는 안 된다. 오히려 솔직함은 교사가 늘 되풀이하지 않으면 안 되는 자기 자신을 거는 모험이다. 교사는 항상 새롭게 이러한 솔직함의 모험을 시도해야 한다.

이와 관련해서 이러한 내면적인 것들이 적당한 내적 제지 없이 다른 사람의 발전보다는 아마도 교사 자신의 기분의 만족을 위한 '재료' 가 될 위험이 개입된다. 그럴 경우에는 대개 모든 '점잖은' 혹은 '다감한' 목소리가 듣는 이에게는 오직 고통스러울 뿐이다. 왜냐하면 이 경우 말하는 자와 마찬가지로 듣는 자 역시, 자기극복에 대한 노력으로부터 필연적으로 약점에 대해서 솔직하게 이야기하는 것이 요청됨에도 불구하고 말하는 사람과 꼭 같은 수치심을 느끼게 되기 때문이다.

그러므로 내적으로 살아 생동하는 교사는 결정적인 것을 말하기에 앞서서 언제나 반드시 극복해야 할 자연적인 보호욕구에 대항하여 투쟁하는 중에 있다. 그렇게 함으로써만 그는 궁극적인 내용의 전달에 성공할 수 있다. 오르페우스가 야수를 그의 노래의 힘으로 달랜 것처럼, 교사도 그의 거리낌 없는 솔직함의 희생을 통해서 학생을 지금까지 생소한 것이었던, 그리고 그 스스로는 거기에 도달할 수 없었던 것으로 가까이 이끌어 간다. 학생을 이끌어 가는 데 성공할 수는 있다. 그렇지만 그것은 항상 모험이다. 또한 관계가 형성되지 않거나 혹은 다시금 무너질 수 있는, 그리고 학생과의 내적인 관계가 단지 가끔씩만 작동하거나 혹은 단지 비웃음만 사게 될 위험이 항상 존재한다. 그러므로 다음과 같이 이야기할 수 있다. 다른 모든 사람들이 장막 뒤에 감추려고 할지라도 교사는 그의 영혼을 열어 두어야 한다. 그것을 통해서 늘 새롭게 솔직함의 모험이 그에게 닥쳐온다. 따라서 교사는 다른 사람들과는 전혀 다른 특수한 방식으로 위험에 처하게 되고, 그의 학생들의 손에 맡겨지게 된다.

8. 실패

비록 참된 의미의 실패라고는 할 수 없지만, 참된 실패로 우리를 이끌어 주는 한 예를 통해서 다른 하나의 특징이 분명하게 드러난다. 놀랍게도 교사 자신이 범한 잘못들, 말하자면 근거 없이 표방된 의심이나 분별없는 꾸지람 후에 이루어지는 사과 등이 학생들의 학창시절—때때로 수십 년 후에라도 역시—의 기억 속에 어떤 인상을 남기는 경우가 있다. 이와 같은 실수는 장기적으로 볼 때에는 전혀 실수가 아니다. 이상한 것은 그러한 실수가, 그것 때문에 교사가 잘못을 시인하고 사과하게 됨에도 불구하고, 실수 없이 이루어진 교육이 달성하는 것에 비교할 수 없을 정도로 큰 영향을 학생들에게 미친다는 점이다. 그러므로 다음과 같은 의문이 제기된다. 도대체 어디에서 이와 같이 기대하지 않았던 긍정적이고 이해할 수 없는 영향이 초래되는가? 그러한 결과는 교사가 그의 완전함을 낮추고 학생의 동등한 권리를 인정하며, 그것을 통해서 다른 모든 교사-학생 관계를 배제해 버리기 때문이라고 볼 수 있다. 학생은 이러한 인정에 의해서 치켜올려지는 느낌을 받는다. 또한 교사들은 학생들로부터 낮게 평가되는 것이 아니라 오히려 보다 높은 인정을 받게 된다. 그 스스로 결심한 자기극복이 그에게 학생들의 존경을 가져다주는 것이다.

우리는 여기에서 한 걸음 더 나아가서 교사와 교육자들이 실제로, 또한 진정한 의미에서 실패하는, 그들의 학생의 거부에 직면해서 인간적인 절망에 떨어지는 경우를 살펴볼 수 있다. 여기에서는—항상 일어나는 것은 아니고 단지 아주 빈번하게—교사의 실패와 절망적인 파산은 청소년들에게 (전혀 교육적이라고 할 수 없는) 매우 엄청난 영향을 미친다. 교사의 실패가 청소년들의 내면에 충격을 주는, 전혀 기대하지 않았던 결과가 초래된다. 이것은 마치 자신의 능력을 고려치 않고 무엇인가를 관철하는 것이 무의미하다고 이야기하는 것 같다. 마찬가지로 자신의 능력에 대한 그리고 보다 차원 높은 삶의 태도에 대한 숙고가 무의미해질 수 있는 가능성을 분명하게 보여 주는 것처럼 여겨진다. 또한 거친 폭력을 배제하고 내면적인 탁월함을 추구하는 것이 부질없음을 명백하게 보여 주는 것처럼 보인다. 이것은 후회하는 양심에 대해서는 당황케 하는 경험이다. 의도적으로 그러한 결과를 유도한 것이 아니며, 장난으로 그렇게 한(실패한) 것도 아니다. 또는 보다 엄밀하게 파악한다면, 그것은 바로 그의 나약함이, 또한 그의 무력함이 야비한 저항과는 반대로 존경의 마음을 불러일으키는 경험이다. 그의 온전한 순수함 속에서 빛을 발하는 경험이다. 이는 그와 같은 존경심을 불러일으키는 경험이 근본적으로 순전히 관조적으로만 성취될 수 있는 것은 아니라는 것을 나타낸다. 오히려 언제나 부끄러운 경험을 통해서만, 존경의 훼손을 감수할 때에만 나타나게 된다는 것을 보여 준다.[8)]

따라서 그러한 체험은 실패에 대해서 무방비 상태인 교육자의 경험 속에서 충격적인 동요로 인식된다. 이것은 항상 일어나는 것은 아니다. 그러므로 많은 교육자들에게 있어서 실패는 최종적인 결론이다. 그러므로 그와 같은 결과는 오직 앞에서 이야기한 바와 같이 특성들이 이미 분명하게 이루어진 경우에만 일어난다. 그러므로 전혀 의도적인 계획에 의해서 성취될 수 없다. 어떤 일이 잘못될 경우를 미리 생각하지 않는 것처럼, 누구든 이것을 의도적으로 야기하려고 시도하는 사람은 이러한 경과의 엄숙성을 연극으로 만드는 것이 된다. 또한 그 자신의 내면적인 거짓됨을 인정하는 것이 된다. 오히려 의도적인 계획과 교육의 한계에서 인간을 진정으로 그의 깊은 내면에 이르기까지 뒤흔들어 놓고 위기를 순화시키는 진정한 놀라움이 터져 나온다. 여기에서 우리는 참된 의미의 교육의 한계 상황에 대한 체험에 직면한다. 어떤 절대적인 것들은 숙명적으로 일상적인 과정을 엄습해서 중단시킨다.

동시에 이러한 한계적인 특성은 이와 같은 경우를 일상적인 교육적 활동으로서 인정할 수 없게 한다. 절박한 실패의 위험에 대한 이 모든 강조에도 불구하고 우리는 또한 이러한 위험을 너무 과장해서는 안 된다. 만약 그러한 실패가 닥쳐오면 확실히 그것은 교육자에게는 매우 두려운 일이 된다. 그렇지만 다행스럽게도 그러한 사건은 교육자의 직업에 있어서 일상적으로 일어나는 일은 아니며 상당히 드물게 일어나는 일이다. 교육적인 관계의 모험을 거는 모든 신뢰의 순간에 참작해야 할 것은 실패가 아니라 단지 실패의 가능성일 뿐이다. 실패는 (다행스럽게도) 예외적인 일이다. 그렇지만 여기에서의 예외란 때때로 침범해 들어오는 외적인 사건이 아니라 교육의 본질 안에 처음부터 내재되어 있는 것이다. 그렇지만 실패의 위험을 통해서 알려지는 '감추어진' 층은 계획적인 교육을 그 일상적인 경과에 더욱 충실하도록 한다. 세심한 계획과 추진은 교육에 있어서 지극히 당연한 일이다. 그럼에도 불구하고 철저하게 준비된 모든 교육적인 수단과 방법들을 무력하게 하는 실패 또한 교육 안에 주어져 있다.

따라서 문제는 다시금 일반적인 맥락으로 환원된다. 우리가 이미 서론에서 제시하였던 것,[9] 즉 연속적인 삶의 경과와 교육의 경과로서의 종래의 '전통적인' 교육을 비연속적인 형식의 새로운 '실존적' 교육으로 대치하려는 것이 아니라는 점이 확인되었다. 그와 같은 파악은 문제를 너무 단순화하는 것이며, 다른 편을 편협하게 보는 것이 된다. 오히려 실존적인 사건을 하나의 예외로서 파악하는 것이 타당하다. 그렇지만 그것에 의해서 교육 전체가 새롭게 해명되는, 교육현상 전체를 틀 지우는 본질적인 예외로서 파악하여야 한다. 이 두 영역 간의 상호작용, 즉 연속적인 경과와 비연속적인 경과 사이의 상호작용을 밝히는 것은 보다 철저하고 심화된 연구를 필요로 한다.

이제 끝을 맺으려고 한다. 여기에서 검토하였던 것은 단지 하나의 출발점에 불과하며, 잠정적이고 단편적으로 논의한 것을 안타깝게 생각한다. 그럼에도 불구하고, 나는 이러한 작업이 매우 좁게 설정된 현대 교육학의 문제제기를 성과 있는 새로운 문제제시의 열린 지평으로 이끌어 갈 수 있다고 생각한다. 여기에 대해서 폭넓은 이해를 요청하며, 이러한 나의 희망이 널리 반영되기를 소망한다.

부록 1

볼르노의 업적

볼르노(Otto Friedrich Bollnow, 1903~1991)는 우리에게 주로 실존주의 교육학자로 알려져 있다. 그러나 그의 연구는 계몽주의와 낭만주의, 삶의 철학과 현상학 및 해석학, 실존철학과 철학적 인간학을 포괄하고 있으며 이 모든 주제들은 당연히 교육학과 연관되어 있다. 그의 학문적 여정은 수학과 물리학에서 출발했지만 심리학과 교육학 및 철학 영역에 걸쳐 폭넓게 전개되었다. 그 모든 과정은 인간에 대한 탐구의 열린 마음과 자세를 반영하며, 이러한 개방성은 그의 인간 탐구의 포괄성의 근원이다.

삶과 학문의 여정

볼르노는 지금은 폴란드에 포함된 슈테틴(Stettin)에서 태어났다. 아버지 오토(Otto Bollnow)는 초등학교 교장이었고 어머니 역시 교사였다. 이러한 가정 배경은 그가 자연스럽게 교육에 관심을 가지는 계기를 마련하였다. 후에 그가 물리학으로부터 철학과 교육학으로 전환한 데는 이러한 교육자 가정에서의 성장 경험이 영향을 미쳤다고 볼 수 있다.

볼르노는 인문계 고등학교인 김나지움을 거쳐 1921년 베를린에서 대학생활을 시작하였다. 그라입스발트(Greifswald)를 거쳐 괴팅엔(Göttingen)에서 물리학으로 박사학위를 수여하였다. 그의 지도교수는 괴팅엔 대학의 노벨상 수상자이며 상보성이론으로 유명한 막스 보른(Max Born)과 제임스 프랑크(James Frank)였다. 그는 괴팅엔에서 학위를 마친 후에도 한동안 보른의 조교로 일하였고 몇 편의 논문을 공동으로 발표하기도 하였다.

대학생활 동안 그의 주 관심 영역은 수학과 물리학에 집중되어 있었다. 하지만 후에 그가 자연과학으로부터 인문학으로 옮겨 갈 수 있는 전환의 계기들이 이미 이 시기에 만들어졌다. 괴팅겐에서 보른과 프랑크의 지도 아래 본격적으로 물리학을 공부하기 전에 그는 한동안 청년운동에 관심을 보였다. 청년운동에 대한 참여는 엄밀함과 냉철함을 추구하는 자연과학도로서의 그의 삶에서 삶의 다른 측면들을 경험하고, 그 안에 포함된 열정과 감동의 의미들에 대해 생각할 수 있는 기회를 제공하였다. 그 안에서 경험한 공동체적인 분위기는 후에 그의 삶에 대한 철학적인 사색의 밑거름이 되었다.

그가 물리학으로부터 철학과 교육학으로 전환하게 된 직접적인 계기는 1925과 그 이듬해인 1926년 두 해 동안의 오덴발트 학교 교사로서의 경험이었다. 이 시기의 경험을 통해 그는 자연과학으로부터 멀어지기 시작하였으며 '직접적으로 인간적인 것' 에 대해 더 큰 매력과 관심을 갖게 되었다. 많은 학문적 제자들이 증언하듯이 그는 좋은 스승이었으며, 그만큼 교사생활을 통해 성공적인 교육적 활동과 친밀한 인간관계가 주는 성취의 매력을 경험하였던 것이다.

철학과 교육학으로 전공을 변경한 후에 그는 슈프랑거(Eduard Spranger)와 노올(H. Nohl), 미쉬(G. Misch) 등으로부터 영향을 받았으며, 노올의 지도 아래 야코비(F. H. Jacobi)의 삶의 철학을 주제로 1927년부터 1931년에 걸쳐 교수자격논문을 작성하였다. 이 논문은 그의 첫 번째 저서로 1933년에 『야코비의 삶의 철학(Die lebensphilosopie F. H. Jacobis)』으로 출판되었다. 강사로 지내는 동안 그는 브렌따노, 키에르케골, 딜타이, 칸트, 낭만주의와 독일 이상주의 등을 다루었으며, 특별히 딜타이 전집의 발간에 참여하여 교육학 분야를 책임 편집하였다. 이와 같은 독일의 정신적 전통에 대한 학습과 딜타이를 기점으로 하는 정신과학에 대한 연구는 향후의 그의 학문적 여정을 위한 풍부한 자양분들이 되었다.

볼르노는 1938년 기센(Gieβen) 대학에서 교육학과 심리학을 강의하면서 교수활동을 시작하였으나 제2차세계대전의 발발로 중단되고 말았다. 기센 시절의 볼르노는 교육학의 역사, 철학적 인간학, 실존철학 등에 대해서 연구하였다. 전후에 그는 다시 괴팅엔으로 돌아와서 노올과 함께 학술지를 간행하는 등 활발하게 활동하다가 1946년 마인쯔(Mainz) 대학으로 옮겨 가게 된다. 마인쯔 시절에 그는 프랑스 실존주의에 대한 연구와 함께 이미 실존주의의 극복을 모색하는 작업을 수행하였다.

볼르노는 1953년 슈프랑어의 후임으로 튀빙엔(Tübingen) 대학의 철학과 교육학 분야의 교수로 취임하였다. 그는 1970년 은퇴할 때까지 튀빙엔 대학에서 연구하였다. 튀빙엔 대학의 교수로서의 그의 연구는 주로 교육학에 치중하고 있다. 『교육인간학』, 『실존철학과 교육학』 등 우리에게 익숙한 그의 저작들이 모두 이 시기의 작품이다.

볼르노는 은퇴 후에도 튀빙엔에 거주하면서 지속적으로 학술연구에 매진하였다. 퇴임 후 그는 다시 철학적 영역의 작업에 몰두하였다. 인간학적 인식론, 해석학, 정신과학 등의 초기의 관심영역들을 다시 연구하고 많은 저술들을 간행하였다. 그의 생애의 말기에 해당하는 1979년 이후에는 '인간과 자연' 이라는 주제에 집중적인 관심을 가지고 연구하였다. 서양의 자연관이 가진 한계를 인식하고 슈바이처의 '생명의 외경' 사상이나 선불교를 포함한 동양의 자연관과의 관련 아래서 새로운 자연과 인간의 관계를 탐색하였다. 이러한 경향은 수많은 한국과 일본의 제자들과의 관계와 여러 차례에 걸친 이 지역에 대한 방문을 통해 더욱 성숙되었다.

이러한 활동을 통해 그는 독일 안에서 20세기를 대표하는 교육학자이며 철학자 중의 한 사람으로 꼽힌다. 삶과 인간에 대한 끝없는 탐구의 열정과 인간이해에 대한 초지일관한 개방성이 이러한 방대한 업적을 가능케 하였다.

볼르노는 88세 되던 1991년 사망하여 튀빙엔의 프리드호프(Friedhof)에 안장되었다. 그는 사망하였지만 그의 뒤를 이은 제자들의 활발한 학술활동을 통하여, 그리고 그의 사상에 대한 재조명과 정리 작업을 통하여 여전히 영향력 있는 교육사상가와 철학자로 자리하고 있다. 그리고 우리나라에서도 그를 소개하고 새롭게 해석하는 시도들이 그의 제자와 또 그 제자들을 통해 계속해서 이루어지고 있다.

실존철학과 교육학의 접목

자연과학으로부터 인문학으로 전환한 볼르노의 첫 번째 연구들은 삶의 철학과 관련되어 있다. 아울러서 삶의 철학과 같은 기반에 있는 독일의 정신과학적 전통과 당시 활발하게 논의되던 현상학에도 관심을 기울였다. 삶의 철학과 더불어서 하이데거(M. Heidegger)의 현상학은 현실세계의 인간의 삶에 대해서 집중적인 관심을 기울인다. 전통적인 철학의 이상적이고 관념적인 경향을 거부하고 현실과 인간에 관심을 기울이는 현대철학의 전환을 대표하는 경향이 삶의 철학과 하이데거류의 현상학이다. 볼르노는 삶의 철학과 현상학을 통하여 인간의 일상적인 삶과 그 안에서 파악되는 사람됨의 의미에 대한 관심을 자신의 연구주제로 삼게 되었으며, 그 이후의 연구들을 위한 기초를 다졌던 것이다.

삶의 철학 및 현상학과 더불어서 현실세계의 인간에 대해 관심을 기울이는 대표적인 조류가 실존주의이다. 실존주의 역시 현실세계의 인간의 삶에 대한 탐구에서 출발한다. 다만 삶의 철학과는 달리 현실세계의 일상적인 삶의 가치를 부수적이고 비본질적인 것으로 여기고, 극단적인 삶의 상황 안에서 마주치는 순간적인 삶의 의미들에 주목한다는 점에서 차별적이다. 따라서 삶의 철학에 있어서는 인간의 삶 전체가 의미 있는 반면, 실존철학에서는 삶의 숙명적인 어떤 첨예한 순간들이 문제인 것이다. 그런 의미에서 실존주의는 어떤 측면에서는 삶의 철학의 한 극단에 위치한다고도 이야기할 수 있다.

볼르노에게 있어서도 실존철학은 마찬가지의 맥락에서 중요한 의미를 갖는다. 그는 삶의 철학에서 출발하여 인간에 대해 철학하였지만 실존철학 안에서 삶의 철학이 파악하지 못한 삶의 또 다른 의미를 파악하고 그것을 자신의 인간이해 안에 수용하였다. 뿐만 아니라 그것을 교육이해 안으로 이끌어 들임으로써 기존의 교육학이 간과하였던 인간과 교육의 한 측면을 매우 분명하게 파악해 내었다. 또한 기존의 교육과 새롭게 파악된 실존철학적 인간이해를 접목하여 교육이해의 확장을 가능하게 하였다.

볼르노가 실존철학에 관심을 가지게 된 것은 제1차세계대전과 제2차세계대전을 거치면서 독일 교육학계가 직면한 상황과 관련이 있었다. 제1차세계대전을 통해 독일 교육학계는 자신들의 교육의 실패를 분명하게 인식하였다. 그들이 추구하고 노력하던 교육의 결과는 타 민족에 대한 침략과 지극히 어두운 인간의 모습을 적나라하게 드러내고 말았다. 그럼에도 불구하고 독일 교육학이 새로운 희망과 용기를 가질 수 있었던 것은 아직 기성세대에 의해 물들지 않은 어린이들이 있었기 때문이다. 그들은 루소(J. J. Rousseau)의 사상 속에서 잘 표현된 "어린이 속에 잘 간직된 선한 자연" 속에서 새로운 가능성을 보았던 것이다. 그러한 희망이 당시의 '신교육 운동'으로 표출되었다. 그러나 그 결과는 참담했다. 그들의 노력은 다시금 좌절되었고 인간에 대한 신뢰는 더 철저하게 붕괴되었다. 이제는 새로운 희망을 찾을 수 없는 것처럼 보였다.

여기에 볼르노가 실존주의에 주목한 이유가 있다. 볼르노는 인간의 삶과 존재 자체를 어둡게 바라보면서도 그 안에서 삶의 본질을 파악할 수 있다는 실존주의의 주장에 귀를 기울였다. 모든 희망이 좌절된 것 같은 절망적인 상황 안에서도 자신의 존재를 새롭게 결단할 수 있는 실존적인 인간이해에서 새로운 희망을 본 것이다. 이러한 희망에 기대어 그는 실존주의를 교육학 안으로 이끌어 들였고 그러한 시도를 통해서 교육학의 새로운 가능성을 열어 보려고 시도하였다.

그런데 실존주의적 인간관을 교육학 안으로 이끌어 들이는 데는 커다란 어려움이 있다. 볼르노에 따르면 전통적인 교육관은 크게 두 가지로 나누어질 수 있다. 하나는 기계적 교육관이다. 여기에서는 교육을 수공업적인 작업의 과정과 같은 것으로 여긴다. 학생은 재료이고 교사는 장인이다. 따라서 학생의 개별성은 별 문제가 되지 않고 교육의 성공과 실패는 대체로 교사의 능력에 달려 있다. 교사의 주도적인 역할이 강조되고 교육이 학생을 어떤 형태로든 변화시킬 수 있다는 점에서 적극적이고 낙관적인 교육관이라 할 수 있다. 두 번째는 유기체적인 교육관이다. 여기에서는 교육을 식물을 재배하는 과정과 비슷한 과정으로 여긴다. 학생들은 씨앗처럼 고유한 개별적인 가능성을 타고난 것으로 생각하고 교사는 농부나 정원사처럼 씨앗이 싹이 트고 잘 자라나서 좋은 씨앗을 맺을 수 있도록 돕는 역할을 한다고 본다. 이 교육관은 기계적 교육관에 비해서 어린이의 잠재된 가능성을 존중하고 교사를 보조적 조력자로 이해하는 특징을 갖는다. 루소의 자연주의적 교육관에 뿌리를 두고 있으며 기계적 교육관에 대비해서 소극적 교육론이라고 부를 수 있다.

볼르노는 이와 같은 전통적인 교육관들이 두 가지 큰 공통점을 가지고 있다고 본다. 첫째, 교육은 연속적인 과정이라는 것이다. 학생이라는 재료를 반죽하는 데서 시작해서 최종적인 제품으로 만들어가는 과정이나 씨앗처럼 학생 안에 미리 주어진 가능성을 피어나게 해서 열매를 맺게 하는 과정 모두가 연속적으로 진행되는 과정이라는 것이다. 둘째, 사람은 변화될 수 있는 존재라는 점이다. 만드는 교육이나 기르는 교육 모두 학생의 변화 가능성 곧 가소성(Bildsamkeit)에 기초하고 있다. 변화의 가능성이 없다면 교육은 무기력해지고 마는 것이다.

그런데 실존주의적 인간이해는 이 두 가지 공통적 요소를 모두 거부한다. 실존주의에 따르면 인간의 삶은 늘 한결같이 지속되는 것이 아니다. 삶은 때때로 운명적인 사건들에 의해서 중단되며 그 운명적인 순간에 실존이 빛을 발한다. 불안, 고독, 죽음 등의 어둡고 한계적인 상황 안에서 인간은 순간적으로 자신의 실존을 체험한다는 것이다. 따라서 삶은 연속적인 과정이 아니라 단절이 존재하는 비연속적인 과정이다.

이보다 더한 어려움은 실존주의가 인간의 변화 가능성에 회의적이라는 것이다. 실존주의는 일상적인 삶과 그 일상에 매여 있는 인간을 모두 비본질적인 것으로 여긴다. 본질적인 것은 오직 숙명적인 순간에 체험되는 실존뿐이다. 그런데 그러한 실존은 야스퍼스(K. Jaspers)의 말처럼 오직 순간적으로만 빛을 발하고는 곧 사라지고 만다. 실존은 그 이후의 삶에 영향을 미치지 못하며 실존의 순간이 지나가고 나면 인간은 다시 비본질적인 일상으로 추락하고 만다. 참된 실존이 그 후의 삶에 영향을 미치지 못한다면 인간의 변화와 성장은 불가능하다. 여기에 실존적 인간이해가 교육 안으로 수용되기 어려운 이유가 있다.

이러한 어려움과 관련해서 볼르노는 실존주의를 수용하면서도 교육학의 새로운 가능성을 열어 줄 수 있는 길을 개척함으로써 실존주의 교육학자의 한 사람으로 높이 평가되고 있다. 그는 실존주의가 파악해 낸 실존의 의미를 받아들이며, 그것이 삶과 교육에서 차지하는 가치를 인정한다. 실제로 삶에는 그와 같은 비연속적인 순간들이 존재한다. 그리고 실존의 순간에 진정한 자기를 발견할 수 있다. 그와 같은 실존의 순간들이 있음으로 말미암아 삶은 때때로 단절되고 실존적 경험의 전과 후는 전혀 새로운 삶이 된다. 이와 같은 맥락에서 볼르노는 실존주의와 같이 삶의 비연속성을 인정하고 있다.

그런데 볼르노는 실존주의와는 달리 실존의 순간에 경험된 삶의 본질이 그 이후의 삶에 대해서 전혀 영향을 미치지 못한다는 점에는 동의하지 않는다. 삶은 분명히 실존적 순간에 의해 단절되며, 그 안에서 진정한 자아가 빛을 발한다. 그리고 다시 일상의 세계로 돌아오지만 그렇다고 해서 실존의 순간에 경험된 모든 것들이 사라지고 마는 것은 아니다. 삶은 그 실존의 순간으로 말미암아 변화한다. 그래서 꼭 같은 비본질로 되돌아가는 것이 아니라 이전과는 다르고 더 높은 차원에서 시작될 수 있다. 그가 『실존철학과 교육학』에서 언급한 위기, 각성, 만남 등의 사건들이 그러한 예에 해당한다.

따라서 실존주의와 관련해서 볼르노는 삶의 비연속성과 실존적 순간이 삶에서 차지하는 본질적인 의미는 수용하지만 일상의 삶과의 절대적인 단절은 인정하지 않는 셈이다. 볼르노는 삶의 과정을 연속성과 비연속성이 교차하는 과정으로 새롭게 파악하며, 동시에 비연속적인 순간의 중요한 체험들에 의해 그 이후의 삶이 변화되고 고양될 수 있다고 보았다. 그리고 그 안에서 인간의 변화와 성장이 이루어진다는 점에서 교육적 사태로 인정하였다. 실존적 파악을 수용하여 삶에서 운명적인 순간들이 차지하는 의미를 수용하면서도 그 교육적인 가능성도 열어 놓은 것이다.

만남과 교육

이와 같은 실존적인 교육의 가장 분명한 모델로 그가 제시하는 것이 만남이다. 여기에서의 만남은 일상적인 만남이 아니라 운명적인 만남을 의미한다. 예기치 않게 우리의 삶에 찾아와서 기존의 나를 무너뜨리고, 그 안에 철저하게 나를 사로잡히게 하여 결국 다른 모습으로 변화시키는 그런 운명적인 만남이다. 이러한 운명적인 만남은 절대적이고 배타적으로 나를 사로잡고 새로운 나로 변화시킨다. 이와 같은 만남 안에서 나는 진정한 나로서 새롭게 확인된다. 그 이전에 내 안에 감추어져 있던 내가 만남 안에서 드러나는 것이 아니다. 오직 너와의 만남 안에서, 내가 기대하거나 이해하지 않았던 타인과의 예기치 못한 만남 안에서 새로운 내가 탄생하는 것이다. 그러므로 나의 본질이 미리 주어져 있고 나의 현실적 존재 안에서 그것이 드러나는 것이 아니라 현실의 존재 안에서 비로소 본질이 형성되는 것이다. 따라서 만남은 연속적인 과정이 아니라 순간적으로 단번에 성취되는 실존적 교육의 전형적인 형태이다.

그런데 만남에서 비로소 나의 본질이 만들어진다는 것은 그 이전에는 나의 본질이 없다는 의미이다. 혹은 그 이전에 존재하던 것은 내가 아니라는 것이다. 따라서 이러한 만남의 본질적인 특성을 인정한다면 만남 이외의 모든 것들은 비본질적인 것이 된다. 오직 만남에서만 나의 본질이 형성된다면 교육을 통해서는 나의 본질이 형성될 수 없다는 의미이다. 오직 실존만이 본질적인 것이고 다른 모든 삶의 시간들이 비본질적인 것처럼, 만남만이 본질적이고 일상 안에서 이루어지는 교육은 비본질적인 것이 된다.

따라서 실존주의를 있는 그대로 수용하면 만남과 교육의 관계가 본질과 비본질의 관계로 정립될 수밖에 없다. 인간의 본질에 관여하지 않는 교육은 별 의미가 없기 때문이다. 오직 만남을 통해서만 나의 본질이 확인될 수 있을 때 교육은 부수적이고 비본질적인 부분에만 관여할 수 있는 부질없는 활동이 되고 만다. 순수하게 실존주의적인 의미로 교육을 이해하면 이러한 난점에 봉착하게 된다.

볼르노는 실존적인 만남의 본질적인 가치를 인정한다. 따라서 그에게 있어서도 교육은 실존에 비해 인간의 본질적인 측면에 미치는 영향이 적다고 할 수 있다. 그렇지만 순수한 실존주의적인 파악에서는 필연적으로 그렇게 될 수밖에 없었던 전통적인 교육의 폐기에는 동의하지 않는다. 오히려 그는 만남과 교육의 관계를 상호보완적인 관계로 새롭게 파악한다.

여기에서 등장하는 개념이 "삶의 다양성과 실존의 배타성"이다. 삶은 매우 다양하고 폭넓은 요소들로 구성되어 있으며, 일상적인 교육은 그러한 삶의 다양성을 학생들에게 매개하는 역할을 한다는 것이다. 이에 대해서 실존 혹은 실존적 만남은 배타적이다. 위에서 살펴본 것처럼 만남이 한 사람을 사로잡을 때 그것은 배타적이고 독점적인 사로잡음과 사로잡힘의 관계이다. 만남이 한 사람에게 닥쳐올 때 다른 모든 삶의 다양성들은 빛을 잃고 만다. 오직 만남의 대상이 되는 그 하나만이 절대적인 의미를 가지고 다가온다. 따라서 교육이 매개하는 모든 다양한 요소들이 그 안에서 의미를 상실하고 만다.

그렇지만 여기에서 주목할 것은 교육이 삶의 다양성을 매개한다는 사실은 변함이 없다는 점이다. 교육을 통한 삶의 매개활동이 있은 후에 만남이 가능하다. 우리는 먼저 교육을 통해서 삶의 다양한 요소들에 접하게 되고, 그 다양성의 기초 위에서 어떤 존재, 사상, 가치, 대상 등과의 만남을 통해 자신의 본질을 결단하게 된다. 따라서 교육의 매개 활동 없이는 어떤 결정적 만남들의 기초가 형성될 수 없다는 것이다. 그런 의미에서 교육은 만남을 예비하고 만남은 교육의 기초 위에서 사람됨을 결정적으로 형성한다고 이야기할 수 있다.

실존에서 삶으로

위에서 살펴본 볼르노의 인간관이나 만남과 교육의 보완 관계 등에서 이미 실존주의와 다른 볼르노의 인간관과 교육이해가 분명하게 드러났다. 그는 실존주의를 수용하였으되 그것을 있는 그대로 수용한 것이 아니라 삶과 사람됨의 전체성 안에서 변형하여 수용하였다. 실존주의가 파악해 낸 삶의 본질적인 가치들을 그대로 인정하면서도 실존주의가 비본질적인 것으로 간주하였던 일상의 가치들도 보존한 것이다. 그 안에서 교육의 가치도 보존되었다.

여기에서 이미 그의 인간학적인 전환이 예고되었다. 그는 실존주의적 파악이 이전에 우리가 인간에 대해서 알지 못하였던 어떤 중요한 측면들을 이해할 수 있게 만든 것에 대해 높이 평가하고 있다. 또 그러한 실존주의적 인간관을 수용함으로써 기존의 교육에서 간과하였던 또 다른 교육적 가능성의 의미를 매우 분명하게 파악해 내었다. 그렇지만 거기에 그치지 않고 실존주의가 파악해 낸 사람됨의 특징을 기존의 인간관 전체와의 관계 안에서 새로운 체계로 정리하고 있다. 그러한 작업을 통해서 실존주의적 파악의 의미가 인정되면서도 인간이해의 포괄성이 확장되고 보다 완전한 인간상을 그릴 수 있게 된 것이다. 여기에 인간학자로서의 볼르노의 진면목이 있다.

끝없는 인간탐구로의 열린 여정

볼르노는 인간학에 대한 그 이전의 입장들을 고찰하면서 인간학에 다양한 갈래들이 있음에도 불구하고 두 가지 공통적인 인식론적 원리들이 있다고 정리하였다. 첫째, 어떤 특정한 측면(Aspekt)을 선호하지 아니하면서 인간에게서 발견할 수 있는 모든 본질 특성들을 근본적으로 동등하게 수용한다. 둘째, 원천적으로 인간으로부터 출발해서 인간을 그 자체로부터 이해한다. 따라서 객관적인 차원에서 인간을 인간외적인 존재와 비교하는 것으로부터 출발하여 인간을 이해하려 해서는 안 된다.

이와 같은 두 가지 원리들의 주창은 그의 학문적 입장을 분명하게 보여 준다. 인간에게서 발견되는 모든 특징들은 인간을 구성하는 부분적 요소들로서 동등한 가치를 갖는다. 따라서 어떤 특징들도 인간을 이해하는 데 있어서 동등하게 취급되어야 한다는 것이다. 이것이 전체적인 인간이해를 추구하면서도 다양한 요소들에게 모두 같은 중요성을 부여하는 인간학의 태도이다. 두 번째 원리는 인간중심성의 원리라고 할 수 있다. 인간을 이해하는 데 있어서 인간외적이고 비인간적인 어떤 척도들이 기준이 되어서는 안 된다는 것이다.

이러한 두 원리 이외에 볼르노를 이해하는 데 있어서 매우 중요한 원리가 개방성의 원리이다. 볼르노는 개방성의 원리를 인간학의 방법론적 원리일 뿐만 아니라 인간을 연구하는 모든 연구자의 기본적인 태도라고 이야기하였다. 인간이라는 존재는 결코 완전하게 이해될 수 없고 따라서 인간에 대한 이해는 완성되거나 고정될 수 없다는 것이다. 따라서 모든 연구자는 최선을 다해 인간을 연구하되, 언제나 새로운 인간이해의 가능성에 대해 개방성을 유지해야 한다는 것이다. 인간존재의 완결될 수 없는 특징을 의미함과 동시에 자신의 한계를 인정하는 겸허한 연구자의 자세를 요구한 것이다.

볼르노 스스로가 이러한 개방적 자세로 인간을 연구하였다. 물리학과 수학에서 시작한 연구 활동이 인문학으로 전환한 데에서 그러한 자세를 읽을 수 있다. 그리고 삶의 철학으로부터 실존주의, 인간학 그리고 해석학과 현상학으로 확장되어 있는 그의 방대한 연구 활동은 모두 인간본질의 포괄성을 향한 끝없는 노력이라고 할 수 있다. 마지막으로 그가 몰두하였던 '자연과 인간' 이라고 하는 주제 역시 이러한 인간이해를 향한 개방적이고 완결될 수 없는 노력의 결과이다.

부록 2

볼르노의 인간이해에 있어서의 실존주의와 인간학

-실존과 일상, 주체와 타자의 어울림-

1. 들어가는 말

교육의 역사와 더불어서 다양한 교육이해들이 등장하였고 영향을 미쳤다. 각각의 교육사상은 나름대로의 인간관에 바탕을 두고 바람직한 교육에 대해 주장하고 논의를 전개하였으며, 교육현실의 변화에 기여하였다. 교육의 역사에서 새롭게 등장한 사상들은 모두 기존의 교육이해를 수정하고 보완하면서 인간과 교육에 대한 이해를 확대해 온 것이라고 할 수 있다. 새로운 시대와 새로운 상황 안에서 벌어지는 여러 가지 교육상황에 대해 적절한 해답을 제시하는가 하면, 기존의 교육이해 안에서 해결할 수 없는 문제들에 대해서는 새로운 해결책을 제시하기도 한다. 그래서 교육의 역사에는 늘 새로운 사조들이 등장하고 퍼져 나갔으며, 교육을 실천하는 사람들은 그 사조들을 수용하고 응용해서 나름대로 적용하면서 교육의 개혁과 변화를 수행해 왔다.

실존주의 역시 기존의 인간이해를 보완하고 수정하면서 역사에 등장하였으며, 하나의 전환을 이룩한 사조 중의 하나이다. 실존주의는 종래의 철학에서 고려하지 않았던 삶의 숙명성과 한계성 등의 개념을 철학하였고, 그럼에도 불구하고 주체성을 가지고 책임 있는 결단에 이르러야 하는 인간 실존의 본질을 주장하면서 새로운 인간 이해를 만들어 내었다. 철학 안에서 그것은 하나의 커다란 전환이었으며, 그 전환은 현대 철학의 토대를 이루고 있다. 그리고 그 전환을 교육학 안으로 끌어들인 중요한 인물 중의 한 사람이 볼르노이다. 여기에서는 볼르노의 사상을 중심으로 실존주의 교육철학에 대해서 논의하고자 한다.

볼르노는 그의 저서 『실존철학과 교육학(Existenzphilosophie und Pädagogik)』에서 실존철학과 교육학의 접목을 시도하였다. 그 후 이 책은 교육학에서 실존철학을 논할 때에 빼놓을 수 없는 저술이 되었다. 볼르노가 우리 학계에서 실존주의 교육철학의 대표적 사상가로 손꼽히는 것도 일찍이 이 책이 이규호를 통해 번역되어 소개됨으로써 실존주의 교육철학을 이해하는 데 크게 기여하였기 때문이다.

그렇지만 볼르노의 『실존철학과 교육학』이 실존주의 철학을 충실하게 반영하여 그것을 교육학 안으로 이끌어 들인 것만은 아니다. 그는 이 책 안에서 이미 실존철학과 교육학의 상충하는 측면들을 상세히 논의하면서 실존철학에 충실한 논리를 전개하기보다는 다음 단계로의 전환을 함께 시도하였다. 그것은 인간학으로의 전환이다. 실제로 그는 1960년대 이후 실존철학적인 연구를 탈피하여 인간학과 정신과학에 더 많은 노력을 기울였다.

따라서 우리는 그의 사상 안에서 실존철학과 교육학의 연결에만 집중할 것이 아니라 실존철학으로부터 다음 단계로의 전환을 시도한 걸음걸이를 함께 보아야 한다. 그것은 또 한 번의 인간을 보는 관점의 전환이며 교육을 보는 관점의 전환을 의미한다. 그는 실존철학을 교육학 안으로 이끌어 들였을 뿐만 아니라 실존철학이 가진 교육적 한계들을 극복하고 그 성과들을 교육학과 교육실천으로 이끌어 들일 수 있는 가능성들을 분명하게 보여 주었다. 그리고 기존의 교육 이해를 보완하는 새로운 교육이해를 제시함으로써 교육의 이론과 실천이 보다 폭넓고 깊이 있게 전환될 수 있는 가능성을 열어 주었다.

이 글에서는 이와 같은 측면에서 그의 인간관과 교육이해를 고찰하고자 한다. 교육에 대한 이해는 언제나 인간에 대한 이해에 기반하고 있다. 인간관에 대한 이해에서 교육에 대한 이해가 유도되기 때문에 우리는 인간관을 고찰함으로써 어떤 교육사조나 교육사상가에 대해서 보다 근본적으로 이해할 수 있다. 이러한 생각에서 여기에서는 볼르노의 저서 『실존철학과 교육학』을 중심으로 그의 인간관을 실존주의 인간관과 대비해서 살펴보고, 인간관에 기초한 교육이해를 살펴보려고 한다.

2. 볼르노의 인간관

1) 전통적 교육이해의 인간관

볼르노의 인간관을 이해하기 위해서는 우선 실존주의에 대한 그의 이해와 논의들을 검토할 필요가 있다. 볼르노의 사상은 기본적으로 딜타이(Dilthey)의 계보를 잇는 정신과학적 · 해석학적 입장에서 있다(오인탁, 1990: 144). 실존주의 사상을 교육에 접목시키는 작업은 그의 연구 활동의 비교적 초기에 해당하는 1950년대를 중심으로 이루어졌다. 1960년대 이후에는 인간학과 해석학 분야의 연구들이 주를 이룬다. 그러므로 그의 인간관은 실존주의에 충실하기보다는 실존주의를 이해하면서도 그것을 인간학적으로 보완하면서 보다 폭넓게 인간을 이해하고자 하는 입장이라고 할 수 있다.

볼르노에 따르면 실존주의적 인간이해의 가장 큰 특징은 인간의 삶을 비연속적인 과정으로 파악하는 것이다. 위기, 불안, 죽음, 한계상황 등 삶의 일상을 단절시키는 중대한 운명적 사건들 안에서만 경험될 수 있는 실존에 주목하였다. 인간은 오직 그와 같은 삶을 단절하는 운명적인 순간 안에서만 근본적으로 자신의 참된 실존을 경험할 수 있다는 것이다(한전숙 · 차인석, 1980: 9). 일상에 대해서 그와 같은 숙명적인 순간들에서 경험되는 실존의 본질적 특성에 비추어 삶을 중단하는 순간들을 삶의 본질적 특징으로 파악한 것이다.

볼르노는 실존주의의 삶과 사람됨에 대한 이해가 교육학이 전제로 삼았던 인간관과 분명하게 다르다고 파악하였다. 그리고 이러한 인간관의 명백한 차이가 교육에 대한 이해를 다르게 만든다고 이해하였다. 그렇다면 종래의 교육은 어떤 인간관에 기초해서 이루어져 왔는가?

볼르노는 전통적인 교육이해를 기계적-수공업적인 교육이해와 낭만주의적-유기체적인 교육이해로 구분하였다(Bollnow, 2001: 24-25). 기계적-수공업적인 교육이해에서 교육은 공장에서 장인이 물건을 만들어 내는 과정과 비슷한 과정으로 이해할 수 있다. 이 교육관에 따르면 학생은 물건을 만들기 위한 재료이고 교사는 물건을 만드는 장인이다. 장인의 솜씨가 뛰어나면 좋은 제품이 생산되듯이 교사의 가르치는 기술이 뛰어나면 우수한 인재들이 만들어진다. 공장에서 물건을 만드는 장인의 솜씨가 중요하듯이 만드는 교육은 교사중심으로 이루어지며 교육의 성패는 교사의 능력에 달려 있다. 기계적-수공업적인 교육관에서는 인간을 비교적 변화되기 쉽고 특별한 개성을 갖지 않는 존재로 이해하고 있다. 그러기에 교육을 통해서 어떤 존재로든 만들 수 있다고 본다. 이러한 인간관에 기초하고 있기에 교육은 인간을 변화시키고 조형하는 적극적인 활동으로 파악된다. 기계적-수공업적 교육관은 교육의 능력을 높이 평가하고 그 결과에 대해서도 매우 낙관적인 입장을 가지고 있다.

이에 비해서 낭만주의적-유기체적인 교육 이해에서는 교육을 식물을 재배하는 것과 비슷한 과정으로 이해한다. 이 교육관에 따르면 학생은 씨앗으로, 교사는 농부나 정원사와 같은 역할을 하는 존재로 비유될 수 있다. 식물의 씨앗들이 본래부터 각각 그 식물 나름의 가능성을 간직하고 있듯이 어린이 안에는 개별적인 특성이 태어날 때부터 간직되어 있다. 농부가 식물의 성장에 필요한 조건들을 잘 조성해 주면 각각의 식물이 가진 고유한 가능성이 최대한 잘 발휘되어 좋은 결실을 맺을 수 있다. 마찬가지로 교사는 학생들의 고유한 가능성이 최대한 잘 발전될 수 있도록 조건을 마련하고 돕는 조력자로 이해된다. 따라서 이 교육 이해에서는 교사보다는 학생이 중심이고 교사는 돕는 사람이 된다. 어린이는 씨앗처럼 타고난 개성과 가능성을 가지고 있다. 교육은 미리 주어진 잠재적 가능성을 존중하고 그것을 실현하는 데 초점을 맞추기 때문에 만드는 교육에 비해 소극적이다. 이와 같은 교육이해는 어린이 안에 창조주가 부여한 선한 자연이 잘 간직되어 있어서, 그 선한 자연이 잘 간직되고 또 인간 문명의 나쁜 요소들에 의해 타락하지 않도록 보호하여야 한다(Rousseau, 1993)는 루소(Rousseau)의 사상에서 근원을 찾을 수 있다. 더불어 교사와 교육의 역할이 제한적이라는 점에서 소극적 교육론으로 이해된다.

이러한 두 가지 전통적인 교육이해는 교육을 보는 관점은 서로 매우 다르지만 인간을 이해하는 데 있어서 동일한 두 가지 전제들을 가지고 있다. 첫째, 삶과 교육을 연속적인 과정으로 파악한다. 둘째, 인간의 변화가능성, 곧 가소성(Bildsamkeit)을 인정한다는 점이다(Bollnow, 2001: 26).

첫 번째 전제인 연속성은 인간의 삶과 그 안에서 이루어지는 교육의 과정을 연속적인 과정으로 보는 것이다. 기계적-수공업적 교육이해에서는 학생을 재료로 보고 전체 제작 계획에 따라서 물건을 제작해 가는 일련의 과정과 교육과정을 같은 개념으로 파악한다. 유기체적-낭만적 교육이해에서는 씨앗이 싹이 트고 자라나서 꽃을 피우고 열매를 맺는 과정처럼, 교육도 어린이 안에 잠재된 가능성이 자라나서 성숙해 가는 과정으로 파악한다. 연속성에 대한 가정이란, 이 두 교육관 모두에서 인간의 삶과 삶에 병행하여 이루어지는 교육의 과정이 별다른 단절 없는 점진적이고 연속적인 과정으로 파악됨을 의미한다.

두 번째 전제인 가소성(Bildsamkeit)은 헤르바르트(Herbart)로부터 비롯된 개념으로서 인간은 변화 가능한 존재라는 것을 의미한다. 인간이 변화될 수 있는 존재이기 때문에 인간에 대한 교육도 가능하다. 따라서 가소성의 교육을 가능하게 하는 필수적인 조건이다. 만드는 교육은 교사의 능력만 충분하다면 학생이라는 재료를 어떤 사람으로든 만들 수 있다는 적극적 교육론이다. 기르는 교육 역시 적절한 보호와 촉진활동을 통해 학생 안에 미리 주어진 좋은 가능성들을 잘 발현되게 할 수 있다고 생각한다는 점에서 변화에 대한 신념을 공유하고 있다.

이와 같은 두 가지 전제는 전통적으로 교육을 지탱하는 근본 토대로 작용해 왔다. 인간의 변화가능성을 믿고 성실하게 교육하면 보다 나은 사람들을 양성할 수 있고 이를 통해 보다 나은 사회를 건설할 수 있다는 믿음 위에서 교육이 가능하였다. 교육의 역사에서 우리는 먼저 만드는 교육의 주도적인 역사를 확인할 수 있으며, 자연주의 이후의 교육에서는 유기체적 교육론이 새롭게 등장하여 새로운 교육론으로 인정받아 왔다.

2) 실존철학적 인간관

두 가지 전통적인 교육이해 가운데서 근대에 이르기까지 교육의 실제 현장에서 더 큰 영향을 미친 교육이해는 기계적-수공업적인 교육이해라고 할 수 있다. 그래서 현장의 교육은 교사가 주도하는 아동에 대한 적극적인 교육적 작용들로 채워졌다. 무엇보다도 그것은 미성숙하고 아직 형태가 갖추어지지 않은 아동에 대한 적극적인 형성 작용이었으며, 미성숙으로부터 이성적 존재로의 이끌어 올림이었다. 어른들은 자신의 이성적 우월성과 인간으로서의 성숙함을 믿으며 어린이에 대한 주도권을 행사하였다.

그런데 이러한 생각은 근대의 극단적인 삶의 경험들을 통해서 근본적으로 흔들리게 되었다. 계몽주의의 신념이었던 이성적인 존재로서 미성숙한 어린이들을 성숙한 이성적 존재로 이끌어 갈 수 있다는 믿음은 제1차세계대전의 뼈아픈 경험을 통해 거부되었다. 이성적 존재로서의 인간에 대한 믿음과 어린이에 비해 완성된 존재로서의 어른에 대한 신뢰가 무너져 내렸다. 이제 어른은 더 이상 성숙한 이성적 존재로 인정될 수 없게 되었고 어린이 앞에 당당한 교사로 설 수 없게 되었다.

이러한 실패와 좌절에 직면해서 새롭게 주목받은 것이 유기체적-낭만주의적 교육이해이다. 아직 오염되지 않은 자연 상태로의 어린이, 그들 안에 보존된 선함에 대해 주목한 것이다. 어른들의 악함과 그들이 저지른 잘못에도 불구하고 어린이들 안에는 아직도 새로운 가능성이 남아 있다는 생각이 당시의 교육학계에 새로운 희망을 주었고 활력을 불어넣었다. 그리하여 19세기 말에서 20세기 초에 등장하였던 개혁교육학이 제1차세계대전 이후에 다시 주목받게 되었다. 독일의 교육과 교육학은 어린이들 안에 간직된 선함에 대한 신뢰에 기초한 낭만주의적 교육이해로부터 새로운 열정을 획득하였으며, 그것이 이 시대를 '어린이의 시대'로 부르는 이유이다(Bollnow, 2001: 15).

그러나 제2차세계대전은 어린이에 대한 신뢰에 기초한 새로운 교육의 명백한 실패를 확인해 주었다. 독일교육학계는 또 다른 절망으로 빠져 들었다. 더욱 심각한 것은 이제는 제1차세계대전 이후에 그들이 가질 수 있었던 새로운 가능성, 새로운 인간관을 찾을 수 없었다는 점이다. 더 이상 인간 안에 항시적으로 주어진 어떤 선한 가능성에 기대어서 교육적인 낙관론을 전개하기는 힘들어졌다. 인간 이성에 대한 신뢰와 함께 인간 안에 주어진 선한 자연에 대한 신뢰도 처절하게 붕괴됨으로써 새로운 가능성은 찾을 수 없는 것처럼 여겨졌다. 그만큼 절망의 정도도 심각하였다.

볼르노는 이와 같은 상황 안에서 철학과 교육학을 통해 새로운 돌파구를 모색하였다. 우선적으로 그는 실존철학 안에서 새로운 가능성을 찾고자 하였으며, 그 시도의 결실이 『실존철학과 교육학』이다. 그는 모든 역경과 인간에 대한 부정정인 파악에도 불구하고 인간 안에서 다시금 새로운 희망을 찾을 수 있는 가능성을 실존주의 안에서 보았다. 그래서 새롭게 교육을 이야기할 수 있는 가능성을 실존주의에서 파악된 인간이해 안에서 찾고자 시도한 것이다(Bollnow, 2001: 20~23). 인간 존재와 삶의 암울함을 통찰하면서도 그 안에서 실존의 본질적 특징을 이야기하는 실존주의가 새로운 희망을 줄 수 있다고 판단한 것이다. 그렇다면 볼르노가 주목한 실존철학의 인간관이 기존의 교육적 인간관과 다른 점은 무엇인가?

실존주의적 인간이해는 인간의 삶을 비연속적인 과정으로 파악한다(Bollnow, 2001: 22). 삶은 기존의 교육학이 파악한 것과는 달리 평탄하게 지속되는 과정이 아니다. 삶은 때때로 예기치 못한 숙명적인 사건들에 의해서 단절되고, 그 다음에는 또다시 새로운 삶이 시작된다. 삶에 종종 찾아오는 단절의 순간들이 종래의 삶을 중단시키고 그 단절의 순간에는 새로운 질서가 지배한다. 그 순간 시간은 멈추어진 것 같고 모든 것이 중단되며 낯선 어떤 것이 삶을 지배한다. 전혀 다른 삶의 질서가 그 순간을 움직여 간다. 그리고 그 순간이 지나가면 다시 일상의 시간과 질서가 찾아온다. 실존주의를 통해 삶의 본질적인 내용들로 파악된 위기, 불안, 질병, 죽음 등이 그와 같은 삶에 있어서의 단절을 분명하게 보여 준다. 따라서 삶은 연속적인 과정이라고 할 수 없고 부분 부분이 분명하게 단절되어 있는 비연속적인 과정이다.

실존주의는 또한 인간의 변화가능성을 거부한다(Bollnow, 2001: 23). 실존주의에 따르면 실존은 오직 순간적으로만 빛을 발하고 다시 소멸하고 만다. 실존은 매 순간 다시 획득되어야 한다(한전숙 · 차인석, 1980: 9). 운명적인 순간들에 체험된 인간 존재의 본질은 그 이후의 삶에 영향을 미치지 못하며 삶은 다시 비본질로 추락하고 만다. 운명의 순간들은 그 이전의 삶으로부터 단절되어 있지만 그 이후의 삶과도 단절되어 있다. 그러므로 인간의 변화에 큰 영향을 미치지 못한다. 일상의 비본질적인 영역에서는 어떤 변화가 있을지 모르지만 적어도 본질적인 인간 내면의 핵심에 있어서는 어떤 변화나 진보도 불가능하다(Sartre, 1981: 42). 이러한 실존주의적 인간관에 따르면 교육은 불가능하다. 인간이 변화되지 않는다고 할 때 교육은 근본적으로 그 가능성을 상실하게 되기 때문이다.

실존주의가 교육과 접목되기 어려운 것은 이와 같은 이유들 때문이다. 근본적으로 인간은 변화될 수 없는 존재라면 교육 역시 불가능하다. 그리고 변화가 가능하고 하더라도 사전에 계획된 체계적인 설계에 따라 진행되지 않는 교육이란 상상하기 힘들다. 예측할 수 없는 어떤 순간에 찾아오는 삶의 단절적 순간에만 포착되는 실존과 관련해서는 어떤 계획적인 교육계획도 수립할 수 없기 때문이다.

볼르노는 실존주의가 파악해 낸 삶의 단절적 순간의 중요성을 이해하였다. 그러면서도 그는 교육학자로서 인간의 삶에 있어서의 교육의 필연성 또한 포기할 수 없었다. 그러기에 그는 실존주의를 수용하면서도 순수한 실존주의적 입장과는 다른 길로 갈 수밖에 없었다. 다음에서는 실존주의적 인간관과 대비되는 볼르노의 인간관의 특징을 중심으로 살펴보고자 한다.

3) 볼르노의 인간관의 특징

볼르노는 실존주의적 인간이해의 특징이라고 할 수 있는 삶의 단절성과 그 안에서 경험되는 실존의 본질성에 대해 동의한다. 삶의 단절성과 일상적 삶의 비본질성을 수용함으로써 그는 실존주의적 인간이해를 받아들인 것으로 이해할 수 있다. 당연한 귀결로 전통적인 교육이해와 그 기초가 되는 인간관과는 분명하게 구별되는 방향으로 나아가게 된 것이다.

그럼에도 불구하고 그는 실존주의의 인간이해를 있는 그대로 받아들일 수는 없었다. 일차적으로 그러한 차이는 숙명적인 사건으로 인한 단절의 순간에 체험되는 실존의 지속가능성과 관련된다. 실존주의에서는 그 단절의 순간을 인간 삶에 있어서 본질적인 순간으로 보고 그 밖의 일상적인 순간을 비본질적인 것으로 여긴다. 그리고 그 순간에 체험되는 본질로서의 실존은 오직 그 순간에만 빛을 발한다고 파악하였다. 다시 말해서 그 이후의 삶에는 영향을 미치지 못한다는 것이다.

볼르노는 실존주의가 파악해 낸 삶의 단절적인 순간들의 본질적인 의미에는 동의한다. 그렇지만 그 본질적인 순간의 체험들이 일상 안에서 완전하게 소멸해 버린다는 것에는 동의하지 않는다. 엄밀한 실존주의적 파악에서처럼 단절 이후에 다시금 일상의 비본질 안으로 침전되어 버린다면 삶은 발전 없는 제자리걸음이 된다. 숙명적인 사건 안에서 자신의 실존을 무엇으로 파악하건 간에 그 순간이 지나가고 나면 완전히 잊혀 버리기 때문이다. 그리고 매 순간 다시 획득되어야 한다. 이것이 실존의 본질이다(Bollnow, 1989: 86). 따라서 인간의 삶은 비본질의 흑암으로 가득한 채 가끔씩 본질의 불빛이 희미하게 반짝이다가 사라지고 마는 어두운 밤이 되고 만다. 삶은 비본래성으로 가득 차 있는 어두운 밤이라고 할 수 있다(Heidegger, 1953: 41ff).

이러한 실존주의적 파악과는 다르게 볼르노는 숙명적인 순간의 실존적인 체험이 이후의 삶에 영향을 미칠 수 있다고 보았다. 삶은 숙명적인 실존의 순간 이후에 다시금 예전의 비본질적인 일상의 지평으로 추락하는 것이 아니라 보다 높은 차원에서 새롭게 출발한다고 주장하였다. 그러므로 실존의 순간은 앞과 뒤의 삶을 단순하게 구분하는 단절이 아니라 뒤의 새로운 삶의 질서를 위한 토대가 된다. 단절의 순간 안에서 체험된 삶과 사람됨의 본질은 새로운 삶의 출발점이 된다. 따라서 다시금 비본질적인 일상과 현존 안으로 추락하는 것이 아니라 새로운 존재의 지평이 열리게 되는 것이다.

결론적으로, 볼르노의 인간이해에서 중요한 두 가지 요점은 삶의 비연속성을 인정한 것과 운명적인 사건들이 삶에 미치는 중대한 영향을 인정한 점이다. 이러한 두 가지 점에 착안해서 그는 인간의 삶을 운명적인 분절의 순간들이 있지만 "마디마디에서는 연속성을 갖는"(Bollnow, 2001: 80) 형태로 이해하였다. 인간의 삶을 연속성과 비연속성이 교차하는 과정으로 이해한 것이다.

이러한 점에서 그의 인간이해는 실존주의적인 인간이해와 달리 긍정적이고 희망적이다. 실존주의적 인간이해에서는 거부되었던 본질적인 순간의 보존이 긍정되고 있다. 실존의 체험이 미치는 영향을 인정함으로써 실존주의에서 비본질적인 것으로 간주하였던 일상적인 삶의 가치도 회복한 것이다. 그런 의미에서 볼르노는 실존철학을 긍정하면서도 삶과 현실을 포괄하는 새로운 철학이 필요함을 역설한 바 있다(Bollnow, 1989: 200).

따라서 볼르노의 『실존철학』이나 『실존철학과 교육학』은 엄밀한 의미에서 실존철학적 입장에 서 있다고는 말할 수 없다. 이미 그 안에서 실존철학을 넘어서 인간학과 삶의 철학으로의 전환을 시도하고 있기 때문이다. 『실존철학과 교육학』이 이미 그보다 한 해 앞서 출판된 『삶의 철학』(Bollnow, 1958)에 뒤따라 나온 것에서도 보듯이 그의 사상은 삶의 철학이라는 보다 일상적이고 긍정적인 방향으로 향하여 있었다고 할 수 있다. 『실존철학과 교육학』에서 탐구된 주제들이 『교육의 인간학』에서 반복되고 있다는 점은 이미 이 책에서 그의 인간관의 지향점이 분명하게 드러났음을 보여 준다. 그 후의 주제들인 희망, 안정, 교육학적 분위기 등의 보다 일상적이고 삶의 긍정적인 측면에 대한 고찰로 나아갈 가능성이 이미 그 안에 함축되어 있는 것이다. 그의 관심은 실존철학이 보여 준 삶의 극단적이고 어두운 측면이 아니라 그것을 초월해서 다시 인간다움으로 이끌어 갈 '새로운 안정'과 희망이었던 셈이다(Bollnow, 1955).

따라서 볼르노의 『실존철학과 교육학』은 그의 전체 연구와 저술 활동의 방향을 보여 주고 있다고 볼 수 있다. 삶의 어두운 측면과 운명론적 인간관을 벗어나서 일상적인 삶과 인간의 자율성에 초점을 맞추는 정신과학적 해석학적 인간관에 기초한 그의 전반적인 연구 경향이 그 안에 이미 분명하게 나타나고 있기 때문이다.

3. 볼르노의 교육관의 특징

1) 자기동일성의 확장이 아닌 지평융합으로서의 교육

볼르노의 실존철학적-인간학적 인간관과 교육이해는 기존의 교육이 이해하였던 인간관과 교육이해를 넘어서 새로운 차원으로의 비약을 가능하게 하였다. 그가 전통적인 교육이해로 정리한 수공업적인 교육이해와 유기체적인 교육이해가 기초하고 있는 인간과 교육에 대한 이해가 포괄하지 못하였던 삶과 교육의 측면들이 그의 실존철학적인 교육이해 안에서 새롭게 파악되었다. 우리는 볼르노를 통하여 실존철학 이전에 교육에서 중요하게 생각하지 않았던 요소들을 이해할 수 있으며, 그와 관련하여 교육적으로 이해하고 노력할 수 있게 된 것이다.

무엇보다도 그것은 타자를 포괄하는 인간이해와 자기 동일성 안에 머물러 있는 인간이해 사이의 구별을 통해 명확하게 부각된다. 여기에서의 타자는 그저 주체의 밖에서 주체를 반사하고 상호작용하는 대상으로서의 타자가 아니라 절대적 타자를 의미한다. 나의 밖에 있으면서 나로 환원될 수 없고, 나의 동일성의 확장을 위한 대상으로서의 타자가 아닌 초월적 타자를 말한다. 나의 내부에 있는, 내가 생각할 수 있는 가능성들의 밖에 있는 새로운 가능성이다 (Lacan, 1993: 89).

타자는 단순히 나와 다른 또 하나의 주체가 아니다. 타자의 존재는 타자성의 두 번째 단계에서만 이해될 수 있다. 타자는 또 다른 주체가 아닌 주체가 환원시킬 수 없는 이질성으로 이해될 때에야 비로소 나와 다른 주체 사이에서 중재 역할을 수행할 수 있는 것이다. 무의식이 타자(대문자로 표시되는)의 담론이라고 말하는 이유는 그것이 개별 주체들을 넘어선 어떤 차원을 가리키기 때문이다.

이처럼 타자는 나의 범주를 초월해 있으면서 나에게 닥쳐오는 어떤 절대적 힘이다. 나와 마주서서 나를 비추고 나의 주체를 반영하고 대화하는 또 다른 주체성을 의미하지 않는다. 대화하는 주체는 나의 주제를 존중하고 기존의 나를 인정한다. 따라서 나는 나의 밖에 서서 나와 마주하고 있는 또 다른 주체들과의 상호작용을 통해 성장할 수 있다. 독립된 주체로서의 나의 동일성이 훼손되지 않으면서도 관계가 형성될 수 있고, 또 그 관계 안에서 성장할 수도 있다. 전통적인 교사와 학생의 관계는 그와 같은 상호작용적 주체와 타자의 관계의 전형이라고 할 수 있다.

그러나 나로 환원될 수 없는 주체와의 관계는 전통적인 상호작용의 관계와는 완전히 다르다. 타자와의 맞닥뜨림은 나를 깨는 아픔이고 나의 한계를 초월하는 충격이다. 그 안에서 나의 기존의 삶과 사람됨이 전적으로 변화된다. 따라서 타자와의 만남 안에서 이루어지는 변화는 근본적이고 전면적이며 철저하다. 실존철학이 오직 운명적 사건 안에서만 진정한 실존에 이를 수 있다고 한 것은 이와 같은 타자와의 만남의 속성을 고려한 것이다.

이와 같은 타자와의 만남이 갖는 절대성은 실존철학적 교육이해 안으로 그대로 수용된다. 전통적인 교육이해들이 개인으로서의 인간에 주목하고 계획적이고 점진적으로 주체의 성장을 계획하였다면, 실존철학적 교육이해에서는 타자와의 관계와 만남을 배제하고서는 진정한 의미의 사람됨의 성립이나 변화라는 것이 불가능하다고 본다.

전통적인 교육이해에서는 언제나 주체로서의 개인이 문제이다. 교육은 한 주체의 연속적인 확장과 발전을 도모하는 활동이다. 만드는 교육에서 교육은 미리 설정된 합리적인 계획에 따라서 체계적으로 한 인간을 목표한 어떤 존재로 만들어 가는 연속적인 작용의 과정이다. 학생이라는 재료는 교사의 솜씨가 좋고 특별한 문제가 없으면 좋은 제품으로 만들어져 나온다. 교육은 재료로부터 무엇인가를 만들어 가는 과정이거나 백지상태의 내면에 무언인가를 채워가는 과정이다. 그 과정들은 타자의 개입이나 상호작용을 요청하지 않는다. 교육은 처음부터 잘 계획된 과정이고 교사의 절대적인 권위와 화동 이외에 다른 요소의 개입들은 허용되지 않는다. 교사가 주도하는 교육적 활동은 독립된 세계이고 침범할 수 없는 영역이다. 타자의 개입은 따라서 체계적으로 계획되고 진행되는 과정에 대한 방해이며 실패와 좌절을 초래한다. 어떤 외적 존재의 개입도 교육적 활동의 긍정적 영향으로 파악되지 않는다.

이에 대해서 실존주의적 인간이해와 교육이해는 근본적으로 다른 견해를 보여 준다. 실존철학에서 사람됨의 본질은 타자와 절대적으로 관련되어 있다. 나의 삶을 깨고 들어오는 절대적 운명으로서의 타자의 개입만이 나의 협소한 자아를 깨고 본질적인 나를 만들어 낼 수 있다. 나는 오직 만남 안에서 새롭게 형성된다. 나는 교사의 체계적인 계획에 따라 만들어지는 것이 아니다. 뿐만 아니라 내 안에 이미 주어진 가능성들이 착실히 성장하고 발전해서 점차 나를 완성해 가는 것도 아니다. 나는 내 밖에 존재하면서 내가 통제할 수 없고 이해할 수 없던 어떤 존재와의 충돌 안에서 새롭게 탄생한다.

그러므로 나는 만남이 없이는, 타자가 없이는 파악될 수 없다(Bollnow, 2001: 135). 이처럼 실존적 사람됨의 이해는 나를 초월해서 존재하는 타자의 존재를 필수적으로 요청한다. 타자 없이는 나의 사람됨의 본질에 도달할 수 있는 길이 없다.

이와 같은 맥락에서 종래의 교육을 지평확장의 과정으로 이해한다면 실존적 교육은 지평융합의 교육으로 이해할 수 있다. 일반적으로 교육은 어린이의 발달에 맞추어져 있으며, 따라서 생애발달의 긴 주기에 맞추어 점진적으로 어린이를 성숙으로 이끌어 간다. 특정한 기술이나 능력을 매개하는 만드는 교육에서도 이와 같은 점진적인 과정은 마찬가지이다. 일반적으로 교육은 미리 계획된 신중한 설계에서부터 마지막 목표의 완수에 이르기까지 점진적인 절차를 밟아 가게 마련이다.

그러한 과정을 통해서 학생들은 점진적으로 자신의 경험과 지식을 축적하고 점차 보다 높고 넓은 내면세계를 형성하면서 성장해 간다. 따라서 그 과정은 점차 자신의 이해의 지평을 확장해 가는 과정으로 이해할 수 있다. 그것이 교사가 주도하는 과정이든 혹은 학생 자신의 내적인 가능성과 발달의 법칙에 따라 진행되는 과정이든 간에 점진적인 확장의 걸음걸이는 공통적으로 확인되는 특징이다. 자신의 동일성을 유지하면서 그것을 살찌우는 과정이 일반적인 교육의 과정이다.

이에 비해서 실존적 만남을 통한 전환 혹은 비약으로서의 교육은 점진적인 지평의 확장과는 분명하게 구별되는 과정이다. 그것은 자신의 내적 동일성과 지평 안에 머물러 있는 평정의 상태를 깨고 들어오면서 시작된다. 내가 머물러서 살고 있고 내가 경험하고 생각하며 이해할 수 있는 범위를 넘어선 일들이 그 안에서 이루어진다. 우리는 플라톤의 동굴의 비유(Platon, 국가: 제7권)나 다메섹 도상에서의 사울의 체험과정과 같은 예들을 통해서 그와 같은 운명적인 사건들의 특징을 분명하게 이해할 수 있다.

그 안에서 우리의 이전의 삶은 중단되고 새로운 삶으로의 고통스러운 급격한 전환이 이루어진다. 기존에 내가 경험하고 그 경험에 기초해서 알고 있고 신뢰하였던 모든 것들이 일순간 무너져 내리고 만다. 삶과 사람됨의 전체가 그 순간에 흔들리고 좌절되고 붕괴된다. 그리고 전적으로 새로운 지평에서 모든 것들을 새로 시작해야 된다. 그러므로 종래의 지평에서 나를 확장해 가는 과정이라는 것이 여기에서는 근본적으로 불가능하다. 우리는 여기에서 점진적인 변화가 아닌 전면적 전환으로 이해된 교육을 확인할 수 있다(윤재홍, 2006).

삶은 새로운 지평에서 완전히 새롭게 시작되어야 한다. 사람됨 역시 그 운명적 사건과 더불어 새롭게 구축되어야 한다. 그런 의미에서 실존은 운명적 사건 안에서, 만남 안에서 비로소 획득된다. 만남 이전에 내가 있던 것이 아니고 만남 이후에 내가 있는 것도 아니며, 오직 만남 안에 내가 있을 수 있다는 것은 이와 같은 만남의 절대성과 기존의 삶에 대한 낯설음과 새로운 사람됨으로의 전적인 전환을 염두에 둔 말이다.

2) 비연속적 형식의 만남의 교육

교육에 대한 이해는 언제나 인간관과 뗄 수 없는 관계를 가지고 있다. 인간을 어떤 존재로 이해하느냐 혹은 이상적인 인간을 어떻게 규정하느냐에 따라서 교육의 목적, 방법, 내용 등 전반적인 것들이 달라지기 마련이다. 볼르노의 인간이해의 특징은 실존주의적인 비연속성을 삶의 중요한 본질적 특징으로 이해하면서도 실존주의와는 달리 숙명적인 사건이 그 이후의 일상적인 삶과 존재의 변화에 미치는 영향을 인정한 점이다. 만약 볼르노와 같이 삶을 비연속성과 연속성이 교차하는 과정으로 이해한다면 교육은 그 두 가지 요소를 함께 고려해야 한다. 교육이 삶에 관여하여 변화시킴으로써 사람됨의 변화와 성장을 도모하는 활동이라면 우리는 교육에서 삶의 중요한 구성 요소들을 당연히 고려하여야만 한다.

실존주의에 따르면 삶은 나 자신의 내적인 성장을 통해서만 유지되는 것이 아니다. 나와는 별개로 존재하면서 나로 환원되지 않는 너와의 만남을 통해서 존재한다(Bollnow, 2001: 119). '나와 그것' 으로 표현되는 사물과의 관계와는 다른 '나와 너' 의 배타적이고 숙명적인 관계 안에서 의미 있는 삶이 순간적으로 성취된다(Buber, 1970: 53). 나는 미리부터 내 안에 독립적으로 주어진 것이 아니고 너와의 만남 안에서만 실현될 수 있다. 참된 나는 주체의 내적인 발전에서부터 비롯되지 않고 오직 나와 너의 만남에서 비롯된다. 그런 의미에서 만남은 인간 실존의 핵심이다(Bollnow, 2001: 121). 만남 이전에는 진정한 내가 없기 때문이며, 만남 이후에도 그렇기 때문이다.

따라서 인간의 변화나 성장이라고 하는 것과 더불어 인간의 진정한 삶의 존립 자체가 만남에 의해서만 가능하다. 그리고 만남이 인간을 인간이게 하는 형성 조건이기에, 만남은 참으로 의미 있는 교육적 현상이다. 참된 나는 만들어지거나 혹은 내면으로부터 성장해 나오는 것이 아니기 때문이다. 이러한 맥락을 따른다면 교육은 오직 만남 안에서만 가능하다. 진정한 변화나 자기 확립의 유일한 통로가 만남이기 때문이다. 진정한 의미에서의 변화는 오직 이와 같은 비연속적인 사건 안에서 이루어진다. 일반적으로 우리가 교육이라고 부르는 일상적인 삶의 행위들은 비본질적인 인간의 외적 변화와 관련될 뿐이기 때문이다.

볼르노는 실존적인 만남의 개념을 파악하기 위해서 여러 실존철학자들의 만남에 대한 논의를 검토하였다. 이를 통하여 만남 개념의 핵심적인 요소들을 다음과 같이 정리하였다. 숙명적인 우연성, 언제나 단지 하나에만 얽매여 있는 배타성, 한 사람의 인격의 내적 핵심을 뒤흔드는 감동, 그 안에서 경험하는 호소 내용의 불확실성 등이다(Bollnow, 2001: 170).

첫째, 실존적인 만남은 우연한 기회에 주어지는 운명적인 사건이다. 언제 누가 내 앞에 운명적인 만남의 대상으로 등장할지 알 수 없는 우연성이 만남을 지배한다. 뿐만 아니라 만남의 양쪽이 모두 만남을 진지하게 받아들여야 한다는 점에서 그 우연성이 더욱 커진다. 둘 중 어느 하나라도 상대방을 진지하게 받아들이지 않을 경우 만남은 성립되지 않는다. 이처럼 만남은 지금까지 내가 기대하지 않았던 전혀 다른 어떤 것, 나에게 새로운 방향을 향하도록 강요하는 어떤 것과 어느 날 갑자기 맞닥뜨리는 것이다. 그리고 그것은 나 혼자만의 노력으로 이루어 질 수 없고, 나를 향해 오는 타자의 노력만으로도 이루어지지 않는다. 우연히 나에게 찾아오지만 그 안에서 나의 삶이 전체적으로 흔들리고 단절되며 새롭게 출발하게 되는 근본적인 계기이다. 우연히 찾아오지만 일단 그 안에 사로잡히게 되면 나의 전체를 사로잡고 항거할 수 없는 힘으로 지금까지와는 다른 삶으로 인도해 간다는 점에서 숙명적이다.

둘째, 만남은 배타적이다. 만남의 순간에 나에게 부딪쳐 오는 타자의 요청은 절대적이며, 나의 개성과 차이는 그 앞에 전혀 고려의 대상이 되지 않게 된다. 타자의 특별한 형태가 아니라 그의 절대적인 요청이 나에게 간섭해 들어온다. 일반적으로 교육과 관련해서는 인간의 다양한 측면들의 조화로운 발전을 목표로 한다. 따라서 학생들에게 될 수 있는 대로 폭넓게 삶의 풍부한 요소들을 펼쳐서 제시하는 것이 중요하다. 반면에 만남은 모든 조화로운 교육 혹은 도야를 무의미하게 만드는 단호함을 가지고 있다. 모든 만남은 숙명적이다. 만남이 한 인간에게 닥쳐오면 그 인간 전체를 사로잡는다. 그렇기 때문에 하나의 만남은 다른 만남을 허용하지 않는다. 진지하고 배타적으로 인간을 사로잡기 때문에 한 사람이 나에게 결정적으로 접근해 들어오는 곳에서 다른 모든 이들은 의미를 상실하고 만다(Bollnow, 2001: 164). 오직 만남의 대상만이 그 순간 빛을 발한다. 따라서 어떤 사람이 동시에 여러 사람과 만난다는 것은 불가능하다. 만남은 언제나 유일한 너와의 만남이다.

셋째, 만남은 한 사람의 인격의 내적 핵심을 뒤흔들고 새로운 모습으로 변화시킨다. 만남은 내가 마주치는 낯선 현실이며, 나와 타협하고 편안하게 공존하는 현실이 아니라 나에게 대항하는 타자로서 부딪쳐 온다(Bollnow, 2001: 134). 만남에서 인간은 그 스스로를 시험하게 된다. 상대방의 힘 앞에서 그에게 있어 참된 것이 무엇인지를 결단한다. 이제까지 스스로의 참모습이라고 생각하던 것이 만남 안에서 무너지고 근본적으로 동요된다. 만남은 그의 고유함에 대한 시험이다. 예수를 믿고 따르는 이들을 찾아내어 징계하는 것이 자신의 신앙의 성실한 길이라고 여겼던 사울이 예수를 체험하고 가장 열렬한 예수의 전파자가 된 다메섹의 만남처럼(사도행전: 9장) 그렇게 만남은 내가 예기치 못했던 모습으로 나를 변화시킨다.

인간은 만드는 교육이 주장하는 것처럼 어떤 의도된 목적을 향해 계획적으로 만들어져 가는 존재가 아니다. 또한 낭만주의적인 교육관에서처럼 그 안에 미리 주어진 가능성이 실현되는 것도 아니다. 만남 안에서 비로소 그는 그 자신이 된다. 만남에서 다른 어떤 사람이 그의 핵심으로 부딪쳐 오고 지금까지의 삶이 그 모든 신념과 계획들과 더불어서 전반적으로 동요하게 되며, 전혀 새로운 어떤 것이 시작되는 것이다. 낭만주의적 인간관에서처럼 이미 인간 안에 어떤 형태로 잠재되어 있던 본질이 도야를 통해 발현되거나 만남을 통해서 드러나는 것이 아니다. 본질은 만남 안에서 만들어지는 것이다. 나는 만남 이전에 존재하거나 만남 이후에 만들어지는 것이 아니라 만남의 순간에 나는 나로서 존재하는 것이다. 이런 의미에서 만남은 인간의 존재와 변화를 근원적으로 제한한다(Bollnow, 2001: 132). 실존철학적 의미에서 인간의 본질은 독립적으로 내 안에 주어진 것이 아니라 근본적으로 언제나 만남에서 파악되는 것이다. 너와의 만남을 통해서만 나는 나 자신이 될 수 있다(Bollnow, 2001: 135). 이처럼 어떤 숙명적인 것이 한 사람을 닥쳐오는 때에만 우리는 그것을 참된 만남이라고 이야기 할 수 있다.

넷째, 만남이 주는 충격과 요청은 숙명적인 힘을 가지고 한 사람에게 덮쳐 오지만 그 숙명적인 힘은 그에게 어떤 특정한 것을 요청하거나 호소하지는 않는다. 일반적으로 호소가 그러하듯이 만남에서 경험되는 타자의 요청 또한 특정한 방향으로 나를 강제하지 않는다. 다만 이전의 나의 모습에 머물러 있지 못하게 할 뿐이다. 내가 계획한 삶의 방향, 내가 안주해 있는 현재의 나의 모습 등이 만남 안에서 타자의 요청에 의해서 더 이상 지속될 수 없게 된다. 근본적인 동요 안에서 새로운 결단을 강요당한다. 나는 새로운 나로 된다. 이전의 내가 알지 못하고 생각하지 못했던 어떤 새로운 내가 낯선 너와의 운명적인 만남 안에서 성취된다.

그렇지만 결단의 내용은 정해져 있지 않다. 나는 만남을 통해 달라질 수 있지만 그 달라짐의 방향은 열려 있다. 만남 안에서 어떤 비약을 성취할 수 있는지 없는지는 전적으로 나에게 달려 있다(Sartre, 1981: 49). 지금까지 부족하게 생각되던 나의 삶의 근본적인 전환이 만남에서 이루어진다. 그러나 내가 무엇을 해야 하는지에 대해서, 그리고 어떤 방향으로 나의 삶을 전환해야 하는지에 대해서는 정해져 있지 않다. 다만 나를 나 자신을 스스로 돌아보게 하고 새로운 결단을 요구할 뿐이다(Bollnow, 2001: 134). 그래서 만남은 숙명적이지만 만남 이후에 성취되는 나는 내가 주체적으로 결단하는 것이다.

이러한 만남의 조건들에 비추어 볼 때, 만남은 우연히 한 사람의 삶에 찾아와서 그를 지배하고 전과는 다른 삶으로 그를 인도하는 운명적인 사건이라고 할 수 있다. 이러한 만남에서 이루어지는 타자의 절대적인 요청에 직면해서 인간은 전과는 다른 어떤 존재로 자기 자신의 삶을 결단한다.

볼르노는 이와 같은 실존적 만남이 가져다주는 인간의 바람직한 변화와 성장에 주목하였고, 이를 실존적 교육이해로 발전시켰다. 그리고 그것을 위에서 살펴본 두 가지 전통적인 교육이해, 즉 만드는 교육과 기르는 교육에 대비시켜서 새로운 교육이해로 제시하였다. 새로운 교육이해로서의 실존적 교육이해는 분명한 하나의 특징을 가지고 있다. 즉, 전통적인 교육이해들이 인간의 삶과 교육의 과정을 연속적인 과정으로 이해하는 데 비해서 실존적 교육이해는 교육을 비연속적인 순간적 과정으로 파악한다는 점이다. 따라서 전통적 교육은 연속적 교육이해로, 실존적 교육이해는 비연속적인 교육이해로 제시하였다(Bollnow, 2001).

우리는 이러한 실존적 교육이해를 통해서 종래의 교육이해로는 파악할 수 없었던 새로운 교육이해를 성취할 수 있게 되었다. 이미 인간의 삶과 교육 안에 주어져 있고 수없이 반복되었지만, 우리가 교육으로 파악하지 않았던 한 측면을 교육의 범주 안에서 새롭게 인정하게 된 것이다. 이를 통해서 교육이해의 변화와 확장이 이루어졌다. 이것이 실존주의와 그것을 교육학 안으로 이끌어 들인 볼르노의 커다란 공헌이다.

3) 실존에서 삶으로

볼르노의 인간관의 특징은 실존철학적 인간이해를 수용하면서도 그 안에 머무르지 않고 보다 폭넓은 인간이해로 발전해 간 것이다. 그 방향은 인간에서 발견되는 특징들을 전반적으로 수용하고 그 특징들을 동등하게 인정하는 방향이다. 그런 점에서 그는 실존철학의 수용자와 교육학적 해석자에 머무르지 않고 이미 교육인간학으로 한 걸음 나아간 것이라 볼 수 있다.

만약 우리가 실존주의를 있는 그대로 받아들이게 된다면 인간 자신에 대한 이해가 매우 협소하게 규정될 수 있다. 실존철학은 모든 인간의 삶 중에서 오직 실존의 순간적인 시간만을 의미 있는 것으로 규정하기 때문이다. 그 밖의 모든 시간들은 인간의 삶을 구성하는 데 있어서 비본질적인 의미만을 가질 뿐이다. 그러므로 인간의 삶이라고 하는 것은 전반적으로 비본질적인 잡담과 같은 것이고 의미 있는 삶의 순간은 매우 짧은 순간에 그치고 만다. 그 의미 있는 순간들은 오직 순간적으로만 빛을 발할 뿐이고 다시 곧 삶은 어둠 속으로 침전되고 만다. 이와 같은 이해를 받아들일 때 인간의 삶은 부질없는 비본질의 연속이고 아주 가끔씩만 그 안에서 순간적인 광명의 빛이 비추이는 참혹한 현실이 되고 만다. 거기에 실존주의가 파악한 인간 현실의 어두움이 있다.

실존철학에 충실한 삶과 사람됨에 대한 이해는 또한 교육을 매우 곤란한 지경에 빠뜨리게 된다. 왜냐하면 종래에 우리가 교육이라고 생각하는 것은 실존철학의 관점으로 보면 비본질적인 삶에 속하기 때문이다. 교육이 관심을 가지고 관여하는 영역은 대체로 일상의 삶을 잘 꾸려 가고 그 안에서 인간이 발전해 가는 것과 관련되어 있다. 실존주의가 파악하는 바와 같은 순간적으로 빛을 발하는 본질에 대해 교육은 무기력하거나 아예 관심조차 주지 않는다. 따라서 실존주의가 일상적인 삶을 의미 없는 것으로 본다면 일상적 영역에만 관여하는 교육 역시 의미 없는 것으로 간주될 수밖에 없다. 삶과 사람됨의 본질에 대해서는 무관심하거나 무력한 교육이 설 자리는 없어 보인다.

볼르노 역시 실존주의가 주장하는 바와 같은 본질과 비본질의 구분을 수용한다. 사람됨의 진정한 변화를 수반하는 삶의 운명적인 순간들에 대해서 그는 진지하게 고려하고 있다. 그리고 그것을 교육학 안으로 수용하였다. 그렇지만 실존주의를 있는 그대로 수용하는 것은 교육학과 교육의 무력화를 의미한다고 보면서 실존주의 수용에 따른 난점을 지적하였다. 그래서 볼르노는 실존주의를 수용하면서 동시에 실존주의에 대한 보완작업을 수행함으로써 실존철학과 전통적인 교육이 상호 보완할 수 있는 절충점을 찾았다.

먼저 그는 실존주의로부터는 실존적인 계기를 수용하였다. 삶과 사람됨의 본질적인 부분에 관여하는 실존적인 사건들이 갖는 교육적 의미를 찾아내었다. 그와 같은 운명적인 사건 안에서 사람됨의 본질이 드러나고 종래의 비본절적인 삶이 극명하게 그 비본질성을 드러낸다는 것을 인정하였다. 그리고 그와 같은 실존적인 계기들은 기존의 교육이 간과하였던 삶과 사람됨의 본질에 대한 새로운 인식적 통로를 제공하였음을 인정하였다. 교육이 그와 같은 삶의 본질적인 측면들에 관여할 수 있다면 교육의 영역은 보다 확장되고 사람됨의 보다 깊은 차원들에 관여할 수 있게 될 것이다.

그러나 우리가 실존적인 계기만을 철저하게 고수한다면 종래의 교육은 의미를 잃어버리게 된다. 실존주의에서 이야기하듯이 일상적인 삶이 비본질적인 의미만을 갖게 되고 오직 실존의 순간만이 본질적인 것이라면 일상적인 교육은 비본질적인 것이 되기 때문이다. 일상적인 교육 안에서 성취되는 인간의 변화는 오직 인간의 비본질적인 삶의 차원들에 관계하기 때문이다. 그렇다면 오직 삶의 비본질적인 부분에만 관여하는 교육이란 도대체 어떤 의미가 있는가?

이와 관련해서 볼르노는 만남과 교육의 상호보완적 관계를 새롭게 설정하여 제시하고 있다. 그는 실존적인 만남과 교육의 관계를 본질과 비본질의 단절적인 교차로만 파악하지 않는다. 그는 교육과 만남의 관계를 상호보완적인 관계로 이해한다. 만남의 본질적인 순간은 교육의 비본질적인 연속과 서로 분리되어 있어서 만남에서 교육이 완전히 잊히고, 또 교육의 연속적인 시간에는 만남의 영향이 전혀 미치지 않는 것이 아니라는 것이다. 오히려 서로 의존하고 있다고 본다. 교육은 일상적 진행 안에서 만남을 예비하고 만남은 교육에 영향을 주어 새로운 차원의 발전이 가능하게 한다는 것이다. 만남은 기존의 교육을 중단시키는 단절일 뿐만 아니라 새로운 자극으로서 작용하며, 그러한 새로운 자극 안에서 교육이 내적 발전을 이끌어 간다는 것이다(Bollnow, 2001: 80).

여기에서 실존주의를 수용하면서도 전통적인 교육의 가치를 보존한 볼르노의 독특한 교육이해가 분명하게 드러난다. 운명적이고 절대적인 실존적 사건으로서의 만남과 일상 안에서 삶의 풍부함을 매개하는 교육이 그의 교육이해 안에서 하나의 상호작용적인 보완관계로 정립되고 있다. 교육은 일상 안에서 여전히 그 힘을 잃지 않고 삶을 예비하고 인격의 도야를 담당한다. 그 과정에서 교육은 결정적인 만남을 예비한다. 결정적인 만남은 실존적인 사건으로서 일상적인 교육을 중단시키지만 새로운 자극으로서 그 다음의 교육에 영향을 미친다. 만남이 새롭게 등장함으로써 교육의 절대성이 상대적으로 약화되었으며 적절한 중요성과 적절한 위치를 차지하게 된 것이다.

이와 같이 볼르노의 교육관은 실존주의를 수용한 데서 그친 것이 아니라 기존의 교육과의 보완적인 관계설정을 통해 교육이해의 전반적인 확장으로 나아가고 있다. 그리고 그와 같은 교육이해의 확장 안에서 일상적인 삶과 교육의 가치가 보존되고 있다. 실존적인 사건들의 절대적 가치들이 인정되면서도 근본적인 실존철학의 파악들과는 달리, 일상적인 삶과 그 안에서 이루어지는 교육이 비본질적인 것으로 추락하지 않고 있다. 그는 실존주의의 본질성과 절대성을 인정하였지만 그것을 삶과 교육을 이해하는 새로운 중요성으로 받아들임으로써, 기존의 삶과 사람됨과 교육에 대한 이해를 확장한 것이다. 결과적으로 사람됨에 대한 우리의 이해지평의 확장이 그의 실존주의 수용과 교육학적 재구성을 통해 가능하게 되었다. 그 안에서 실존주의적인 비일상으로부터 일상세계로의 회귀가 이루어졌다. 또한 이를 통하여 일상의 삶 안에서 이루어지는 교육 역시 그 가치를 보존하게 된 것이다. 여기에서 우리는 실존으로부터 일상의 삶을 향한 볼르노의 전반적인 사상적 전환점을 확인할 수 있다.

4. 맺는 말

모든 새로운 교육이해는 기존의 교육이해를 수정하고 새로운 교육적 통찰을 제시한다. 그리고 그 통찰을 통해서 우리는 그동안 알지 못하였던 삶과 교육의 어떤 측면들을 이해할 수 있게 된다. 실존철학 역시 기존의 철학들이 간과하였던 삶의 측면들과 그 의미를 우리에게 제시하였다. 그리고 실존철학을 교육학에 연결하고자 한 볼르노의 시도를 통하여 전통적인 연속적 교육이해와는 다른 비연속적 교육이해로서 만남의 교육이 성립되었다. 볼르노는 만남의 교육을 전통적인 교육이해와 서로 보완하는 관계로 정립함으로써 교육이해를 확장하는 데 기여하였다.

볼르노의 실존철학의 수용과 이를 통한 교육이해의 확장은 우리 시대의 교육과 관련해서 몇 가지 분명한 시사점을 제공한다.

첫째, 일상의 삶과 가치들 너머에 있는 본질적인 가치들에 대한 일깨움과 그것을 향한 주체적인 결단을 촉구한다는 점이다. 이것은 그의 삶과 사람됨의 이해에 있어서의 실존적인 측면이다. 오늘날 우리교육은 지나치게 일상생활의 가치들에 매달려 있는 측면이 강하다. 흔히들 우리교육을 입시위주의 과열경쟁이 주도하는 주입식 교육이라고 한다. 그것은 교육의 드러난 현상이요, 그 뒤에는 돈, 명예, 편안한 삶 등의 현대의 산업화된 자본주의 사회가 강조하는 일상적 가치들에 대한 과도한 추구와 집착이 자리 잡고 있다. 사람들은 그 안에서 자신의 삶과 사람됨의 본질적인 가치는 망각한 채로 다른 사람들과 매체가 인도하는 대로 이리저리 휩쓸려 다니고 있다. 그런 의미에서 우리시대의 삶과 교육을 주체 상실과 표현할 수 있을 것이다. 여기에서 실존주의가 파악하고 볼르노가 교육학 안으로 받아들인 실존의 본질적 의미를 새롭게 파악하고 그것을 위해 결단하고 노력할 필요가 확인된다. 우리 사회의 일상성이 비본질로 깊게 물들어 있는 만큼 본질적 실존을 향한 주체적 결단의 필요성도 더 커진다고 이야기할 수 있다.

둘째, 주체를 초월해 있는 타자에 대한 이해에 귀를 기울일 필요가 있다. 우리 시대의 사회와 교육의 또 다른 큰 위기 중의 하나가 타자에 대해 눈과 귀를 닫고 있다는 점이다. 우리 시대의 교육에서는 타자를 가르치지 않는다. 나를 초월해 있으면서 나의 한계를 깨고 들어와 새롭게 하는 근본적인 의미의 타자뿐만 아니라, 심지어 나와 관계하면서 언제나 나를 풍부하게 하는 상호작용적 존재로서의 타자에 대해서도 무관심하다. 그 결과 교육과 삶에서 이야기되는 사람은 스스로 발전하고 완성될 수 있는 독불장군식의 주체이다. 결과적으로 타자에 대해서는 전혀 무관심한 폐쇄적인 자아나 고립 속에서 불안해하는 연약한 자아를 집단적으로 생산해 내고 있다. 그 결과 우리 교육은 타자에 대한 인식과 관계능력을 상실한 기형적인 인간들을 무수히 양산해 내고 있다. 볼르노는 만남의 교육을 통해서 타자에 절대적으로 의존하고 있는 나의 존재구조에 대해 이야기하고 있다. 나 자신만을 인정하고 이해하는 주체와 타자를 인정하고 이해하는 주체의 삶의 방식은 다를 수밖에 없다. 오늘의 우리의 삶과 교육에서 만남에서 파악된 것과 같은 타자에 대한 이해가 잊히지 않는 본질적 이해로 자리 잡기를 기대한다.

셋째, 삶의 다양성을 매개하고 만남을 예비하는 일상적 교육의 가치를 회복할 필요가 있다. 오늘날 우리의 교육은 지나치게 획일적인 가치들을 매개하는 활동들임이 분명하게 드러나고 있다. 학교와 학원에서 이루어지는 교육의 내용들과 지향하는 가치들은 삶의 다양한 측면들을 골고루 이해할 수 있게 하는 활동들이 아니다. 오히려 좁은 눈으로 세계를 보게 하고 그 결과 삶을 구성하는 다양하고 풍부한 가치들을 많은 부분 상실하게 만드는 편협한 매개활동이 되고 있다. 많은 가치 있는 삶의 내용들이 교육 안에서 그 가치를 인정받지 못하고 있다. 학생들은 사회와 학교가 인정하는 몇 가지 가치들만을 받아들이고 그것을 향해 목숨을 건 경쟁을 감행하고 있다. 이와 같은 교육을 통해서는 삶의 풍부한 세계를 보존하고 확대해 갈 수 있는 건전한 사람됨을 매개할 수 없다. 뿐만 아니라 변화하는 세계 안에서 새롭게 등장하는 새로운 문제들에 대한 대안들을 창조적으로 만들어 낼 수 있는 새 시대의 지도자들도 양성해 낼 수 없다. 획일적인 시각과 그것이 낳는 편협함을 필연적으로 폭력과 비참을 낳을 수밖에 없다. 우리 시대에도 그와 같은 폭력성과 비참이 명백하게 나타나고 있다. 따라서 교육은 다시금 그 본질적인 가치인 삶의 풍부한 가능성을 향한 열린 매개활동으로 새롭게 회복되어야 한다. 이를 위해서 이 시대의 교사와 학부모들의 삶과 교육에 대한 이해가 새롭게 회복되기를 소망한다.

참고문헌

강선보(2003). 마르틴 부버 만남의 교육철학. 서울: 원미사.

오인탁(1990). 현대교육철학. 서울: 서광사.

윤재홍(2005). Bollnow의 교사관. 한국교육사학, 27(1), 51~73.

윤재홍(2006). 전환의 교육적 의미. 교육철학, 36.

윤재홍(2006). 울타리와 우리의 교육인간학. 파주: 한국학술정보.

이규호(1977). 현대철학의 이해. 서울: 민영사.

이규호 편(1978). 실존과 허무. 서울: 태극출판사.

표재명(2000). 키에르케고어. 연세대학교 교육철학연구회 편, 위대한 교육사상가들 IV. 서울: 교육과학사, 2000, 1~50.

한전숙 · 차인석(1989). 現代의 哲學 I -실존주의 · 현상학 · 해석학-. 서울: 서울대학교출판부.

Allen, E. L.(1953). *Existentialism from within*. New York: Macmillan.

Bollnow, O. F.(1958). *Die Lebensphilosophie*, Berlin-Göttingen-

Heidelberg.

Bollnow, O. F.(1959). *Existenzphilosophie und Pädagogik, Versuch über unstätige Formen der Erziehung*, Stuttgart; 윤재홍 역(2001). 실존철학과 교육학. 포천: 기독언어문화사.

Bollnow, O. F.(1964). *Die Pädagogische Atmosphäre*. Heiderberg.

Bollnow, O. F.(1966). *Neue Geborgenheit*. Stuttrart.

Bollnow, O. F.(1989). 최동희 역. 실존철학. 서울: 이성과 현실.

Bollnow, O. F.(1990). 오인탁 · 정혜영 역. 教育의 人間學. 서울: 문음사.

Buber, M.(1970). Tr. by W. Kaufmann, *I and Thou*. Edinburgh: T.&T. Clark.

Cooper, D. E.(1990). *Existentialism: a reconstruction*. Oxford, UK: Blackwell.

Göbbeler H. P. & H. U. Lessing, Hrsg.(1983). *Otto Friedrich Bollnow im Gespräch*. München.

Heidegger, M.(1953). *Sein und Zeit*. Tübingen.

Kümmel. F., Hrsg.(1997). *O. F. Bollnow: Hermeneutische Philosophie und Pädagogik*. München.

Levinas. E.(1985). Tr. by Richard A. Cohen. *Ethics and infinity*. Pittsburgh: Duquesne University Press.

Levinas. E.(1996). Ed. by A. T. Peperzak, S. Critchley, R. Berasconi, *Basic Philosophical Writings*. Bloomington: Indiana University Press.

Levinas, E.(1996). 강영안 역. 시간과 타자. 서울: 문예출판사.

Levinas, E.(2003). Tr. by Nidra Poller. *Humanism of the other*. Chicago: University of Illinois Press.

Platon(1997). 박종현 역. 국가. 서울: 서광사.

Rousseau, J. J.(1993). *Emile*, London: Everyman.

Sartre, J. P.(1981). 방곤 역. 實存主義는 휴머니즘이다. 서울: 문예출판사.

| 미주 |

서 론

1) Die Reichsschulkonferenz 1920, Leipzig 1921. Die Reichsschulkonferenz in ihren Ergebnissen, Leipzig o. J.

2) H. Nohl. Die pädagogische Bewegung in Deutschland und ihre Theories, 2. Aufl. Frankfurt a. M. 1935.

3) Ellen Key. Das Jahrhundert des Kindes, Stockholm 1900.

4) O. F. Bollnow. Die Lebensphilosophie, Heidelberg 1959.

5) 다음의 학위논문들을 참조할 수 있다. K. H. Günter. Der Lebenphilosophisch Ansatz der Bermer Schulreformer Gansberg und Scharrelmann, Tübingen 1957, H. Theories, Praxis und Bedeutung der Arbeit der Karl Wilkers im Berliner Erziehungsheim Lindenhof, Tübingen 1957. 이 논문들은 다음 책에 요약되어 있다. Erziehung und Leben, hrsg. v. O. F. Bollnow, Heidelberg 1959.

6) Th. Litt. Das Bildungsideal der deutschen Klassik und die moderne Arbeitswelt. Bonn 1955.

7) G. Pfahler의 책 Vererbung als Schicksal, Leipzig 1932와 Warum Erziehung trotz Vererbung, Leipzig 1935를 참조할 수 있다. 최근에 간행된 것으로는 다음 책을 참조할 수 있다. H. Roth, Pädagogische Anthropologie. Bd. 1, Berlin 1966.

8) O. F. Bollnow. Existenzphilosophie, 6. Aufl. Stuttgart 1965.

9) J. F. Herbart. Umriβ pädagogischer Vorlesungen, § 1. Sätliche Werke, hrsg. v. K. Kehrbach, Langensalza 1887 ff. 10. Bd. S. 69.

10) E. M. Arndt. Fragmente über Menschenbildung, hrsg. von W. Münch und H. Meisner, Lanensalza 1904, S. 11. Vgl. O. F. Bollnow. Die Pädagogik der deutschen Romantik von Arndt bis Fröbel. 2. Aufl. Stuttgart 1967.

11) 이러한 생각을 G. Howe를 통해 확증할 수 있게 된 것에 대해서 감사하게 생각한다. 그 내용은 I. Röbbelen에 대한 토론을 정리해 놓은 다음 책에 수록되어 있다. O. F. Bollnow, E. Lichtenstein, O. Weber. Der Mensch in Theologie und Pädagogik, Heidelberg 1957, S. 67.

12) 그 두 권의 특별한 책은 나에게는 모두 친숙한 책이며, 제목에 있어서의 분명한 유사성에도 불구하고 서로 다른 방향을 지향하고 있다. G. Würtenberg. Existenz und Erziehung, Düsseldorf 1949는 복음주의적 종교교육학의 단초들을 모아 놓은 것이다. L. Prohaska. Existentialismus und Pädagogik, Freiburg i. Br. 1955는 가톨릭의 관점에서 이루어진 '실존적인 기초 위에 기독교적 교육학을 정립하기 위한 기독교적 연구' 이다.

13) Vgl. O. F. Bollnow, Neue Geborgenheit. Das Problem einer Überwindung des Existentialismus, 2. Aufl. Stuttgart 1960.

위 기

1) A. Bienet. Die neuen Gedanken über das Schulkind, übersetzt von G. Anschütz und W. J. Ruttmann, Leipzig 1912, S. 20.

2) K. Koffka. Die Grundlagen der psychischen Entwicklung. 2. Aufl.

Osterwieck 1925, S. 36.

3) K. Schmeing. Der Sinn der Reifungsstufen. 2. Aufl. Leipzig 1939, S. 1.

4) O. Kroh. Entwicklungspsychologie des Grungschulkindes. 11. und 12. Aufl. Langensalza 1935, S. 57.

5) H. Thomae. Psychologische Probleme des Erwachsenenalters. Universitas, 12. Jahrg. S. 683 ff. 1957.

6) E. Spranger. Psychologie des Jugendalters, 14. Abschnitt. Typen des jugendlichen Lebensgefühls. 20. Aufl. Heidelberg 1949, S. 292 ff. M. Zillig. Verlaufsformen der Pubertät. Schule und Psychologie, 4. Jahrg. 1957, S. 1 ff.

7) V. E. v. Gebsattel. Krisen in der Psychotherapie. Jahrbuch für Psychologie. 1. Jahrg. 1952, S. 1 ff.

8) R. Bilz. Anankastische Selbstregulation in Lebenskriesen. Der Nervenarzt, 25. Jahrg. 1954, S. 412.

9) J. Zutt. Der Lebensweg als Bild der Geschichtlichkeit. Über Kriesen auf dem Lebensweg. Der Nervenarzt, 25. Jahrg. 1954, S. 428.

10) H. Plügge, Über Anfälle u. Kriesen. Psyche. 2. Jahrg., S. 401 ff. 프뤼게가 명백하게 강조한 바와 같이 모든 발작이 위기가 되는 것은 아니다. 이와 관련된 문제들에 대해서는 여기에서 더 상세하게 다루지 않는다.

11) I. Kant. Anthropologie. Werke, hrsg. v. E. Cassirer, Berlin 1922 f. 8. Bd. S. 187.

12) S. Kierkegaard. Der Begriff der Angst, übers. v. C. Schrempf, Jena o. J. S. 68, 156, 또한 Bollnow, Existenzphilosophie, a. a. O. S. 62f.

13) F. Copei. Der Fruchtbare Moment im Bildungsprozeβ. 2. Aufl. Heidelberg 1950.

14) M. Montessori. Montessorierziehung für Schulkinder. Stuttg. 1926, S. 94 f.

각 성

1) E. Spranger. Kultur und Erziehung, 2. Aufl. Leifzig 1923. 여기에서 슈프랑어는 청소년기를 자아발견의 시기로 이야기하였으며, 이러한 맥락에서 "깨어난 자아에 대한 의식"(S. 235), "스스로 깨어남"(S. 237), "자아의식의 각성"(S. 246)이 초래되는 다양한 형식들에 대해서 이야기하였다. 또한 "Lebensformen", 8. Aufl. Tübingen 1950 에서는 교사에 대해서 다음과 같이 이야기하였다. "영혼 안에서 그는 이러한 (객관적) 가치들에 대한 갈망을 보거나 깨닫는다"(S. 383).

2) E. Spranger. Pädagogische Perspektiven, 4. Aufl. Heidelberg 1956, S. 83.

3) E. Spranger. Vom Wissenschaftscharakter der Pädagogik, in: Beiträge zur Einheit von Bildung und Sprache im geistigen Sein, Festschrift zum 80. Geburtstag von. E. Otto, Berlin 1957, S. 10 f.

4) E. Spranger. Der geborene Erzieher, Heidelberg 1958, S. 72 f.

5) a. a. O. S. 17.

6) J. Derbolav. Vom Wesen geschichtlicher Begegnung. Zeitschrift für Pädagogik, 2. Jahrg. 1956, S. 79.

7) J. Derbolav. Erkenntnis und Entscheidung. Philosophie der geistigen Aneignung in Ihrem Ursprung bei Platon, Wien-Stuttgart 1954, S. 408.

8) Trübners Deutsches Wörterbuch, hrsg. v. A. Götze, Berlin 1939 ff.

9) 바이겔(V. Weigel)에 의하면 "그러므로 하나님의 나라는 갱생 혹은 믿음을 통해서 우리 앞에 나타난다. 그렇지만 아무도 그것을 알지 못하며, 따라서 각성이나 경고가 필요하다."(Güldener Griff, 1616, S. 47). 혹은 아른트(J. Arnd)에 의하면 "하나님이 가장 귀한 보물, 즉 그의 왕국을 인간의 마음속에 둔 것처럼…….마찬가지로 우리 안에서 깨우치

고 찾도록 하였다."(3. Buch "Von wahrem Christentumb", Mömpelgart 1620, Titelblatt). 스페너(Spener)와 경건주의에 대한 아른트의 영향에 관해서는 다음을 참조할 수 있다. W. Koepp. Johann Arnd. 13. Stück der neuen Studien zur Geschichte der Theologie und der Kirche. Berlin 1912, S. 144 ff.

10) A. Langen. Der Wortschatz des deutschen Pietismus, Tübingen 1954, S. 32, 또한 Allgemein den Abschnitt über "Erwecken", S. 32 ff.

11) 신학에서의 '각성' 에 대해서는 E. Beyreuter, RGG, 3. Aufl. 1958, S.621이하의 '각성' 에 대한 글과 거기에 제시된 참고문헌들을 참조할 수 있다. 특별히 다음과 같은 책들에 잘 드러나 있다. G. Bonwetsch. Das religiöse Erlebnis führender Persönlichkeiten der Erweckungszeit des 19. Jahrhunderts, 1917. W. Wendland. Erweckungsbewegungen in Deutschland, 1926. M. Schmidt. Die theoretischen Konfessionalismus. ThLZ 74. Bd., 1949, S. 18ff. F. W. Kantzenbach. Die Erweckungsbewegung. 1957.

12) Trübner 사전의 예들을 참조할 것.

13) K. Barth의 '회심으로의 각성' 에 대한 언급에는 (여기에서는 신학적인 의미에서 논의하지 않음에도 불구하고) 두 개의 서로 다른 상(Bild)이 뒤섞여 있는 것처럼 보인다. 회심은 어떤 한 방향으로부터 다른 방향으로의 180도 전환이며, 이에 반해서 각성은 하나의 가능성을 현실로 드러나게 하는 것, 지금까지의 지평으로부터 최고의 상태로 명료함을 축조해 내는 것이다. 거기에서 어떤 특정한 것을 깨닫는 것이 아니라 다만 깨어 있게 될 뿐이다. 그러므로 회심과 각성은 그 경과에 비추어 볼 때 서로 다른 모양이다. 때때로 부주의한 사용에 의해서 이 둘이 서로 뒤섞일 가능성이 있으며, 이 두 경과는 두 번에 걸쳐 서로 연달아 일어나는 경과로 분리해서 파악할 필요는 없다.

14) E. D. Starbuch. Religionspsychologie. Empirische Entwicklungsstudie

religiöschen Bewuβtseins, übers. v. F. Beta, 1.Bd. Leipzig 1909. 여기에서의 논의는 종교적인 문제가 아니라 단지 교육학적인 각성에 관한 유추를 다루는 것이기 때문에 폭넓은 문헌들로부터의 인용을 통해서 보완할 필요는 없다고 본다. 다음과 같은 문헌들을 제시하는 것으로 자세한 문헌들의 인용에 대신하려고 한다.

H. Bruns. Die Gottesstunde, 43 Selbstzeugnisse. 2. Aufl. Gladbeck 1952, ders. Die Entscheidungsstunde, 28 Selbstzeugnisse, Gladbeck 1951.

15) M. Montessori. Selbständige Erziehung im frühen Kindesalter, übers. v. O. Knapp. Stuttgart 1930, S. 342, 이후로는 SE로 줄여서 표기한다.

16) M. Montessori. Montessorierziehung für Schulkinder, übers. von I. Hohenemser. Stutg. 1926, S. 324 f., 이후로는 SK로 줄여서 표기한다.

17) 이와 관련해서는 다음과 같은 글들을 참고하였다. G. Danker. Konzentration als pädagogisches Ploblem. Bildung und Erziehung, 7. Jahrg. 1954, S. 406 ff. 그리고 Th. Hagenmaier, W. Corell, B. van Veen-Bosse. Neue Aspekte der Reformpädagogik, Studien zur Anthropolgie und Pädagogik bei Kerschensteiner, Dewey und Montessori. Anthropologie und Erziehung, Bd.11, 2. Aufl. Heidelberg 1968에 요약되어 실린 B. van Veen-Bosse. Konzentration und Geist. Die Anthropologie in der Pädagogik Maria Montessris. Diss. Tübingen 1959.

18) M. Montessori. Pedagogical Anthropology. London 1913, p. 31.

충 고

1) J. Spieler und Mitarbeiter. Die Erziehungsmittel. Olten 1944. 이 책에서 상이한 여러 주제들과 충분한 참고문헌들을 찾아볼 수 있으며, 마찬가지로 여러 교육학 사전들에도 실려 있다.
2) 이 예들은 마찬가지로 Trübner 사전에서 인용한 것이다.
3) K. Dienelt. Erziehung zur Verantwortlichkeit. Die Existenzanalyse W. E. Frankls und ihre Bedeutung für die Erziehung, Wien 1955를 참조할 것.
4) H. Schaal. Erziehug bei Kierkegaard. Das "Aufmerksammachen auf das Religiöse" als pädagogische Kategorie. Pädagogische Forschungen des Comenius-Instituts, Bd. 8, Heidelberg 1958.
5) K. Stoevesandt. Die pädagogische Bedeutung der evangelischen Gemeindepredigt. Diss. Mainz 1952.

상 담

1) A. Gügler. Anfrage und Rat, bei Spieler, a. a. O. S. 422 ff. G. Hausmann. Arkitekt als Erzieher. Die Sammlung, 12. Jahrg. S. 13 ff. 1957. J. Dolch. Grundbegriffe der pädagogischen Fachsprache. Nürnberg 1952. 또한 1959년 2월 18일 튀빙엔 대학의 교육학 세미나에서의 U. Thomas의 발표, Raten, Rat, Beraten.을 참조할 것. 더불어서 H. Rheinwald-G. Preuschen. Landwirtschaftliche Beratung, Bonn-M chen-Wien 1956도 참조할 수 있다.
2) Trübners Deutsches Wörterbuch.

만 남

만남의 개념

1) 이에 대해서는 Derbolav(a. a. O.)의 만남에 대한 함축적인 파악을 지지한다. 그는 만남 개념을 세 개의 서로 다른, 그러면서도 밀접하게 관련된 개념으로 구분하였다. 1. 정신사적으로 근거 지워진 '타자(고유한 것이 아닌)로서의 타자의 인위적인 수용' 혹은 보다 간단하게 말해서, 특별히 문화 간의 '매개' 2. 나에게는 다른 무엇보다도 구체적인 것으로 생각되는, '타자를 타자로서 인정하는 것' (타자에 대한 인위적인 수용 없이)으로서의, 혹은 '결단' 으로서의 실존적 만남 개념 3. '타자를 통한 자아 형성' 혹은 '각성' 의 의미로서의 그 자신의 고유한 소크라테스적인 만남 개념이며, 후에 이러한 생각에 대한 나의 반응(Zeitschrift für Pädagogik, 2. Jahrgang, S. 242 ff. 1956)에 응답하여서 이러한 세 측면들 사이의 변증법적 관계의 의미로 발전시켰다(Zeitschrift für Pädagogik, 3. Jahrg. S. 150 ff., 1957). 이와 같은 이의들에도 불구하고 만남 개념에 대한 나의 독창적이고 엄밀한 파악을 고수하는 이유는 전술한 응답에서 상세하게 서술하였다. 나는 이러한 서술들을, 여기에서의 논의에 대한 특수한 논쟁들을 야기하지 않기 위해서 인용하였다.

보충적으로 대체로 나에게 친숙한 다음 몇 편의 글을 참고로 제시한다. W. Loch. Pädagogische Untersuchungen zum Begriff der Begegnung, Diss. Tübingen 1958, Zur Vorgeschichte des pädagogischen Begegnungsbegriffs. Pädagogische Arbeitblätter, 11. Hahrg. 1959, S. 337 ff. und 12. Jahr. 1960, S. 16 ff.

2) L. Englert. Über Voraussetzungen und Kriterien der Begegnung, in: Erziehung zur Menschlichkeit, a. a. O. S. 227 ff.

3) M. Buber. Ich und Du(1922), 여기에서는 Dialogisches Leben. Gesammelte philosophische und pädagogische Schriften, Zürich 1947. S. 23 에서 인용하였음.

4) F. Gogarten. Glaube und Wirklichkeit, Jena 1928, S. 31.

5) F. Gogarten. Ich glaube an den dreieinigen Gott, Jena 1926, S. 108.

6) J. Henningsen. Der Hohenrodter Bund. Heidelberg 1958.

7) K. Löwith. Das Individuum in der Rolle des Mitmenschen. München 1928. S. 65.

8) R. Guardini. Grundlegung der Bildungslehre. 여기에서는 Weltbild und Erziehung, Heft 1, Würzburg 1953 에서 인용하였음.

9) E. Weniger. Die Theorie der Bildungsinhalte. Handbuch der Pädagogik, hrsg. v. H. Nohl und L. Pallat, 3. Bd. Langensalza 1930, S.9. 만남 개념의 '역사와의 만남' 으로의 전용은 이미 불트만이 다음 글에서 강조해서 이야기한 바 있다. R. Bultmann. Jesus, Berlin 1926, S. 10.

10) Th. Litt. Der deutsche Geist und das Christentum. Vom Wesen geschichtlicher Begegnung. Leipzig 1938.

11) Th. Steinbüchel. Christliche Lebenshaltungen, Frankfurt a. M. 1949, 그중에서도 특별히 다음의 부분들을 참조할 것. Begegnung von Mensch und Mensch, S.51 ff.과 Begegnung von Mensch und Gott, S. 68 ff.

12) H. Kuhn. Begegnung mit dem Nichts. 1950. 마찬가지로 다음 책도 참조할 것. Begegnung mit dem Sein. Meditationen zur Metaphysik des Gewissens, Tübingen 1954.

13) R. Guardini. Die Begegnung. Ein Beitrag zur Struktur des Daseins. Hochland, 47. Jahrg. S. 224 ff. 1955, 이 글은 다음의 책에 다시 실렸다. R. Guardini und O. F. Bollnow, Begegnung und Bildung.

Weltbild und Erziehung, 12. Heft, Würzburg 1956.

14) F. J. J. Buytendijk. Zur Phänomenologie der Begegnung. Eranos-Jahrbuch 1950, Bd.19, Z ich 1951, S. 431 ff., 이 글은 다음의 책에 다시 실렸다. F. J. J. Buytendijk. Das Menschliche. Wege zu seinem Verständnis. Stuttgart 1958.

15) K. Barth. Die kritische Dogmatik. 3. Bd. 2. Teil, Zollikon-Zürich 1948, S. 295 ff.

16) D. v. Uslar. Vom Wesen der Begegnung. Eine Untersuchung am Phänomenon des Gelübdes auf die Frage nach dem Selbstseinkönnen des Daseins bei M. Heidegger. Diss. Freiburg i. Br. 1953. 더불어서 다음의 글도 참조할 것. Vom Wesen der Begegnung im Hinblick auf die Unterscheidung von Selbstsein und Sein selbst bei Heidegger. Zeitschrift für philos. Forschung. Bd. 13, S. 85 ff., 1959.

17) F. Schulze. Der Mensch in der Begegnung, Nürnberg 1956, 마찬가지로 다음의 글도 참조할 것. Begegnung und Unterricht, Nürnberg 1950.

18) W. v. Baeyer. Der Begriff der Begegnung in der Psychiatrie. Der Nervenarzt, 26. Jahrg. S. 369 ff. 1955.

19) E. Rotten. Erziehung als Begegnung. Pädagogische Blätter, 6. Jahrgang S. 245 ff., 1955.

20) 앞의 주 1을 참조할 것.

21) E. Metzke. Handlexikon der Philosophie. Heidelberg 1948.

22) R. M. Rilke. Gesammelte Werke. 3. Bd. S. 117.

정신적인 세계 안에서의 만남

1) O. F. Bollnow. Das Verstehen. Drei Aufsätze zur Theorie der Geisteswissenschaften, Mainz 1949, S. 36 ff.

2) H. Bollnow. Verstehen oder Werten. Göttinger Universitätszeitung

1947, Nr. 17/18.

3) M. Weber. Gesammelte Werke zur Wissenschaftslehre. Tübingen 1922.

4) M. Scheler. Wesen und Formen der Sympathie. 3. Aufl. Bonn 1926.

5) M. Heidegger. Sein und Zeit. Halle a. d. Saale 1927, S. 134 ff. 더불어서 다음의 글을 참조할 것. O. F. Bollnow. Das Wesen der Stimmungen, 3. Aufl. Frankfurt/M. 1956.

6) K. Jaspers. Nietzsche. Berlin-Leipzig 1936. 또한 Descartes und die Philosophie, 2. Aufl. Berlin 1948. 또한 Die groβen Philosophen. München 1957.

7) K. Jaspers. Philosophie. 2. Bd. Existenzerhellung. Berlin 1932, S. 65 ff.

8) K. Jaspers. Philosophie. 3. Bd. Metaphysik. Berlin 1932. S. 32 ff.

9) M. Heidegger, a. a. O. S. 173 ff.

교육학적인 문제로서의 만남

1) 본문의 15, 16쪽 참조.

2) M. Buber, a. a. O. S. 43, 44.

3) K. Jaspers. Metaphysik, a. a. O. 32 ff.

4) M. Wagenschein. Das "exemplarische Lehren". Schriften zur Schulreform. Heft 11. Hamburg 1954.

5) Th. Hagenmaier. Der Begriff der Sachlichkeit bei Kerschensteiner. Diss. Tübingen 1959, 여기에서는 Neue Aspekte der Reformpädagogik, a. a. O. S. 13 ff.에서 인용하였음.

교육에 있어서의 모험과 실패

1) 본문 15, 16쪽을 참조하시오.

2) G. Kudritzki. Wagnis und Scheitern. Eine Phänomenologische Erörterung in pädagogischem Hinblick. Diss. Tübingen 1959를 추천한다. 여기에서 이러한 생각들이 다른 측면에서 결정적으로 더 깊이 탐색되었다. 본질적으로 확장된 파악이 시도되었다. 저자의 때 이른 죽음을 안타깝게 생각하며, 그의 훌륭한 연구를 인용함으로써 그를 추모하는 마음을 표한다.

3) J. F. Herbart. Allgemeine Pädagogik. Sämtliche Werke, hrsg. von K. Kehrbach. Langensalza 1887, 2. Bd. S. 19.

4) O. F. Bollnow. Neue Geborgenheit. Stuttgart 1955, S. 19 ff. 또한 Wesen und Wandel der Tugenden. Frankfurt a. M. 1958, S. 175 ff. 아울러 여기에서는 무엇보다도 다음의 글을 참조할 것. Die Pädagogische Atmosphäre. Untersuchungen über die gefühlsmäßigen zwischenmenschlichen Voraussetzungen der Erziehung. Anthropologie und Erziehung. Bd. 12, 3. Aufl. Heidelberg 1968. A. Nitschke. Angst und Vertrauen. Die Sammlung, 7. Jahrg. 1952, S. 175 ff. 여기에서는 Das verwaiste Kind der Natur. Älztliche Beobachtungen zur Welt des jungen Menschen. Forschungen zur Pädagogik und Anthropologie, 5. Bd. 2. Aufl. Tübingen 1968에 다시 실린 글을 말함. H. Hauke. Die anthropologische Funktion des Vertrauens und seine Bedeutung für die Erziehung. Diss. Tübingen 1956. R. Schottlander. Theorie des Vertrauens. Berlin 1957.

5) N. Hartmann. Ethik. Berlin 1926, S. 429 f.

6) N. Hartmann. a. a. O. S. 426 f.

7) E. Meinberg. Das distanzlose Kind. Diss. Tübingen 1959.

8) 경외심(Ehrfurcht)과 수치(Scham)의 연관에 대해서는 다음 글을 참조할 수 있다. O. F. Bollnow. Die Ehrfurcht, 2. Aufl. Frankfurt a. M. 1958.

9) 본문 19쪽 이하 참조.

인명

내용

저/자/소/개

오토 프리드리히 볼르노(Otto Friedrich Bollnow, 1903-1991)

20세기 중반 이후 독일의 대표적 철학자며 교육학자다. 기센과 마인츠 대학을 거쳐 1953년부터 1970년 은퇴할 때까지 튀빙엔 대학의 철학과 교육학 분야의 교수로 활동하였다. 실존철학과 인간학, 정신과학과 현상학 등 현대 독일철학 및 교육학의 중요한 분야에서 포괄적인 연구업적을 남겼다. 특별히 교육학 분야에서는 실존철학과 교육학의 접목, 교육인간학의 개척과 보급에 있어서 남다른 업적을 남겼다. 우리나라에서도 여러 제자들을 통해 철학계와 교육학계에 많은 영향을 미쳤다. 현재 그의 대표적 저술들인 『실존철학입문』, 『삶의 철학』, 『실존철학과 교육학』, 『현대의 철학적 인간학』, 『교육의 인간학』, 『진리의 양면성』 등이 번역되어 있다.

역/자/소/개

윤재흥

연세대학교 교육학과에서 교육학으로 석사와 박사 학위를 받았다. 연세대학교 교육연구소 전문연구원과 연세대학교, 상명대학교, 공주교육대학교 등의 강사를 거쳐 현재 나사렛대학교 교수로 재직 중이다. 『교육학의 성격논쟁에 관한 학사적 연구』(성원사, 1992), 『한국 현대 교육철학과 교육사학의 전개』(공저, 학지사, 2001), 『우리 옛집, 사람됨의 공간』(집문당, 2004), 『울타리와 우리의 교육인간학』(한국학술정보원, 2006), 『교육학 연구의 논리』(공저, 학지사, 2006), 『새로운 학교교육문화운동』(공저, 학지사, 2006)을 비롯한 다수의 저서와 「'울타리'의 교육인간학적 의미 연구」(연세대학교 박사학위논문, 1999), 「마당의 교육인간학적 고찰」(연세교육연구, 2000), 「인식론적 전제와 방법론에 비추어 본 교육인간학의 의의」(교육철학, 2001), 「골목과 이웃의 교육인간학」(교육철학, 2002), 「집의 교육인간학」(한국교육사학, 2003), 「Bollnow의 교사관」(한국교육사학, 2005), 「전환의 교육적 의미」(교육철학, 2006) 등 다수의 논문이 있다.

실존철학과 교육학

Existenzphilosophie und Pädagogik

2008년 3월 10일 1판 1쇄 인쇄
2008년 3월 15일 1판 1쇄 발행

지은이 • Otto Friedrich Bollnow
옮긴이 • 윤재흥
펴낸이 • 김진환
펴낸곳 • 학지사
121-837 서울특별시 마포구 서교동 352-29 마인드월드빌딩 5층
대표전화 • 02)326-1500 / 팩스 02)324-2345
홈페이지 • http://www.hakjisa.co.kr
등 록 • 1992년 2월 19일 제2-1329호

ISBN 978-89-5891-573-7 93370

정가 13,000 원